PICASSO

Dans la série *références* ART

Charles Avery
*La Sculpture florentine
de la Renaissance*

Antonio Pinelli
La Belle Manière
Anticlassicisme et Maniérisme
dans l'art du XVIe siècle

ANDRÉ FERMIGIER

Picasso

Avant-propos d'Adrien Goetz

LE LIVRE DE POCHE

Ouvrages d'André Fermigier

Picasso
Le Livre de Poche, 1969 (nouvelle édition, 1996).

Bonnard
Éditions du Cercle d'art, 1969 (nouvelle édition, 1992).

Toulouse-Lautrec
Hazan, 1969 (nouvelle édition, Pocket, 1992).

Courbet
Skira, 1971 (nouvelle édition, 1994).

Millet
Skira, 1977 (nouvelle édition, 1991).

La Bataille de Paris, des Halles à la Pyramide
*Chroniques d'urbanisme choisies et présentées
par François Loyer (Gallimard, 1991).*

Chroniques d'humeur
*choisies et présentées par Jean-Michel Gardair,
avant-propos de Pierre Nora (Gallimard, 1991).*

Chroniques d'art
choisies et présentées par Françoise Cachin (Gallimard, à paraître).

*Bibliographie et Table des illustrations
revues par Arnauld Pierre.*

© Librairie Générale Française, 1969.

© Librairie Générale Française, 1996, pour l'Avant-propos.

© Succession Picasso, 1996, pour la reproduction des œuvres de Picasso.

AVANT-PROPOS

André Fermigier se méfiait des biographies – autant que de la gloire d'un Picasso statufié de son vivant, magicien qui transforme en or ce qu'il touche, en taudis les plus somptueuses villas, en écrivains prophètes ceux qui, par calcul souvent, se sont faits ses thuriféraires. On ne trouvera dans la monographie que Fermigier acheva en 1968 ni petites histoires ni légende dorée. Tout ce qu'il dit de l'homme sert à expliquer l'œuvre. Historien d'art avant tout, Fermigier restitue avec clarté, sans rien de gratuit dans ce parcours, l'essentiel d'une œuvre qui est, comme l'a écrit D. H. Kahnweiler, le génial marchand inventeur, « fanatiquement autobiographique ».

Du coup, ce livre très dense ne pouvait être un classique cours d'histoire de l'art. On y retrouve une « période Olga » et une « période Dora Maar », le communisme, Françoise et Jacqueline, le Bateau-Lavoir, les corridas, les jeunes filles à bicyclette sur les remparts d'Antibes, toutes les inventions et, aussi importantes, les ruptures et les rébellions qui ponctuent le « siècle de Picasso » : sous la biographie, ce que Fermigier voulait rendre, l'émotion. Fermigier, qui regrettait dans un article paru en 1966, à l'occasion de la rétrospective du Grand Palais, que le personnage de Picasso fût devenu plus familier à chacun que son œuvre, retrouve, grâce aux tableaux et aux sculptures, sans négliger estampes ni dessins, la dimension humaine de l'artiste. Cela nous vaut un récit en mouvement de l'invention du cubisme, une explication de l'obsédante figure du Minotaure, qui se dévoile d'œuvre en œuvre – Fermigier ne révèle pas d'un coup ce qu'il a vu – un commentaire de *Guernica* qui pourra servir de modèle à tous les étudiants en histoire de l'art. Grâce à l'intelligence du critique, on peut approcher, dans ces pages qui se sont imposées comme un texte de référence, le travail vivant de celui qu'Apollinaire avait appelé, en une image que Fermigier citait souvent, – et qu'il reprit dans son article paru en 1973 pour *Le Nouvel Observateur*, la nuit de la mort de Picasso «l'oiseau du Bénin».

André Fermigier (1923-1988) a enseigné l'histoire de l'art à l'Université de Paris IV-Sorbonne et exercé parallèlement des activités de critique à partir de 1961 dans *France Observateur* et *Le Nouvel Observateur*, puis, de 1973 à 1984, dans *Le Monde*. Éditeur, il dirigea la série Art au Livre de Poche où parut son *Picasso* et, chez Gallimard, les classiques de la collection Folio ainsi que la collection Poésie. On lui doit plusieurs monographies : *Bonnard* (Cercle d'Art, 1969), *Toulouse-Lautrec* (Hazan, 1971), *Courbet* (Skira, 1971), *Millet* (Skira, 1977); ses chroniques parues dans la presse ont été réunies chez Gallimard en trois volumes, *La Bataille de Paris, des Halles à la Pyramide, Chroniques d'urbanisme*, 1991, *Chroniques d'humeur*, 1991, et *Chroniques d'art*, à paraître en 1997.

Adrien Goetz

I
Barcelone-Paris

II
Une Révolution

III
L'Affaire des Grandes Baigneuses

IV
Le Minotaure

V
Guernica

VI
La Gloire de Picasso

Bibliographie

Table des illustrations

Table analytique des matières

I
Barcelone-Paris

Picasso est né à Malaga le 25 octobre 1881, premier enfant de José Ruiz Blasco et de Maria Lopez Picasso. On lui donna le prénom de Pablo, en souvenir de son oncle paternel, qui était chanoine au chapitre de la cathédrale de Malaga, et si Picasso à partir de 1898 signe ses œuvres « Pablo Ruiz Picasso » puis « Pablo R. Picasso » puis « Picasso » tout court, ce n'est pas sans doute par hostilité à l'égard d'un père trop inconsistant pour la provoquer, mais afin de n'être pas confondu avec les très nombreux Ruiz que l'on rencontre en Espagne. « Ses amis catalans, nous dit Sabartès, prirent l'habitude de l'appeler du nom de sa mère, celui de son père étant très courant tandis que le nom de Picasso, par son étrangeté, semblait plus propre à désigner l'être qu'ils voulaient précisément distinguer autant que lui-même se distingue des autres [1]*. » L'« étrangeté » de ce nom a longtemps intrigué les biographes de Picasso : comme le double « s » est plus italien qu'espagnol, on attribua à la famille de sa mère, que l'on savait d'origine majorquine, des ascendances italiennes et plus précisément génoises, un Matteo Picasso, peintre de son état, ayant vécu à Gênes au XIXᵉ siècle. Cette interprétation des origines familiales de l'artiste fut très en faveur au lendemain de l'autre guerre, à une époque où l'on insistait sur le caractère « italien », méditerranéen du génie de l'artiste, et comme il ne faut pas s'arrêter en si bon chemin, certains ont prétendu que ces Picasso venus de Gênes étaient juifs [2].

---

* *Voir notes p. 60.*

Non pas tant sans doute par malveillance antisémite que pour tenter d'expliquer le caractère protéiforme de l'œuvre de Picasso et sa prodigieuse faculté d'assimilation. Peut-être aussi parce que l'entrée tardive mais triomphale des Juifs dans l'histoire des arts plastiques

est un thème cher aux critiques de Montparnasse dans les années 20.

Tout cela ne repose sur rien. Des recherches récentes entreprises par des érudits espagnols, soucieux de conserver intégralement à l'Espagne un de ses plus glorieux enfants, ont établi que Picasso est strictement andalou, que la famille de son père venait de Nouvelle-Castille, mais était fixée dans la région de Cordoue depuis le XVIe siècle, et que le nom de Picasso n'est pas exceptionnel en Andalousie³. Quelques mots encore à propos de la famille de Picasso. Famille de petite bourgeoisie, laborieuse, digne, très provinciale. Le père voulait être peintre et fut professeur de dessin. On le nomma conservateur du musée de Malaga mais il ne conserva jamais

rien, le musée étant resté, faute de crédits, à l'état de projet. Bienveillant, réservé, vaguement neurasthénique, il peint sans grande conviction des « bodegones » à l'espagnole, des fleurs, des fruits et surtout des pigeons; « des tableaux de salle à manger », dira plus tard Picasso. Ébloui par les premiers essais de son fils, il se juge indigne de continuer à peindre et lui remet solennellement sa palette et ses pinceaux, geste qui fait un peu de lui la première en date des victimes de Picasso. Quant

---

1. Don José, père de Picasso. 1895. *Malaga, musée provincial. Ph. Mas.* –
2. La mère de Picasso. 1923. *Huile. 73 × 60. Héritiers de l'artiste. Ph. Chevojon.*

à la mère, nous savons peu de chose d'elle, sinon que sa personnalité semble avoir été plus forte que celle de son mari, et que Picasso eut toujours pour elle beaucoup de respect et de tendresse, comme le montre le beau portrait qu'il dessina d'elle en 1923.

En 1891 la famille quitte Malaga, le père étant nommé professeur à l'Instituto (lycée) de La Corogne. Picasso n'a été en somme « malaguène », comme ses amis parisiens se plairont à l'appeler, que pendant dix ans, mais il gardera de sa ville natale un souvenir durable : « le soleil, la mer, les taureaux..., (celui) du paradis perdu où jusqu'en 1900 il reviendra passer les vacances auprès de ses cousines. Il en emportera, outre l'indélébile fonds andalou — gravité et exubérance, sens de l'humour et mélancolie — quelques-uns des thèmes qui courront, par la suite, à travers son œuvre de peintre [4]. » Les quatre années passées à La Corogne sont moins heureuses : il fait froid, il fait gris, il pleut, le père gémit à longueur de journée, ce qui n'empêche pas le jeune Pablo de travailler avec ardeur et de manifester avec une remarquable confiance en lui-même la précocité de ses dons. Il multiplie dessins et caricatures, les expose même (à la devanture d'un marchand de parapluies), exécute quelques portraits d'un réalisme vigoureux et de belle tradition hispanique (*La Tante Pepa,* peinte à Malaga pendant les vacances de 1895) dans un style presque farouche et avec une prédilection déjà quelque peu misérabiliste pour les types populaires qui ne peuvent qu'étonner de la part d'un aussi jeune enfant *(L'Homme à la casquette, Buste de vieillard).*

En 1895, nouveau départ : pour Barcelone, où don José sera professeur à La Lonja (l'école des Beaux-Arts). Picasso y sera brillamment admis comme élève, ce qui n'aura pour lui d'autre conséquence que de l'amener à

peindre, sans doute pour faire plaisir à son père, quelques tableaux dont la faiblesse sentimentale et académique surprend après la belle qualité des portraits de La Corogne (*Science et Charité*, 1896). Un peu intimidé à son arrivée (il ne parle pas catalan), Picasso deviendra rapidement un des personnages les plus en vue de l'intelligentsia moderniste qui fleurit alors à Barcelone, où il vivra neuf ans, sauf l'interruption de quelques voyages d'été et de séjours plus ou moins longs à Madrid et à Paris. Inutile d'insister sur les quelques mois qu'il passera à Madrid (en 1895, 1897 et au printemps de 1901) : l'atmosphère intellectuelle de la capitale ne lui convient pas, il n'y apprend qu'à mieux connaître Greco, et la petite revue qu'il fonde avec l'espoir d'introduire à Madrid le moder-

3. L'Homme à la casquette. 1895. *Huile. 73 × 50. Paris, Musée Picasso. Ph. Giraudon.*

nisme catalan *(Arte Joven)* n'aura qu'une très brève existence. A quoi bon s'épuiser à conquérir ce qui ne mérite pas de l'être? Madrid est une ville de province. C'est ailleurs que se joue la partie, qu'il faut perdre ou être le premier. C'est à Paris qu'il faut aller et c'est entre Barcelone et Paris que s'est faite l'éducation artistique de Picasso.

Les vacances qu'il passe, après son second séjour à Madrid, à Horta de San Juan, méritent de retenir plus longuement l'attention. Horta, que Picasso baptise Horta de Ebro pour le distinguer du faubourg de Barcelone qui porte le même nom, est un petit village haut perché, très beau et très rude, de la région de Tarragone où Picasso, malade et déprimé, se réfugie pendant tout l'été de 1898 en compagnie d'un de ses amis, Manuel Paillarès, qui possède là-bas une maison. Ce retour à la nature est né d'un besoin de simplicité archaïque et de solitude si profond (si espagnol peut-être) que Picasso ne reste pas au village mais part dans la montagne à pied ou à dos de mulet, se baigne dans des torrents glacés, habite dans des grottes, et ne rentre à Horta qu'au début de l'automne, transfiguré, selon ses biographes espagnols. « Picasso, nous dit Palau, avait retrouvé sa santé et se trouvait bien à la campagne. Il aimait à vivre et à causer avec les villageois, à voir le serrurier, l'artisan qui fait les espadrilles, le sellier ou le paysan s'adonner à leurs métiers. Après avoir demandé et obtenu que la force de la nature lui montât, presque littéralement, des pieds, comme s'il était un arbre ou une herbe, il lui plaisait que ces hommes, les enfants de cette terre, lui apprissent leurs arts : il apprenait à faire un nœud coulant, à harnacher un mulet, à puiser l'eau, à boire à la régalade... » En somme : « Picasso renaît lorsqu'il abandonne Madrid et la copie des grands maîtres du passé pour se rallier aux forces primordiales du pays [5]. »

On voit que le séjour à Horta constitue le premier des épisodes « primitivistes » de la légende de Picasso. Et lui-même a dit : « Tout ce que je sais, je l'ai appris à Horta, chez Paillarès. » Phrase mille fois citée et qu'il convient de prendre comme un paradoxe quelque peu intéressé : Picasso a toujours laissé entendre qu'il ne devait rien à personne (« Art nègre, connais pas... », etc.), malgré l'évidence éclatante du contraire. Mais phrase qui contient une part de vérité. Il y aura des épisodes bourgeois et même mondains dans la carrière de Picasso ; il deviendra un homme riche, colossalement, monstrueusement riche. Il se promènera dans des voitures immenses, achètera des maisons, des châteaux. Mais toute sa vie, il demeurera un homme très simple, rude et presque élémentaire sur le plan affectif, très direct de manières, capable de toutes les duretés mais aussi de la plus chaleureuse générosité humaine. Son horreur du luxe est célèbre, comme la rapidité avec laquelle il transforme une somptueuse villa en un hangar de chiffonnier et son extraordinaire habileté à manier les outils et les matériaux les plus divers. La culture l'ennuie ; il se moque du goût, bien qu'il en ait plus que personne, ne prend de la civilisation que ce qui lui convient, sans nul respect pour ses règles, qu'elles soient esthétiques ou sociales. Son apparence, sa mise, sa façon de vivre demeureront semblables à celles d'un ouvrier, d'un artisan villageois plutôt qu'aux façons d'un intellectuel ou d'un citadin, et rien sans doute n'est plus sincère en lui que son engagement politique, même s'il a été tardif, sa sympathie pour les humbles, les êtres de pauvreté et d'exil, ceux qui ne savent rien et ne possèdent rien. Sympathie qui fera de lui un merveilleux interprète du monde primitif et qui se manifeste dès son œuvre de jeunesse, dans cette période de Barcelone à laquelle il nous faut revenir puisque c'est là que tout a commencé.

A vrai dire, le primitivisme de Picasso se manifeste à ses débuts, sous une forme passablement littéraire et sentimentale, comme il convient à un jeune peintre qui fréquente les cafés littéraires d'une ville récemment convertie aux charmes morbides et languissants de l'Art nouveau. Barcelone en 1900 est en effet wagnérienne, préraphaélite et « Jugendstil », adore Munch et Beardsley, Ibsen et Maeterlinck, tourne ses regards vers la peinture

4. Autoportrait. 1901. *Dessin au crayon conté. 34 × 15. New York, collection Justin K. Tahnnhauser. (Z.I.49).* – 5. La Boija (La Folle), original de la reproduction, parue dans Cataluña Artistica. 1900. *Plume, aquarelle et gouache sur papier. 13,5 × 9,5. Paris, collection particulière. Ph. Dubout.*

du Nord et les brumes symbolistes. « Dans le monde littéraire, écrit Sabartès[6], la parole est à l'abêtissement nommé poésie décadente. Les jeunes filles à la mode adoptent les gestes languissants. La pâleur est à l'ordre du jour. L'Art nouveau impose les tire-bouchons mis à la mode par les affiches et les illustrations du peintre tchèque Alphonse Marie Mucha, puisque tout cela encore nous arrive de Paris. Santiago Rusiñol, avec sa publication *El Pati Blau* et *Els Jardins abandonnats,* suit le courant et aggrave les dégâts causés dans le goût du public. D'aucuns écrivent des poèmes où ils parlent de fées et de lacs... d'autres dessinent. Dans les dessins ou les livres illustrés, l'ornementation est aux iris et autres attributs de ce style. Les poètes doivent être hirsutes ou ne pas être et les peintres portent, en dépit du climat, leur veston boutonné jusqu'au cou. » Et de longs cheveux et de grands chapeaux, comme Picasso lui-même dans un dessin de 1901 reproduit dans *Arte Joven,* mais un très amusant portrait de Sabartès en « poeta decadente » (1899) nous montre que le peintre savait aussi bien que son futur biographe prendre ses distances par rapport à l'Art nouveau et à l'esthétique symboliste, dont il ne subit que très indirectement l'influence avant la période bleue, sinon dans des œuvres secondaires, comme le dessin de la *Boija (La Folle,* 1900) ou celui qui illustre le poème de Joan Oliva Bridgman : *El Clam de las verjes (La Plainte des Vierges)* également publié en 1900. Notons cependant ce caractère très particulier de Barcelone à la fin du siècle : on y est plus proche de Munich et de Londres que de Paris, on tourne résolument le dos au naturalisme et l'on accueille les œuvres ou les reproductions de Maurice Denis, Odilon Redon, Eugène Carrière, Puvis de Chavannes beaucoup plus volontiers que celles des peintres impressionnistes. L'irréalisme de Picasso, son indifférence à la nature, à la lumière, à l'intégrité des apparences sont trop profonds pour n'être pas affaire de tempérament plutôt que d'influence ou d'éducation; ils n'en ont pas moins trouvé à Barcelone le climat qui convenait à leur premier épanouissement.

A Barcelone comme à Paris et partout ailleurs, modernistes et décadents trouvent leurs moyens d'expression naturels dans les petites revues et les cafés. Les revues sont: *Pel i Ploma, Joventut, Catalunya Artistica*. Le café, c'est les « Quatre Gats », les quatre chats (ainsi nommé en hommage au « Chat-Noir »), pour lequel Picasso compose en 1898 la couverture d'un menu, où il interprète avec beaucoup d'humour le style des illustrateurs anglais de la fin du siècle. « Els Quatre Gats », qui tenait à la fois du café-concert parisien et de la taverne bavaroise, occupait le rez-de-chaussée d'un immeuble néo-gothique construit par l'architecte et historien d'art catalan, Puig y Cadafalch. Car Barcelone connaît à l'époque une sorte de « gothic revival » renforcé de particularisme catalan, dont l'œuvre de Gaudi est l'expression indirecte et superbement bizarre. Mlle Phoebé Pool qui s'est donné beaucoup de mal pour déceler dans l'œuvre de jeunesse de Picasso la moindre influence et le plus insoupçonnable emprunt pense que certaines vierges gothiques, catalanes ou françaises peuvent être à l'origine des traits aigus et précis de quelques pauvresses de la période bleue[7]. C'est possible, ce n'est pas certain. Ce qui est par contre certain, c'est que l'art roman de Catalogne n'est pas, comme on l'a parfois prétendu, à l'origine du schématisme linéaire et architectural qui se manifeste très tôt dans les portraits et les figures de Picasso. « Mais c'est moi qui ai fait cela! » se serait un jour écrié Picasso en visitant le musée de Barcelone, et il est vrai que certains aspects de la peinture romane peuvent aider à mieux comprendre Picasso (et réciproquement). Mais, à l'époque où le peintre habitait Barcelone, il semble bien que les fresques des églises pyrénéennes n'avaient pas encore été détachées et transportées au musée catalan. Il en va de même pour une influence éventuelle de Gaudí (laquelle, par contre, est éclatante dans l'œuvre de Miró), bien qu'elle ait été parfois invoquée et que H. R. Hitchcock considère comme « digne d'intérêt » de remarquer qu'un des ateliers de

6. Menu des « Quatre Gats ». 1898. *Dessin à la plume. 22 × 16. Ph. Mas.*

Picasso à Barcelone (celui de la *Calle del Conde del Asalto*) se trouvait presque en face du Palau Güell [8]. Picasso, en tout cas, « nie toute influence de l'art ou de l'exemple de Gaudi », nous dit Antonina Vallentin qui rapporte ce propos du peintre : « Non, je n'en étais pas du tout impressionné. Il n'a influencé en rien ma jeunesse [9]. » Picasso aurait même ajouté après avoir « réfléchi » et avec la modestie qu'on lui connaît : « C'est peut-être le contraire qui est arrivé », ce qui n'empêche pas A. Vallentin, toujours très conciliante, de suggérer qu'il y a « dans l'expérience Gaudi, en son ensemble, un aspect qu'on s'imagine susceptible d'avoir frappé Picasso : cette réalisation même de l'impossible, cette qualité du rêve effréné qui devient matière ». Ces propos sont un peu vagues et nous suivrons plus volontiers sur ce point l'exacte Mlle Pool, lorsqu'elle nous déclare que l'atmosphère surchauffée de Barcelone a pu avoir « un effet analogue sur les extravagances parallèles mais indépendantes les unes par rapport aux autres de Picasso et de Gaudi » et que ce dernier, « catholique fanatique et membre du cercle rival de San Luc, ne pouvait que vivement désapprouver la bohème athée et anarchiste des « Quatre Gats ».

Le mouvement anarchiste en effet s'est solidement implanté à Barcelone, comme on peut le voir en lisant les journaux et les revues de l'époque et surtout par la fréquence des attentats et des émeutes dont la ville est le théâtre. « Barcelone, écrit Palau, était la capitale par excellence de l'anarchie, l'endroit où les forces anarchistes, alors montantes dans toute l'Europe, devaient arriver à avoir une prépondérance indiscutable au sein de la classe ouvrière; elles parvinrent même à certains moments à dominer toute la ville. » La misère qui règne dans cette cour des miracles que sont les bas quartiers de Barcelone, les cortèges de soldats malades ou blessés

qui rentrent en Espagne après la désastreuse et humiliante guerre de Cuba contribuent à entretenir ce climat de violence sociale qui a marqué la sensibilité de Picasso et qu'il a parfois directement évoqué dans certains dessins de 1897 et 1901 *(Un Meeting anarchiste, Le Prisonnier)*. Certes la révolte de Picasso, qui fut à cette époque, nous dit-on, grand lecteur de Nietzsche, se situe à un niveau plus individuel et moral que véritablement politique mais des œuvres comme *Le Chemin de la vie, La Mère,* l'esquisse des *Fugitifs,* sont des allégories de l'injustice sociale, où se lit clairement l'influence de Steinlen et de Daumier, qui furent avec Nonell et Toulouse-Lautrec les premiers maîtres de Picasso.

Isidro Nonell (1873-1911) est certainement le plus original, le moins provincial des artistes catalans de 1900. Partageant son temps entre Barcelone et Paris, il

7. Le Prisonnier, 1901. *Encre de Chine. 31,5 × 21,7. Paris, Musée Picasso. (Z.I.312).* – 8. Les Fugitifs. 1901. *Gouache sur carton. 56 × 73. Collection particulière. U.S.A. (Z.I.53).*

9

10

participe à côté de Gauguin et Lautrec à la XV⁰ Exposition des peintres impressionnistes et symbolistes présentée chez Le Barc de Bouteville (« C'est un Goya modernisé », écrivit à cette occasion Francis Jourdain) et expose en 1898 aux « Quatre Gats » une série de toiles et de dessins représentant des « crétins » des vallées pyrénéennes et tous les « desdichados » dont l'Espagne a alors regorgé : soldats mendiant sur les places publiques, prostituées, pierreuses, alcooliques, personnages de misérables cafés-concerts, gitans. Picasso le connaissait fort bien (il occupa son atelier lors de son premier séjour à Paris) et l'influence de ce peintre de la solitude et de la déchéance a été relevée dans son œuvre jusqu'en 1904 aussi bien dans le choix des thèmes que dans la manière de les traiter (personnages accroupis, lovés sur eux-mêmes ou vus de dos), encore que les rapprochements établis par Mlle Pool ne soient pas, vu l'incertitude de la chronologie, absolument convaincants (*Deux Pierreuses accoudées à un bar;* Nonell, *Deux Femmes*, 1902). Les rapports avec Lautrec sont par contre incontestables, et malgré la permanence de quelques sujets proprement hispaniques (*Course de taureaux*, 1901) dominent la production des années 1900 et 1901, au point de paraître l'événement essentiel des deux premiers séjours parisiens de Picasso : « C'est à Paris, dira-t-il plus tard, que je me suis rendu compte quel grand peintre Lautrec a été », peut-être parce qu'il vit alors à Montmartre au milieu du décor de son œuvre (*Le Moulin de la Galette*, 1900). L'affiche pour May Milton décore son atelier, comme le montre *La Chambre bleue* (1901) où le tub est encore un souvenir de Lautrec (et de Degas) et il n'est pratiquement pas un thème de Lautrec que Picasso n'ait, à cette époque, exploré, depuis l'évocation du monde du music-hall (*Le Cancan*, 1900) et du café-concert (*Les Plastrons*, 1900;

---

9. Le Moulin de la Galette. 1900. *Huile. 90,2 × 117. New York, The Solomon R. Guggenheim Museum (fondation Thannhauser). Ph. du musée.* – 10. La Chambre bleue. 1901. *Huile. 51 × 62,5. Washington, The Philipps Collection. Ph. du musée.*

11 *La Fin du numéro*, 1901) jusqu'à celui de l'intimité féminine, canaille ou vaguement perverse (*Deux Femmes et Chat*, 1900; *Deux Femmes*, 1901), des cabinets particuliers et des champs de course (*Pelouse à Auteuil*, 1901). L'alcoolisme féminin occupe évidemment une place de

11

13 choix dans cette partie de l'œuvre de Picasso, ainsi dans cette *Buveuse d'absinthe* (1901) dont le dessin caricatural et le coloris nous montrent que l'exemple de Lautrec a provisoirement délivré Picasso de toute compassion à

11. La Fin du numéro. 1901. *Pastel sur carton. 74 × 48. Barcelone, musée Picasso. Ph. Mas.* – 12. Danseuse naine. 1901. *Huile sur carton. 104,5 × 61. Barcelone, musée Picasso. Ph. Mas.* – 13. La Buveuse d'absinthe. 1901. *Huile sur carton. 65,5 × 51. New York, collection William B. Jaffe.*

l'égard des souffrances des « desdichados ». La misogynie du peintre de la Goulue, son humour sarcastique et cruel se retrouvent encore, mais accommodés à une sauce à l'espagnole particulièrement relevée, dans quelques portraits de femmes d'une remarquable puissance que

12

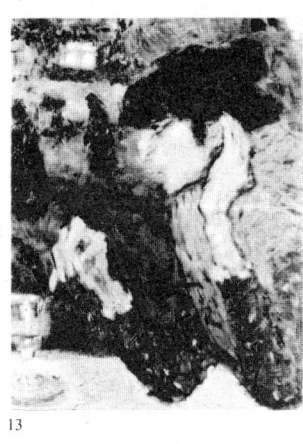

13

Picasso exécute à Madrid et à Barcelone après son premier séjour à Paris : *La Femme en bleu,* la terrifiante *Femme aux bijoux* et cette *Danseuse naine* où l'on a retrouvé des allusions à Vélasquez et Goya, mais dont le pointillisme agressif nous montre que Picasso commence à se familiariser avec les audaces techniques de la peinture parisienne.

Il revient à Paris au printemps de 1901, assez tôt probablement, le dessin où il s'est représenté devant la Seine avec son ami Jaume Andreu indiquant une température assez fraîche, et y expose pour la première fois du 21 juin au 14 juillet chez Ambroise Vollard en compa-

14

gnie de F. Iturrino. L'exposition ne semble pas avoir été aussi mal accueillie qu'on l'a quelquefois dit. Elle valut en tout cas à Picasso, en dehors de l'amitié et de l'admiration de Max Jacob, qui devait être son plus fidèle compagnon de misère parisienne, un article de Félicien Fagus paru dans *La Revue blanche* du 15 juillet et intitulé : « L'Invasion espagnole ». Fagus place Picasso dans la lignée de Goya, « le génie âcre et douloureux », « démêle » dans ses toiles et regrette quelque peu « mainte influence

---

14. Max Jacob. 1915. *Mine de plomb.* *(Z.VI.1284).*

probable... chacune passagère, aussitôt envolée que captée », un emploi quelque peu abusif du « lexique du voisin », expressions qui méritent d'être retenues tant elles s'appliquent à bien d'autres aspects, à bien d'autres périodes de l'œuvre du peintre. Mais Fagus semble avoir surtout été frappé par les dons de coloriste du jeune Picasso, comme il le dit dans un langage dont on appréciera sans doute la saveur très 1900 : « Il adore la couleur pour elle, or chaque matière a sa couleur propre. Ainsi tout sujet l'enamoure et tout lui est sujet : le jaillissement furibond vers la lumière des fleurs hors du vase et l'air lumineux qui danse à l'entour; ou le grouillement multicolore des foules à même la verdure dans un champ de courses, à même le sable ensoleillé d'une arène tauromachique; la nudité des corps de femmes, n'importe quelles, ou l'ensevelissement d'eux, devinés, pétris à travers le tas élastique des étoffes bigarrées... Des trouvailles là : de trois fillettes dansantes, le vert prasique de la jupe de l'une sur le blanc des dessous qui ont bien le blanc raidi, garçonnier, des dessous très amidonnés des fillettes... »

Fagus prête allégrement dans cette phrase à Picasso des intentions perverses qui n'étaient sans doute pas les siennes (si obsédée qu'elle puisse être à certains moments de phantasmes érotiques, l'œuvre de Picasso est finalement assez chaste, très indifférente à la sensualité immédiate ou à celle des « dessous amidonnés des fillettes »). Mais Fagus est très justement sensible au chromatisme violent des toiles naturalistes du milieu de 1901. Ces paysages parisiens, ces scènes de rues nous montrent que Picasso a regardé quelque temps du côté de l'impressionnisme, même si la touche brutale, heurtée, divisée, relève plutôt de Van Gogh, en particulier dans les natures mortes et le « jaillissement furibond vers la lumière des fleurs hors du vase ». Picasso a d'ailleurs souvent dit que l'influence la plus forte qu'il ait subie lors de son arrivée à Paris a été celle de Van Gogh [10] et cette influence ne s'est pas seulement manifestée sur le plan pictural, elle a été également psychologique et

morale, comme le montre l'*Autoportrait* de 1901, dont l'émouvante intensité obtenue par la simplification des volumes et du contour, fait également penser à Gauguin. L'influence de ce dernier est plus sensible encore, sur le plan formel, dans les toiles « aux nuances de cartes à jouer », qui ont si fort étonné Sabartès, lorsqu'il est venu rejoindre Picasso à Paris pendant l'automne de 1901. Le portrait de Pedro Manach, la comparaison entre les deux versions de l'*Hétaïre* nous montrent que Picasso a parfaitement saisi la leçon du synthétisme et qu'il s'oriente vers un art de stylisation décorative fondé sur l'emploi arbitraire de la couleur, le rejet du modelé, et la schématisation des volumes cernés par des contours

---

15. Autoportrait. 1901. *Huile. 81 × 60. Paris, Musée Picasso. Ph. H. Mardyks.* – 16. L'Arlequin. 1901. *Huile. 81 × 60. New York, The Metropolitan Museum of Art. Ph. André Held.*

aussi nets que ceux qui séparent les éléments d'un vitrail. L'*Arlequin accoudé* va plus loin encore : dans cette toile où Picasso met en scène celui qui sera un des personnages principaux de son œuvre, la suppression de la profondeur, l'énergie expressive de certaines formes (les mains en particulier), le contraste entre les droites et les courbes, entre le damier du costume d'Arlequin et l'exubérance de la collerette et du motif floral, l'atmosphère de mélancolie sophistiquée que dégage l'ensemble du tableau marquent le triomphe de cette esthétique sentimentale et symboliste qui est à l'origine des œuvres de la période bleue.

Gauguin d'ailleurs a moins apporté à Picasso un ensemble de motifs précis qu'une certaine idée et presque une mystique de la peinture conçue comme un « symbolisme sentimental de la destinée humaine [11] ». « Sinon Gauguin, écrit Françoise Cachin, qui donc à la fin du siècle dernier ou au début de celui-ci proposait aussi clairement un modèle d'expressivité dans les thèmes comme dans la ligne et la couleur... avait su lier un rythme pictural puissant à une grande intensité affective ? » Sans doute et c'est peut-être en effet « Gauguin qui a contribué à faire passer Picasso d'un expressionnisme montmartrois à une sentimentalité universelle ». Mais un événement qui a profondément ébranlé la sensibilité du peintre n'a pas joué un rôle moins important dans cette mutation. Cet événement est, pendant l'hiver de 1901, le suicide à Paris, sans doute par désespoir d'amour, de son camarade catalan Casagemas.

Picasso a évoqué la mort de Casagemas dans plusieurs toiles qui sont parmi les plus étranges de cette période. *L'Enterrement de Casagemas* est une allégorie, ce qui n'a rien d'étonnant, l'emploi de l'allégorie étant constant dans la peinture de l'époque, mais une allégorie

---

17. L'Enterrement de Casagemas. 1901. *Huile. 150 × 90. Paris, Musée d'Art moderne de la Ville de Paris. Ph. Giraudon.*

à peu près indéchiffrable, comme elles le sont d'ailleurs très souvent chez Picasso. La division du tableau en deux registres, la terre et le ciel, passe pour avoir été inspirée par *L'Enterrement du comte d'Orgaz*. La scène terrestre nous présente un ensemble de personnages pleurant autour du cadavre. La partie supérieure du tableau est plus déconcertante : un cheval emporte dans les nuées le mort qui tient dans ses bras et au mépris de toute pesanteur une femme nue, ce qui pourrait à la rigueur se comprendre : Casagemas s'est tué par amour et réalise dans l'au-delà ce que la vie lui a refusé. Mais le spectacle est observé par trois groupes dont le contraste est presque burlesque : au centre une maternité douloureuse, à droite deux femmes nues échappées de quelque pastorale, et à gauche trois créatures vêtues seulement de bas noirs, échappées celles-là d'une maison close et prenant des poses peu convenables. Est-ce une allégorie du bien et du mal, des divers aspects, trompeurs ou pitoyables, de l'éternel féminin ? Personne jusqu'à présent n'a pu donner une explication satisfaisante de ce curieux rébus et nous nous contenterons d'admettre que Picasso n'avait pas encore tout à fait mis au point à cette époque « son symbolisme sentimental de la destinée humaine ». Ce symbolisme apparaît de façon aussi mystérieuse mais beaucoup plus émouvante dans une toile de 1903 dont Casagemas est encore le personnage principal : *La Vie,* toile d'autant plus intéressante que nous possédons les dessins qui l'ont préparée et pénétrons ainsi pour la première fois dans les méandres de l'imagination de Picasso [12].

Dans un dessin que l'on peut supposer avoir été le premier, bien qu'il ne soit pas daté, le fond de la scène est occupé par un chevalet portant une toile sur laquelle est représenté un couple enlacé et accroupi et vers lequel s'avance un personnage qui semble être le peintre. Au premier plan, à gauche, un autre couple mais debout : la femme est accrochée au cou du jeune homme, et celui-ci, qui a la tête de Picasso, lève la main dans un geste presque léonardesque. L'attitude du couple implique hostilité et méfiance à l'égard du peintre et l'on peut supposer qu'il s'agit ici d'une des premières versions du thème si cher à Picasso du peintre et son modèle, où il exprime régulièrement son sentiment de la supériorité de la vie par rapport à l'art. Dans le tableau, le chevalet a disparu et le fond de la composition est occupé par deux toiles superposées, celle du haut représentant un couple de personnages très primitifs et gauguinesques, celle du bas une femme endormie et prostrée. Le peintre (ou supposé tel) a été remplacé par une pauvresse de l'époque bleue drapée dans un long manteau et tenant dans ses bras un enfant. A gauche, Casagemas nu, à l'exception d'un assez vilain caleçon, une jeune femme, au visage de masque, appuyée à son épaule, tend la main vers la pauvresse à l'enfant dans un geste d'intention évidemment métaphysique; le caractère intemporel et symbolique de la scène étant accentué par la présence des tableaux dans le tableau et le détachement lointain des personnages les uns par rapport aux autres. De quoi s'agit-il? Voici, sous toutes réserves, ce que je propose : il y a l'art et il y a la vie. L'un n'est pas plus gai que l'autre et dans les deux cas on passe de l'étreinte à la solitude. Le couple assez morne mais tout de même vaguement tahitien du tableau du registre supérieur devient cette créature pathétique que l'on a comparée à une gravure de Van Gogh, *Sorrow*. Le couple de Casagemas et de la jeune femme est encore plus tragique : nudité bleuâtre, peureuse, sans rien de ce souvenir d'Eden que gardent les personnages du tableau sur lequel il se détache.

18

18. La Vie. 1903. *Huile. 197 × 127.* The Cleveland Museum of Art. Ph. du musée. – 19. Étude pour La Vie. 1903. *Dessin à la plume. 15,7 × 11.* Paris, Musée Picasso.

Amours de pauvres, d'émigrants, d'exilés de la vie que ne réunit même plus la tendresse sauvage et grossière des personnages de *L'Étreinte*. La jeune femme est enceinte et sera bientôt cette veuve sans âge et sans sexe dont les pieds sont gonflés d'avoir trop marché pour aller nulle part. Picasso paraît avoir employé ici pour la première fois un des procédés auxquels il recourra souvent pour déconcerter le spectateur et donner à ses œuvres un caractère d'énigme : celui de la rencontre. Plusieurs personnages qui n'ont ensemble rien de commun, n'ont rien à se dire et ne se disent rien, se rencontrent dans un lieu où ils n'ont aucune raison de se rencontrer. Métaphysique du carrefour, de la juxtaposition fortuite des solitudes, si fréquente dans les couples de l'époque bleue et rose *(L'Entrevue)*, que le lieu de la rencontre soit une plage ou une table de café comme pour ces deux personnages du *Lapin agile* (1905), arlequin et prostituée de Lautrec, qui confrontent dans une même solitude la pâleur de la vie et la pauvreté de l'illusion sous les regards étonnés d'un gros guitariste en sabots.

La Vie résume la plupart des thèmes et toute l'atmosphère de l'époque bleue, où le pessimisme, le nihilisme même que Picasso doit à sa première éducation barcelonaise sont accrus par les difficultés matérielles, l'extrême pauvreté qu'il connaît à l'époque : à la fin de son séjour à Paris, il n'a pas un sou, partage avec Max Jacob une chambre où il dort pendant la journée, parce que Max qui travaille doit se reposer pendant la nuit, et il n'y a qu'un lit dans la chambre. Ce nihilisme est sans doute un peu fleuri mais il s'appuie sur une conviction artistique sincère. « Il croit l'Art fils de la Tristesse et de la Douleur, rapporte Sabartès. Il croit que la tristesse se prête à la méditation et que la douleur est le fond de la vie. Nous traversons cet âge où tout est encore à faire

---

20. L'Étreinte. 1903. *Pastel. 98 × 57. Paris, musée de l'Orangerie (collection Walter-Guillaume). Ph. Musées nationaux.*

en chacun : cette période d'incertitude que tous considèrent du point de vue de leur propre misère. Que notre vie avec tous ses tourments passe par semblables périodes de douleur, de tristesse et de misère constitue la base essentielle de sa théorie de l'expression artistique... Si

nous exigeons la sincérité de l'artiste, nous n'admettons pas qu'elle puisse se situer hors de la douleur. » Picasso vit en somme à sa manière « le mal du siècle » et son pessimisme juvénile s'accompagne, comme il convient à toute sensibilité romantique, d'un impérieux besoin de retour aux sources. « Nous soutenons tous avec acharnement, car l'idée vient de Picasso, dit encore Sabartès, que l'artiste authentique doit tout ignorer; que le savoir embarrasse, empêche de voir et gêne l'expression par

21. Mère et enfant au fichu. 1903. *Pastel. 47 × 41. Barcelone, musée Picasso. Ph. Mas.*

manque de spontanéité... Dans les musées, les œuvres des Primitifs nous démontrent la valeur de notre doctrine : elles témoignent d'une innocence non contaminée par l'artifice [13]. »

Il serait cependant excessif de prétendre que « l'innocence » de la période bleue n'a pas été quelque peu « contaminée par l'artifice ». Les œuvres où Picasso a évoqué la solitude de l'enfant, du mendiant, de l'aveugle sont d'une tendresse farouche et presque sauvage dont on ne peut mettre en doute la sincérité. Mais que de souvenirs! Souvenirs des vierges gothiques et des héroïnes symbolistes dans les manteaux aux longs plis et les visages fermés de ses pauvresses. Souvenirs du Greco (*L'Ascète*, 1903), de Puvis de Chavannes (*Maternité au bord de la mer*, 1902), d'Eugène Carrière (*Mère et enfant au fichu*, 1903). Et quelle habileté aussi et quels dons de mise en scène! D'abord le bleu, qui est peut-être d'origine et d'intention symbolistes, mais limiter pratiquement sa palette pendant plus de deux ans à cette seule couleur représente une performance artistique qui n'a guère de précédents et ne connaîtra que de bien médiocres imitateurs; et puis l'art de désincarner les scènes, de les placer hors de la vie, hors du temps. Les toiles bleues exécutées à Paris, si elles isolent déjà les personnages, les situent néanmoins dans un lieu précis, en général un café (*L'Apéritif*, 1901); la série espagnole nous les montre adossés à un mur ou passant devant des rivages anonymes (*Misérables au bord de la mer*, 1903), et c'est pourtant dans ces œuvres, malgré l'irréalité du décor, que l'on sent le mieux le caractère profondément espagnol de l'inspiration de Picasso dans ses jeunes années, peut-être parce qu'il s'agit de personnages ou de scènes qu'il a réellement vus au détour d'une rue ou dans un village. On peut aussi constater que les œuvres les plus réussies de cette période sont celles qui paraissent le plus immédiatement espagnoles *(Le Vieux Juif, Le Marchand de gui)*, même si leur « primitivisme » relève parfois d'un pittoresque un peu conventionnel *(La Célestine,* 1903) ou manifeste une naïveté très consciente, comme *La Famille*

22   23

Soler (1903), qui fait déjà comprendre l'intérêt que Picasso portera quelques années plus tard au Douanier Rousseau.

En avril 1904, Picasso arrive pour la quatrième fois à Paris et s'y installe définitivement. Jusqu'en 1909 il vit au Bateau-Lavoir et c'est le début de cette période héroïque de Montmartre qui a été tant de fois évoquée qu'il nous paraît inutile d'en reprendre ici l'histoire, d'autant plus que les amitiés littéraires de Picasso, en

22. Les Misérables au bord de la mer. 1903. *Huile. 59,7 × 49,5. Northampton, Smith College Museum of Art (don Jere Abbott). Ph. du musée.* — 23. Le Marchand de gui. 1902-1903. *Gouache. 55 × 38. Paris, collection particulière. Ph. Musée des Arts Décoratifs, Paris (exposition Picasso, 1955).*

particulier celle d'Apollinaire qu'il rencontre en 1905, ne nous ont jamais paru avoir beaucoup d'importance dans le déroulement de son œuvre. Ne nous attardons pas davantage sur la personnalité extraordinaire, antipathique et excédante de Gertrude Stein [14], même si

c'est une des seules femmes qui aient tenu tête à Picasso et contentons-nous de signaler que l'artiste se lie avec Matisse en 1906. Un peu plus tard avec Braque. Qu'il présente une exposition à la Galerie Sérurier en mars 1905 et fait en 1907 la connaissance d'un jeune Allemand, D. H. Kahnweiler, qui sera son principal marchand et l'un de ses plus attentifs et intelligents biographes. Rappelons enfin, puisque c'est le premier épisode sentimental connu de la vie de Picasso, qu'il vit à partir de 1905 avec

24. La Famille Soler. 1903. *Huile. 150 × 200. Liège, musée des Beaux-Arts. Ph. A.C.L., Bruxelles.*

Fernande Olivier, la « belle Fernande », qui a consacré à cette période de la vie du peintre un livre de souvenirs fort attachant [15].

Voici Picasso tel que Fernande Olivier le vit pour la première fois : « Il bavardait sur la petite place Ravignan avec son compatriote, le peintre catalan Ricardo Canals... Le contraste entre Picasso et Canals était frappant pour qui les voyait ensemble. Canals, grand, mince, blafard, froid, aux yeux bleus d'enfant candide; Picasso, petit, noir, trapu, inquiet, inquiétant, aux yeux sombres, profonds, étranges, presque fixes. Gestes gauches, mains de femme, mal vêtu, peu soigné. Une mèche épaisse, noire et brillante, balafrait le front intelligent et têtu. Mi-bohème, mi-ouvrier dans sa mise, ses cheveux trop longs balayaient le col d'un veston fatigué. »

Voici la rencontre : « Habitant la même maison que lui, je le croisais souvent. Il semblait à cette époque passer sa vie sur la petite place montmartroise et je me disais : « Quand donc travaille-t-il ? » J'appris ensuite qu'il préférait peindre la nuit pour n'être pas dérangé. Dans la journée, c'était chez lui une continuelle procession d'Espagnols. Je rencontrai Picasso comme je rentrais chez moi un soir d'orage. Il tenait entre ses mains un tout jeune chat qu'il m'offrit en riant, tout en m'empêchant de passer. Je ris comme lui. Il me fit visiter son atelier. »

Et voici l'atelier : « C'était la fin de l'« époque bleue ». De grandes toiles inachevées se dressaient dans l'atelier où tout respirait le travail. Mais le travail dans quel désordre ! Grand Dieu ! Un sommier sur quatre pieds dans un coin. Un petit poêle de fonte tout rouillé supportant une cuvette en terre jaune servait de toilette; une serviette, un bout de savon étaient posés sur une table de bois blanc à côté... une chaise de paille, des chevalets, des toiles de toutes dimensions, des tubes de couleur éparpillés à terre, des pinceaux, des récipients à essence, une cuvette pour l'eau forte, pas de rideaux. Dans le tiroir de la table il y avait une souris blanche apprivoisée que Picasso soignait avec tendresse et montrait à tout le monde. » Nous retrouverons dans les ateliers de Picasso, même lorsque son domicile sera un château, le même désordre, la même accumulation d'objets hétéroclites, le même bric-à-brac à la Max Jacob : lorsque Brassaï lui rend visite en 1932 rue La Boétie, il découvre avec étonnement « des tableaux entassés, des balluchons mystérieux desquels émergeaient des toiles du Douanier Rousseau... et les hautes tours de boîtes de cigarettes vides que journellement il superposait les unes sur les autres, n'ayant jamais le cœur de les jeter ». Nous retrouverons aussi plus d'une fois un animal familier, souris blanche, chouette, chèvre, et c'est au milieu de cet inconfort « qui ne le gênait pas et dont on eût même dit qu'il le stimulait » (Brassaï) que Picasso ne cessera de vivre, de recevoir ses amis, sans nul souci de décorum, avec la désinvolture d'un roi en exil ou d'un chef nomade assuré de la vénération inconditionnelle de sa tribu.

« L'atelier, raconte encore Fernande Olivier, était une fournaise l'été et il n'était pas rare que Picasso et ses amis se missent complètement à l'aise. Ils recevaient les visiteurs à demi nus, pour ne pas dire tout à fait : vêtus seulement d'un foulard noué à la taille. D'ailleurs Picasso se plaisait ainsi et la finesse de ses membres n'était un secret pour personne. Il avait de petites mains et des pieds d'Andalou dont il était, je crois, assez fier. Il ne prisait pas peu non plus ses jambes d'une belle ligne, quoiqu'un peu courtes. Large d'épaules, plutôt trapu, il regrettait les quelques centimètres qui lui manquaient pour parfaire sa ligne.

« L'hiver il faisait tellement froid que le thé de la veille resté dans les tasses était gelé le lendemain. Ce qui n'empêchait nullement Picasso de travailler sans relâche. »

Devenu Parisien, Picasso n'en renonce pas pour autant à l'inspiration espagnole. Les œuvres de 1904, toujours à dominante bleue et traitant de sujets iden-

25

26

tiques à ceux des trois années précédentes, manifestent cependant une évolution stylistique qu'annonce l'aquarelle du *Fou* exécutée à Barcelone au début de l'année. Plus de courbes ni de draperies flottantes et onduleuses. Les silhouettes s'allongent, deviennent filiformes, se cassent en angles aigus; les têtes sont penchées, les personnages presque squelettiques. Ce recours aux formules maniéristes, dont Alfred Barr souligne justement que

27

25. Le Fou. 1904. *Aquarelle sur papier. 86 × 36. Barcelone, musée Picasso. Ph. Mas.* – 26. La Femme à la Corneille. 1904. *Gouache et pastel. 65 × 50. The Toledo Museum of Art. Ph. du musée.* – 27. Le Repas frugal. 1904. *Eau-forte. 46 × 38. Ph. Bibliothèque nationale.*

Picasso a fait au cours de sa carrière un constant usage, nous vaut une série d'œuvres de premier ordre : *Le Couple, La Femme à la Corneille*, l'admirable eau-forte du *Repas frugal*, la plus belle gravure de Picasso avec la *Minotauromachie*, et la silhouette contournée et précieuse de *L'Acteur*, étonnante transposition de la diseuse 1900, dont la bizarrerie est accentuée par un éclairage à la Lautrec. Mais nous sommes déjà dans la période rose ou période du cirque, pour reprendre des expressions traditionnelles sur lesquelles nous ne voyons pas de raisons de revenir.

Malgré sa brièveté (quelques mois) la période du cirque est une des plus brillantes de la jeunesse de Picasso, une des plus fécondes en œuvres destinées à devenir populaires et qui allaient attirer dès les années 1905-1910 l'attention des amateurs et de quelques critiques. Ni par le style ni sur le plan des thèmes il ne s'agit d'une métamorphose, comme Picasso en connaîtra quelques-unes au cours de sa carrière, et certaines maternités anxieuses sont encore très proches de la période bleue *(Les Baladins)*. Mais la palette s'éclaircit, se fait aimable et séduisante; la couleur est plus lumineuse, presque scintillante avec une dominante rose ou bleutée, des accents plus vigoureux parfois dans les fonds ou les détails d'un costume, évolution qu'il faut attribuer plutôt qu'à une influence possible des Fauves à un changement de manière de l'artiste, qui se préoccupe moins d'exprimer ce qu'il sent que de raconter un spectacle et de plaire. Comme l'écrit Charles Morice, rendant compte de l'exposition de la Galerie Sérurier, dans *Le Mercure de France* du 15 mars 1905 : « Ces œuvres nouvelles annoncent une transformation lumineuse de son talent. Ce n'est pas que rien y persiste de sa primitive vision sombre. Picasso est andalou et peut-être en Espagne est-ce un ineffaçable

---

28. L'Acteur. 1904-1905. *Huile. 194 × 112. New York, The Metropolitan Museum of Art. Ph. du musée.*

signe de la race que cette prédilection pour les gestes et les accents du chagrin. Mais, aujourd'hui, les attitudes se simplifient, les unités se groupent moins minablement, la toile s'éclaire. Ce n'est plus le goût du triste, du laid pour eux-mêmes; à ce prématuré crépuscule du spleen qui, logiquement, eût dû aboutir à la nuit de la désespérance, de la mort, succède par une bienfaisante anomalie un rayon de clarté: c'est l'aurore de la pitié qui point, c'est le salut. » Le ton de ce commentaire est évidemment assez ridicule mais il ne rend peut-être pas plus mal l'atmosphère des toiles de 1905 que celui, par ailleurs délicieux, d'Apollinaire lorsqu'il écrit dans la *Revue immoraliste*: « Sous les oripeaux éclatants de ses saltimbanques, on sent vraiment des pieuses gens du peuple, versatiles, rusés, adroits, pauvres et menteurs [16]. »

Car ce n'est pas du peuple qu'il s'agit ni de Scapin et des personnages de la comédie italienne, mais d'un théâtre forain, d'une fête triste, d'un petit monde d'illusion devant lequel le peintre s'attendrit un instant, comme devant tout ce qui est « en marge », brille et s'éteint. « Il semblait aimer, nous dit Fernande Olivier, ce pour quoi il n'était pas fait, ce qui était différent de lui : les gitanes, les courses de taureaux, les cabarets louches, les beuglants, les clowns. Il aimait tout ce qui était d'une couleur locale violente, il en respirait avec délices l'odeur caractéristique. » Et s'il aime tant à l'époque l'odeur du cirque, ce n'est pas sans doute par référence à une tradition artistique bien établie (Seurat, Lautrec), ni parce qu'il va très souvent à Médrano, où Grock vient de faire ses débuts [17] : le cirque de Picasso n'est guère souriant et ses « pénitents en maillots roses », pour reprendre une expression de Max Jacob, veulent plutôt être des symboles pitoyables et charmants, parfois tragiques, de la comédie humaine.

Quelle différence entre la couronne du roi et ce bonnet de fou qui revient si souvent dans les œuvres de 1905 et donne tant d'étrangeté à l'une des premières sculptures de Picasso? Ces arlequins sont trop jeunes, ces fillettes trop menues pour être réels. « Ils se dénudent dans le silence », nous dit Apollinaire [18], et Picasso ne nous montre pas le spectacle mais les coulisses, le moment de l'entracte et celui où les personnages, encore vêtus de leurs habits de scène, retrouvent la vie quotidienne au milieu des animaux qui sont les compagnons des gens du voyage *(Famille d'acrobates au singe* [19]*)*. Car c'est bien

29. Le Fou. 1905. *Bronze. 40 × 35. Musée d'Art Moderne de la Ville de Paris. Ph. Musées nationaux.*

30

« l'essaim » des « histrions en voyage » chanté par Hugo qu'évoque Picasso : il ne s'agit plus d'un cirque parisien, mais d'une troupe de forains qu'il nous montre dans des paysages désolés de campagne ou de banlieue et dont le pittoresque appartient au folklore de l'Espagne romantique. Dans *Les Bateleurs,* la plus grande et la plus ambitieuse des compositions que Picasso ait réalisées avant l'époque cubiste, le peintre, nous dit P. Guinard, « ne s'est pas refusé les références précises à sa terre natale : le décor est une plage méditerranéenne; le corpulent bouffon qui occupe le centre est baptisé le « Tio Pepe » et la jeune femme qui meuble la droite, avec son grand chapeau de paille à fleurs et ses vases de poterie rustique,

30. Famille d'acrobates au singe. 1905. *Gouache, aquarelle, pastel et encre de Chine. 104 × 75., Göteborg, Konstmuseum. Ph. du musée.* – 31. La Femme à l'éventail. 1905. *Huile. 99 × 81. New York, collection Averell Harriman. Ph. Geoffrey Clements.* – 32. Les Bateleurs. 1905. *Huile. 212,8 × 229,6. Washington, National Gallery of Art (collection Chester Dale). Ph. du musée.*

31

32

est catalane ou majorquine [20] ». C'est encore le thème de la halte, de la rencontre, mais traité cette fois sans intention morale, sans accent dramatique. Le peintre semble n'avoir pensé qu'à grouper plusieurs personnages sur la toile en évitant de recourir à l'anecdote, et à donner l'impression qu'ils participent à une même action, sont réunis par des sentiments communs. C'est bien la pre-

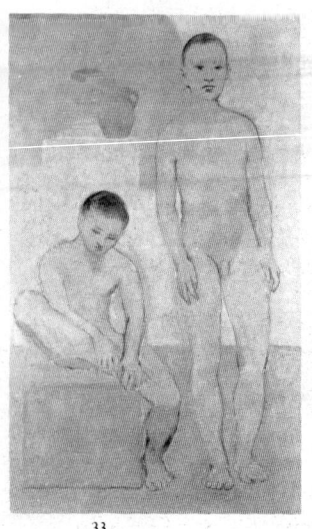

mière fois que nous voyons Picasso s'intéresser à un problème plastique compliqué et si la solution n'est pas, sur ce plan, très satisfaisante, elle donne à la scène une étrangeté assez prenante que Rilke a évoquée dans une des Élégies de Duino et que nous retrouvons dans *La Femme à l'éventail* de la collection Harriman : visage impénétrable, geste ébauché, immobilisé dans l'instant,

33. Les Deux Adolescents. 1905-1906. *Huile. 151 × 93,7. Washington, National Gallery of Art (collection Chester Dale). Ph. du musée.* – 34. Nu aux mains jointes. 1905-1906. *Gouache sur toile. 95,8 × 75,5. Toronto, collection Ayala et Sam Zacks.*

sans signification précise, comme celui d'une Annonciation sans contenu ni destinataire.

Pendant l'été de 1905, Picasso passe quelque temps en Hollande chez un de ses amis. Le pays ne lui plaît guère mais le « volume » et la santé des jeunes Hollandaises le convertit provisoirement à une conception beaucoup plus réaliste et familière de la beauté féminine *(La Jeune Hollandaise à la coiffe)* et l'oriente à son retour à Paris vers l'étude du nu. Il peint alors une série de jeunes gens nus, parfois encore bien graciles et sophistiqués, mais traités avec une fermeté plastique où l'on a vu quelquefois l'influence de Cézanne *(Le Garçon nu)* et avec d'évidentes intentions néo-classiques *(Le Jeune Homme au cheval).* Cette volonté classique s'affirme ou se purifie au cours du séjour que Picasso fait en 1906 à Gosol, petit village d'Andorre aux confins de la Catalogne. Dans les *Deux Adolescents,* les souvenirs antiques (ceux des « kouroï » que Picasso a pu apercevoir au musée du Louvre dont il est à l'époque visiteur assidu) n'enlèvent rien au naturel, à la simplicité presque rustique des attitudes et du dessin, et le *Nu aux mains jointes* est d'une plénitude presque sculpturale et sans apprêts qui annonce la rupture de Picasso avec le style maniériste et sentimental de son œuvre de jeunesse. Certes l'imagination précieuse et le goût du bizarre ne perdent pas encore tout à fait leurs droits, comme le montre la curieuse toile du *Harem,* mais le séjour à Gosol, le fait d'avoir vécu quelque temps dans ce petit monde sévère et digne, dont le puritanisme n'avait rien de littéraire, semble le transformer moralement et orienter de façon décisive son évolution artistique. « A cette époque, écrit Fernande Olivier, l'atmosphère de son pays lui était nécessaire et l'inspirait particulièrement. Des études faites là-bas émanaient une émotion, une sensibilité plus fortes... Je l'ai vu en

Espagne si différent de lui-même, ou plutôt si différent du Picasso de Paris, gai, moins sauvage, plus brillant, animé, s'intéressant aux choses avec aplomb et calme, à l'aise enfin... Il aimait la compagnie des paysans et était aimé d'eux. Il se trouvait libre, buvait avec eux, se

35

mêlait à leurs jeux. Là-bas, dans ces paysages sauvages, grandioses, désertiques... il ne semblait pas comme à Paris en dehors de la société... Cela rendait ses œuvres plus légères, plus aérées, moins tourmentées [21]. »

35   C'est la première fois peut-être que Picasso peint ce qu'il voit, sans artifice de mise en scène, même si *La Porteuse de pain* est encore une « apparition », une sorte de Vierge paysanne plutôt que la transcription directe d'un motif observé. Mais il s'intéresse aussi à des problèmes purement formels qui lui avaient été jusqu'alors indifférents et qui deviendront sa principale préoccupation au cours de l'hiver 1906-1907. Rien de plus curieux
36   à cet égard que la grande composition des *Paysans*, com-

---

35. La Porteuse de pain. 1906. *Huile. 100 × 70. Philadelphie, Philadelphia Museum of Art. Ph. du musée.* – 36. Les Paysans. 1906. *Huile. 218,5 × 129,5. Merion, Fondation Barnes. Ph. du musée.*

37. Autoportrait à la palette. 1906. *Huile. 92 × 73. Philadelphie, Philadelphia Museum of Art (collection A.E. Gallatin). Ph. du musée.*

mencée à Gosol et achevée à Paris, tableau si déconcertant que Alfred Barr a songé pour en expliquer au moins certains éléments (le contraste entre la taille des deux personnages, le motif floral) à une influence du *Saint Joseph et l'Enfant Jésus* du Greco [22]. Au point de départ, il s'agit d'une scène assez dramatique et traitée de façon réaliste : un marchand de fleurs aveugle dont une petite fille guide les pas. Picasso introduit ensuite dans la composition deux vaches dont la présence n'est justifiée par rien, sinon qu'elles obligent les deux personnages à courir. D'où une extraordinaire agitation, un mélange des formes, une superposition des plans et une liberté prise avec les apparences que le peintre ne s'était jamais permis jusqu'alors. Picasso s'est visiblement préoccupé ici d'exprimer le mouvement, de nous donner le sentiment d'une vision accélérée et de la pénétration réciproque, de la fluidité des volumes que celle-ci implique. La profondeur tend à disparaître, les formes ne s'étagent plus dans l'espace mais se délitent en plans qui se répartissent à la surface de la toile. Le peintre ne décrit pas l'ensemble de la scène, réduit presque à rien certains éléments (le corps de la petite fille), en amplifie d'autres (les bras du marchand de fleurs), rassemble au bas du tableau la patte de l'une des vaches et les jambes des personnages de façon tellement arbitraire qu'il n'y a aucun rapport entre le torse et la partie inférieure du corps du paysan. Le cubisme n'est sans doute pas un art de mouvement mais il ne manque que le recours à la géométrie pour que les libertés prises dans cette œuvre avec l'espace et la cohérence visuelle des formes débouchent sur les sauvages dislocations des *Demoiselles d'Avignon* et des toiles de 1908-1910.

Picasso rentre à Paris à l'automne. Nous dirons dans le chapitre suivant pourquoi et comment il achève alors le portrait de Gertrude Stein. L'intensité, l'archaïsme presque sauvage de l'*Autoportrait* qu'il peint à son retour nous montrent le chemin parcouru en quelques années, et même en quelques mois. Le dessin des yeux, des oreilles manifeste une influence probable de la sculpture ibérique que J. J. Sweeney a été le premier à étudier en détail [23] et que l'on retrouve dans le personnage de gauche des *Deux Femmes nues* exécutées également à la fin de 1906. Il s'agit vraisemblablement de deux prostituées, et d'une première pensée pour les *Demoiselles d'Avignon :* le nu de gauche entrouvre un rideau comme dans le tableau de 1907 et son visage exprime le genre d'invite qui est de rigueur dans la profession, même s'il est difficile d'imaginer un amateur assez courageux pour affronter une aussi terrifiante apparition. Quels monstres, quels pieds, quelles cuisses! Et quels seins! « Les plus beaux seins, a dit un jour Picasso, sont ceux des femmes qui ont le plus de lait! » Sans doute, mais tout de même! Jamais idole barbare n'a été aussi bien pourvue. Nous ne sommes plus au niveau de l'archaïsme, mais de la préhistoire, du cauchemar. On voit en comparant ces formes « trapues », comme l'écrit posément Alfred Barr [24], aux gracieuses créatures d'antan, que Picasso ne conçoit les changements de style qu'en termes de paroxysme furieux et qu'il a désormais d'autres idées en tête que de plaire, d'illustrer et d'attendrir.

La période espagnole de Picasso est terminée [25]. Certes nous retrouverons souvent des thèmes espagnols dans son œuvre, surtout dans sa partie narrative et dans tout ce qui relève en elle de la décoration plutôt que de la recherche proprement picturale. Mais c'est dans le climat de la peinture parisienne, que Picasso va dominer pendant un demi-siècle, qu'il faut désormais situer son activité [26].

38. Deux Femmes nues. 1906. *Huile. 151,3 × 93. New York, The Museum of Modern Art (don David Thompson). Ph. du musée.*

NOTES

1. Jaime Sabartès : *Picasso. Portraits et Souvenirs*, trad. de l'espagnol par P.-M. Grand et André Chastel, Louis Carré et Maximilien Vox éditeurs, Paris, 1946.
2. Max Jacob semble à l'origine de cette légende. Voir Florent Fels : *Le Roman de l'art vivant*, Arthème Fayard, 1959. Voir aussi Louis Gillet : « Un Peintre espagnol à Paris », *La Revue des Deux Mondes*, août 1937.
3. Sur les origines de Picasso et la période espagnole de son œuvre, on consultera plutôt que l'ouvrage assez confus d'Alejandro Cirici-Pellicer (*Picasso antes de Picasso*. Iberia, Joaquin Guil ediciones, Barcelone, 1946. Édition française corrigée, Genève, 1950) celui de Josep Palau i Fabre : *Picasso en Cataluña*, Ediciones Poligrafa, Barcelone, 1966, qui contient d'utiles précisions biographiques, et d'Enrique Lafuente Ferrari : « Picasso al trasluz de Malaga », in *De Trajano a Picasso*, Noguer, 1962. Pour une mise au point de la question, voir Paul Guinard : « Picasso et l'Espagne », in *Picasso* (Génies et Réalités), Hachette, 1967.
4. Paul Guinard, art. cité.
5. Josep Palau i Fabre, *op. cit.*
6. Sabartès, *op. cit.*
7. Phoebe Pool : *Picasso. The formative years, a study of his sources*. Préface d'Anthony Blunt. Studio Books, Londres, 1962.
8. Henry Russel Hitchcock : *Gaudi*, The Museum of Modern Art, New York, 1957.
9. Antonina Vallentin : *Picasso*, Albin Michel, 1957.
10. Antonina Vallentin, *op. cit.*, p. 51.
11. Françoise Cachin : *Gauguin*, Le Livre de Poche, 1968.
12. Ces dessins sont reproduits dans Phoebe Pool, *op. cit.* et le très utile catalogue de Georges Bondaille et Pierre Daix (avec la collaboration de Joan Rosselet) : *Picasso, 1900-1906*, Éditions Ides et Calendes, Neufchâtel, 1966.
13. Sabartès, *op. cit.*
14. On pourra tout de même lire : Gertrude Stein, *Autobiographie d'Alice Toklas*, traduit par Bernard Faÿ, Gallimard, 1934, et : Gertrude Stein, *Picasso*, Floury, 1938.
15. Fernande Olivier : *Picasso et ses amis*. Préface de Paul Léautaud. Stock, 1933.

16. La *Revue immoraliste,* avril 1905. Ce texte se trouve dans les *Chroniques d'Art* de Guillaume Apollinaire, présentées par L. C. Breunig, Gallimard, 1960.
17. Fernande Olivier nous dit que Picasso allait très souvent au cirque Médrano avec Braque, mais il n'a connu ce dernier qu'en 1907. Elle nous parle aussi d'Antonet qui devint le partenaire de Grock en 1908 seulement.
18. Apollinaire a évoqué les acrobates de la période rose dans un très bel article de *La Plume* (15 mai 1908) : « Des arlequins accompagnent la gloire des femmes, ils leur ressemblent, ni mâles ni femelles... Des bêtes hybrides ont la conscience des demi-dieux de l'Égypte; des arlequins taciturnes ont les joues et le front flétris par les sensibilités morbides. » Apollinaire exagère un peu lorsqu'il compare le bon gros visage de *La Famille d'acrobates* à un « demi-dieu de l'Égypte », mais il a été justement frappé par l'originalité, le dépouillement incisif du trait que l'on peut remarquer dans les pointes sèches de 1905 dont il compare le dessin à celui des « potiers grecs ».
19. « Les soirs de cirque Médrano, quand nous nous y retrouvions tous, Picasso restait au bar dans l'odeur d'écurie qui montait, chaude et un peu écœurante. Il restait là, ainsi que Braque, bavardant toute la soirée avec les clowns. Il s'amusait de leur air gauche, de leur accent, et de leurs reparties, bien plates cependant quand ils n'étaient pas sur la piste. Il les admirait et témoignait à leur égard d'une réelle sympathie. » Fernande Olivier, *op. cit.*
20. Paul Guinard, art. cité.
21. Fernande Olivier, *op. cit.*
22. Alfred Barr Jr. : *Picasso. Fifty years of his art,* The Museum of Modern Art, New York, 1941.
23. James Johnson Sweeney : « Picasso and Iberian sculpture », *Art Bulletin,* avril 1941.
24. Alfred Barr, *op. cit.*
25. Picasso est demeuré très attaché à l'Espagne même s'il n'y a fait depuis 1904 que des séjours assez rapides et intermittents (interrompus par la guerre civile). Il n'a jamais pensé à demander la nationalité française et Paul Guinard, dans l'article que nous avons plusieurs fois cité, a bien établi le répertoire des thèmes espagnols de Picasso : costumes et décor pour « Le Tricorne » (1920) de Manuel de Falla et « Cuadro Flamenco » (1921), *Métamorphoses* et *Minotauromachies* d'inspiration parfois goyesque, *Guernica,* natures mortes « au crâne de bœuf » ou « à la bougie », « aux tons funèbres, aux éclairages violents, dont la densité, la

composition architecturale se situent dans la grande tradition espagnole », variations sur les *Ménines,* illustrations pour les Sonnets de Gongora (1948) et Carmen (1949) sans parler bien sûr de toutes les tauromachies d'après guerre et des délicieux lavis du *Romancero du picador.* Les visiteurs de Picasso ont été souvent frappés par tout ce qui demeurait d'espagnol en lui, dans sa manière de vivre et bien sûr dans son accent. « Picasso, écrit Fernande Olivier, n'a jamais pu perdre son fort accent. Il ne connaissait pas les pâtisseries qu'il appelait des « gâtonneries » à cause, disait-il, des gâteaux. Il disait aussi : « On va se nous lever » pour on va se lever; « on se en ba » pour on s'en va; « je te embrasse »; « je biens » pour je viens et « holontièrement » pour volontiers, ainsi d'ailleurs que la plupart des Espagnols que j'ai connus. » Picasso a dû faire quelques progrès depuis car si les poèmes d'inspiration surréaliste ont été écrits en espagnol, *Le Désir attrapé par la queue* (1941-1942) semble avoir été rédigé en français.

26. Le problème : Picasso est-il un peintre français ou espagnol? nous paraît trop académique, trop ressassé pour que nous en débattions à notre tour, le seul intérêt de la querelle étant qu'elle a souvent mis aux prises des gens de grand talent. Longtemps Picasso a été considéré par les critiques français comme un peintre spécifiquement espagnol. On l'appelle « le Malagueno » et en 1937 encore lorsque Louis Gillet lui consacre un article, il l'intitule : « Un Peintre espagnol à Paris ». Il est vrai que l'article a été écrit pour *La Revue des Deux Mondes* qui n'a pas l'habitude de devancer les événements et dès 1923 Jean Cocteau, prenant acte de la conversion de Picasso à l' « ingrisme », l'avait annexé à la France. Il voit en lui « un Espagnol pourvu des plus vieilles recettes françaises (Chardin, Poussin, Le Nain, Corot) » et ajoute : « Je n'insiste pas sur l'Espagne. Picasso est de chez nous. Il a mis toutes les forces, toutes les ruses de sa race à l'école et au service de la France ».

Du côté espagnol, les positions sont évidemment différentes. La plupart des critiques veulent conserver Picasso à son pays natal et Ramon Gomez de la Serna en particulier voit en lui « l'individualiste espagnol type, le premier à se lasser des formes d'art qu'il crée, à désobéir aux apparences de ses propres tableaux », d'autant plus espagnol qu' « aucune école de peinture autant que l'espagnole n'a tenu compte de l'espace : la profondeur fut l'obsession de ses peintres » et « Picasso, créateur du cubisme français, est le peintre qui a fait faire le pas le plus gigantesque à la peinture

de l'espace » (Ramon Gomez de la Serna : « Completa y veridica historia de Picasso y el cubismo », *Rivista de Occidente,* Madrid, juillet-août 1929).
Le point de vue contraire est exposé avec beaucoup de verve par Eugenio d'Ors. « Picasso n'est pas un peintre espagnol » et il a même eu le mérite de donner « l'estocade mortelle au taureau du nationalisme artistique », de mettre fin à la mode espagnole, telle qu'elle se manifeste chez « Manet, Delacroix, Daumier et dans les natures mortes à la Zurbaran de Cézanne ». D'ailleurs il y a une légende à propos de l'art espagnol : « réalisme et mysticisme... amour immodéré des extrêmes qui permet à la fois la représentation impassible, objective et cruelle des choses (nains de Vélasquez, pot-au-feu et melons de Murillo, satires de Goya) et les manifestations incandescentes d'une passion irrationnelle dans le baroque, le retour des choses vers le néant et la mort, la crispation du Greco, etc. ». La peinture espagnole se caractériserait par la « prédilection romantique de la couleur aux dépens de la ligne, du dynamisme exacerbé et l'explosion des tempéraments qui nous forcerait à inclure toute cette production dans la catégorie générale du baroque ». Eh bien, si tout cela est vrai, Picasso n'est pas espagnol, précisément parce qu'il n'est pas baroque. D'abord parce qu'il n'a aucun goût pour la couleur : « Qui pourrait-on citer dans l'histoire de la peinture, depuis Léonard de Vinci, qui ait été comme Picasso indifférent à la couleur ? » Sa sensibilité est absolument « dépourvue de tempérament », de « dynamisme », sa peinture « nie le mouvement ». Picasso est avant tout un homme d'ordre même si « l'ordre régnant dans ses tableaux peut nous rappeler cet ordre fameux qui – dit-on – régnait à Varsovie ». Ses ancêtres intellectuels sont Ingres et Poussin et en Italie « les artistes de l'intelligence (Léonard, Raphaël, Mantegna) pour lesquels la peinture est *cosa mentale.* Picasso est « fils de Malaga, créature de Barcelone, peintre de Paris ». J'ai cité longuement cet ouvrage (Eugenio d'Ors : *Picasso,* Édition des Chroniques du jour, Paris, 1930), aujourd'hui un peu oublié comme son auteur, parce qu'il est un des plus brillants et imprévus que l'on ait consacrés au peintre.
Sur le caractère espagnol du cubisme, voir la note 7 du chapitre II.

II
Une Révolution

Il est peu de coups d'État dans l'histoire de l'art comparables par l'audace et le succès à celui que Picasso réalise en 1907 lorsqu'il montre à ses amis stupéfaits *Les Demoiselles d'Avignon*. Le cubisme proprement dit est un épisode assez bref de la peinture contemporaine : en 1914 tout est dit et l'aventure est achevée, même si Picasso et Braque continuent à peindre pendant longtemps, dix ans pour l'un, toute sa vie pour l'autre, des toiles plus ou moins cubistes par leur style et leurs sujets. Dans leur phase aiguë, les crises révolutionnaires ne sont jamais très longues et les terroristes volontiers deviennent thermidoriens, mais il a suffi de ces quelques années pour que la tradition de la peinture occidentale et l'héritage de la Renaissance soient remis en question et même liquidés, presque aussi rapidement et plus complètement encore que l'Ancien Régime après la convocation des états généraux.

On a dit qu'il y avait une manière de « sentir » avant Baudelaire et une manière de « sentir » après lui. Il y a également une manière de peindre et de concevoir la peinture après le cubisme, qui est à l'origine de la plupart des développements de la peinture contemporaine et même, quoi qu'on ait pu dire, de l'un des aspects au moins de l'art abstrait par l'intermédiaire de Mondrian. En 1925, toute la « jeune peinture » est cubiste (comme elle sera non figurative après 1945) et l'on a vu entre les deux guerres se créer à partir du cubisme un style international comme il n'en avait pas existé depuis l'âge baroque et dont l'influence se manifestera aussi bien dans l'architecture, la sculpture et les arts décoratifs que dans la peinture proprement dite. Il n'entre pas dans notre intention de proposer une explication d'un succès aussi universel et d'autant plus surprenant que le cubisme est un art difficile entre tous, austère, souvent presque rebutant, très médiocre au niveau de ses réalisations mineures, et que les grandes toiles en particulier de la période « analytique » ont conservé toute leur apparence de rébus, de « chef-d'œuvre inconnu » ou de « cathédrale engloutie ». Essayons seulement de reprendre le fil des événements et d'éclairer les intentions probables de celui qui est à l'origine de toute l'affaire. Probables seulement car, comme tous les créateurs de religion, les peintres cubistes ont voulu entourer leur entreprise de quelque mystère [1]*. Picasso est toujours resté muet sur le cubisme et l'on ne saurait trop faire son profit de ce charitable avertissement que Braque adressa un jour aux exégètes et aux historiens futurs : « On s'est dit avec Picasso pendant ces années-là des choses que personne ne se dira plus, que personne ne saurait plus se dire, que personne ne saura plus comprendre... des choses qui seraient incompréhensibles et qui nous ont donné tant de joie... et cela sera fini avec nous [2]. »

« Je ne cherche pas, je trouve. » Cette boutade, probablement apocryphe, comme la plupart de celles qu'on prête à Picasso, exprime néanmoins très bien ce qu'il y a de plus profond dans son tempérament d'artiste et d'homme, l'un et l'autre étant chez lui totalement confondus. A la différence de Poussin, par exemple, ou de Matisse, Picasso ne croit ni à la méditation ni à la réflexion; il n'a rien d'un théoricien et les problèmes purement plastiques l'intéressent rarement. La peinture

---

* *Voir notes p. 114.*

n'est pas pour lui *cosa mentale,* mais expression de soi, décharge affective, autobiographie, comme l'a dit D. H. Kahnweiler [3]. Extraordinairement instinctif et passionné, il ne se préoccupe que de raconter ses désirs, ses rêves, ses cauchemars, les moyens important peu, naissant en un éclair de la nature même de l'émotion exprimée, et il n'y a pas dans l'histoire de la peinture de main plus rapide, de cœur plus violent et de sensibilité plus impérieuse. « Le secret, dit-il, est de ne peindre que ce que l'on aime [4]. »

On pourrait ajouter : « et surtout ce que l'on déteste ». Mais si nous regardons son œuvre jusqu'en 1907, nous voyons que, malgré son éblouissante virtuosité, elle est aussi riche et émouvante sur le plan sentimental et littéraire que pauvre, indigente presque et impersonnelle sur le plan des innovations stylistiques. Picasso est alors un jeune peintre espagnol, d'abord très provincial, qui fait à Paris son apprentissage international. Il prend son bien où il le trouve et à qui l'intéresse : tous à peu près depuis Toulouse-Lautrec et Steinlen jusqu'au Greco, Munch, et tous les ténors un peu languissants, morbides et égarés de l'Art nouveau. Le Picasso « bleu » et « rose » est un remarquable illustrateur, un interprète délicieusement inspiré du tragique espagnol et du folklore parisien. Mais son habileté à jouer avec la tradition n'est pas toujours très loin du pastiche académique et Thomas Couture n'avait pas non plus tellement mal commencé. Il faut d'abord être peintre et ce n'est pas si facile. A partir de 1906, Picasso ne « trouve » plus. Il « cherche ».

Quoi? A se délivrer des influences, de la tradition, de cette « fatalité des réminiscences » dont on a parlé à propos de Lamartine et qui est en effet la rançon des virtuoses et des talents trop rapides lorsqu'ils n'ont pas sacrifié leur facilité à la recherche, en général combien austère et laborieuse, d'un style personnel. Pourquoi être soi alors qu'on peut être tous les autres et que le public ne cesse d'applaudir? Mais aux autres c'est seulement l'écume, les plumes du paon, le manteau d'Arlequin que l'on prend et, comme Ronsard jette un jour son Pindare aux orties, Picasso comprend que ce n'est pas en accumulant les emprunts qu'il parviendra à être peintre. Donc plus de clowns, ni de saltimbanques, ni de « roman comique », plus de mélancolies exquises, de pauvresses adorables et de jeunes gens couronnés de roses, plus de rose ni de bleu ni de paillettes, mais des gris, des bruns et des noirs, une formidable cure d'austérité, le régime famélique de la nature morte et le décor de la vraie pauvreté, des cubes, des angles, une pipe, une bouteille d'« Anis del Mono », le visage véritablement peu attrayant d'Ambroise Vollard, de vieux journaux, des chiffons, des clous, des papiers peints de concierge et, comme le cœur tout de même conserve ses droits, une guitare et un violon.

Être peintre et par là même – puisque faire le tour des styles du passé et du présent ne semblait pas la bonne méthode à cet égard – réinventer la peinture, renouveler l'entreprise du « doute méthodique » et du « cogito » cartésien. Pierre Reverdy écrit en 1924 : « Picasso décida de tenir pour rien la masse énorme de connaissances et l'expérience qu'il avait acquises et se mit en demeure de tout apprendre, c'est-à-dire de tout recommencer... Ce que Descartes avait fait dans le domaine philosophique, Picasso, sans connaître l'aventure, le renouvela dans le domaine de l'art. Il réinventa l'art – un art, le sien – pour mieux s'assurer de celui qu'il avait jusque-là pratiqué [5]. »

Depuis la Renaissance, la peinture était un art de magie, une copie toujours insatisfaisante de la réalité, une interprétation décorative et littéraire d'un monde transfiguré par l'histoire ou rêvé dans la religion et la mythologie. Depuis le milieu du XIXe siècle, elle tendait à devenir la photographie d'un spectacle. Le tableau était un trou dans lequel les objets s'ordonnaient comme dans une scène de théâtre et selon les lois d'une perspective illusionniste destinée à donner le sentiment de la profondeur. Mais à quoi bon cette profondeur, puisque de toute manière le tableau est une surface plane? A quoi bon copier une réalité que nos yeux suffisent à nous faire comprendre et aimer, et dont aucun peintre ne donnera de toute manière une image aussi fidèle que le plus médiocre des photographes? Que penserait-on d'une musique qui se bornerait à enregistrer les bruits du monde? Le tableau est un fait en soi; le but de la peinture, c'est la peinture elle-même. Braque écrira plus tard: « Il ne faut pas imiter ce que l'on veut créer » et la fonction du peintre n'est pas « de reconstituer une anecdote mais de constituer un fait pictural [6]. » Il s'agissait donc de trouver un moyen d'exprimer la réalité de façon plus convaincante, plus pleine, plus « tactile », comme dira encore Braque, qu'on ne l'avait fait jusqu'alors. Et avec le bel enthousiasme, le goût de la provocation et la prodigieuse confiance en lui-même qui l'ont toujours caractérisé, Picasso, bientôt suivi de Braque, de Juan Gris et de quelques autres, décida de repartir à zéro.

Mais pourquoi repartir à zéro? Les choses après tout ne vont pas si mal en 1907 et nous trouvons rarement dans la presse de l'époque ces mots de « crise » et de « confusion » qui depuis dix ans (et pour longtemps encore!) foisonnent sous la plume de nos critiques. Avec Matisse, Bonnard, l'explosion « fauve », la peinture au début du siècle semble se fort bien porter. Oui et non.

Sa vitalité créatrice est extraordinaire, mais précisément la multiplicité des écoles, l'apparition incessante d'innovations esthétiques rapidement épuisées ou dédaignées inquiètent beaucoup de peintres et de critiques qui éprouvent la nostalgie d'un style stable et intellectuellement fondé, redoutent le danger de cette double anarchie visuelle et décorative que représentent l'héritage impressionniste d'une part, et d'autre part les nabis, l'Art nouveau, Bonnard, Matisse lui-même et tout ce qui plus ou moins directement peut être considéré comme l'héritage de Gauguin. Voilà le mal. Et voici le remède : Cézanne. La rétrospective Cézanne au Salon d'automne de 1907 va déterminer toute l'évolution ultérieure de Picasso.

Cézanne est un constructeur et un géomètre qui ne se soucie ni de courbes voluptueuses, à la manière des peintres du style 1900, ni d'instantanés lumineux, à la manière de Monet, mais qui entend nous donner au maximum le sentiment de la présence réelle, absolue, pourrait-on dire, des objets, veut exprimer les volumes dans tout leur poids et leur plénitude, dans leur densité interne et non dans leur palpitation atmosphérique. L'impressionniste, comme dira plus tard Cocteau, « cligne des yeux au soleil » : il ne nous livre que l'apparence des choses et enregistre passivement une anecdote, une « tranche de vie », à la manière des romanciers de la fin du XIXe siècle. Le contraire même de ce qu'est Picasso, tempérament profondément antinaturaliste, paysagiste médiocre qui ne s'est jamais intéressé à la lumière et a toujours préféré l'analyse des formes à l'expression voluptueuse de la couleur. Quant au style décoratif, qui correspond par contre à un aspect fondamental de sa nature d'artiste et auquel il reviendra souvent par la suite, il semble assez tôt en avoir constaté les limites et les dangers, le côté flasque et féminin, asiatique et déhanché, très « Paris 1900 » et « bouche de métro », auquel il risque de conduire. D'ailleurs Picasso n'a pas comme Matisse le génie de la courbe et du rythme. *Luxe, calme et volupté,* ce titre que son grand rival donna en 1906 à l'un de ses chefs-d'œuvre, voilà qui ne le concerne en rien, lui qui est tout en angles et en éclairs, en cassures et en accents, déchire, dissèque et dévore, brise inlassablement les objets et les êtres pour s'approprier le secret de leur vie. Matisse contemple avec bienveillance un monde heureux, caresse et se souvient. Picasso fonce comme un taureau furieux, éventre et encorne, recompose les débris à sa fantaisie et nous présente tout crus les résultats du massacre. Le contact a été brutal, mais il a été certainement plus intense et plus profond. Voilà pourquoi le fauvisme, même à son niveau le plus élevé, ne pouvait retenir Picasso : il ne nous présente qu'une interprétation décorative de la réalité, et c'est la réalité même qui intéresse Picasso. Pas la nature où tout est nuage et reflet, mais la réalité de ce qui est là, de ce qui est, de ce qui pèse, de ce que l'on peut toucher de la main ou embrasser du regard dans ces ateliers noirs où Picasso, jusqu'en 1945, travailleur presque exclusivement nocturne, a longtemps enfermé son humeur farouche et conventuelle de moine peignant des natures mortes métaphysiques à la Zurbaran.

Un taureau, un moine? Serions-nous en Espagne et le cubisme serait-il espagnol, comme l'ont voulu certains auteurs et en particulier Gertrude Stein[7]? Bien sûr, Picasso et Juan Gris sont Espagnols et certains villages de Navarre et de Catalogne sont des assemblages de cubes. Il y a même dans les natures mortes cubistes un côté ascétique, pétrifié, dénudé, une sorte d'ordonnance de veillée funèbre qui peuvent faire penser à Zurbaran ou à Sanchez Cotan. Et puis il y a la guitare.

Mais il y a aussi l'accordéon, et trop de bouteilles de Pernod, d'enseignes de café, de souvenirs de Montmartre, de Cézanne et du Douanier pour qu'il ne soit pas plus raisonnable de considérer le cubisme comme un phénomène né et enraciné dans la culture parisienne. Le seul élément qui pourrait à la rigueur passer pour espagnol dans la peinture de Picasso à cette époque serait la couleur ou plutôt l'absence de couleur, le caractère abstrait, intemporel de la lumière, tous ces bruns, ces gris, ces noirs et ce « bel olivâtre du teint espagnol » dont Cocteau parlait à propos des tableaux de Juan Gris[8].

Je ne voudrais évidemment pas retirer au génie espagnol le bénéfice de l'invention du cubisme. Si je propose une interprétation « parisienne » du cubisme, ce n'est pas, j'espère, par chauvinisme ni seulement pour des raisons d'iconographie montmartroise, c'est parce que cette hypothèse me paraît être celle qui interprète le moins un phénomène dont les origines ne sont évidemment pas nationales : c'est à Paris que se sont rencontrés Braque, Picasso et Gris, Paris étant alors la seule ville où la peinture moderne était accessible de manière directe, où pouvaient se conjuguer les influences de l'art nègre et celles de Cézanne. J'ai dit : interprétation « parisienne » et non « française ». Au lendemain de la guerre, par orgueil national, zèle « bleu horizon » et aussi sous l'influence de Gleizes et Metzinger, certains critiques ont vu dans le cubisme un phénomène de tradition spécifiquement français, ont fait de Picasso et de Braque les descendants de Fouquet, Le Nain, Ingres et même Seurat[9]. Ce à quoi Wilhelm Uhde, qui était Allemand, répondit que le cubisme était un style « vertical » (par opposition à l'horizontale qui est classique, méditerranéenne, romane) qui « incarnait en sa totalité l'esprit gothique et germanique. Ce serait peine perdue d'en rechercher les causes. Bien entendu, il reste toujours possible de soulever la question de race en cherchant les traces des Goths immigrés en Espagne. On peut aussi invoquer le caractère indubitablement sombre, gothique et mystique de l'art espagnol. Tout aussi bien, on pourrait se baser sur l'origine basque de la famille et méditer sur les affinités qu'offre la langue basque avec quelques idiomes nordiques ». Picasso n'a rien de basque mais peu importe : « Il y a (dans ses tableaux) cet espace mathématiquement insaisissable, émouvant des cathédrales de l'Allemagne du Nord, ce fouillis et cet agencement de verticales qui se brisent dans un jour mystique. » Le cubisme n'a aucun rapport avec la géométrie, activité spécifiquement « latine », et tandis que le génie de Braque est « constructeur, roman... le cantonne sur cette terre comme le gothique français », Picasso « a persévéré en un cubisme fantastique prenant d'assaut le ciel comme les cathédrales de l'Allemagne du Nord [10] ».

Cette interprétation n'est pas la plus étrange que le cubisme ait inspirée à l'imagination vagabonde de ses exégètes. Certains d'entre eux (Georges Charensol, par exemple) l'ont considéré comme une manifestation, une résurgence du génie arabe, andalou, « un art d'abstraction basé sur l'arabesque », analogue à celui des « décorateurs de l'Alhambra [11] ». Mais la palme revient incontestablement à Louis Gillet que je me permettrai de citer pour égayer un peu l'aridité de cet exposé. Pour Louis Gillet, Picasso étant Juif, le cubisme est un phénomène juif : « Peut-être y a-t-il encore dans le cas de Monsieur Picasso un second élément également lointain, venu du plus profond de lui-même, la vieille voix furieuse d'Israël, la voix qui souffle du désert et commande à Moïse : « Tu « ne feras ni idoles, ni images taillées; tu n'adoreras « pas de dieux faits de tes mains... » C'est peut-être ce qui explique cette rage iconoclaste, cette fureur sacrée qui semble animer quelquefois les peintures cubistes de Monsieur Picasso, cette façon qu'il a de mettre en pièces les figures et d'en faire un salmis où Atrée ne reconnaîtrait pas Thyeste [12]. » On pourrait augmenter d'autres

39

citations le sottisier du cubisme : il est inépuisable. Mais ne perdons pas notre temps, et revenons à nos cubes.

Donc, depuis 1905 Picasso cherche la forme. Le premier épisode est hollandais et relativement mineur, dans la mesure où la beauté plantureuse des jeunes femmes que Picasso peint au cours du séjour qu'il fait en Hollande l'été de 1905 ne semble l'orienter que vers une prolifération assez superficiellement féconde des volumes :

---

39. Hollandaise à la coiffe. 1905. *Huile, gouache et craie sur carton.* 78 × 67,3. *Brisbane, Queensland Art Gallery. Ph. du musée.*

tout de même les cuisses de la *Jeune Hollandaise* de la collection Stand sont grosses de promesses, comme disait Cocteau à propos du cou de la *Thétis* d'Ingres.

Le second épisode, nous l'avons vu au chapitre précédent, est hellénique et *L'Abreuvoir,* le dessin du *Jeune*

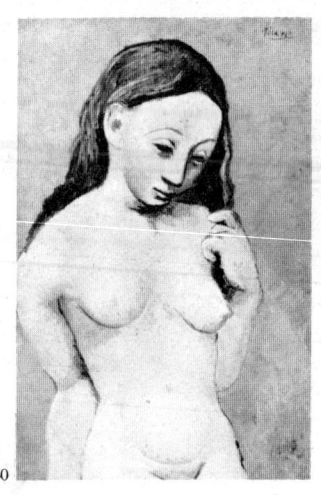

40

Homme à cheval, les jambes et les pieds du jeune homme des *Deux Adolescents conduisant un cheval* montrent que Picasso, à ce moment-là, s'en remet à la sculpture antique (et peut-être déjà à Cézanne) pour regonfler ou restructurer les volumes, pour simplifier aussi les contours avec une énergie expressive qui transforme les visages en masques et semble indiquer que, dès cette époque, Picasso s'intéressait à la sculpture nègre, en tout cas à l'art primitif *(L'Abreuvoir).*

---

40. Nu sur fond rouge. 1906. *Huile. 81 × 54. Paris, musée de l'Orangerie (collection Walter-Guillaume). Ph. Musées nationaux.*

Le troisième épisode se situe à Gosol, petit village de l'Andorre espagnole, où Picasso passe ses vacances pendant l'été de 1906. Les nus, les très nombreux dessins de paysannes qu'il exécute alors montrent que l'influence de cette société rurale aux mœurs archaïques, que ces types humains d'une simplicité et d'une noblesse encore toutes primitives l'ont orienté beaucoup plus efficacement que le néo-hellénisme un peu précieux de 1905 vers des volumes plus puissants et statiques, un dessin plus ferme et déjà vigoureusement simplifié.

Toujours est-il qu'à son retour à Paris, il achève en un tour de main le portrait de Gertrude Stein que quatre-vingts séances de pose ne lui avaient pas permis pendant l'hiver précédent de mener à bien. Le visage est un masque, extraordinairement impassible et expressif à la fois, qui semble taillé dans le bois, et où le modelé et les ombres tendent à disparaître au profit d'une schématisation presque géométrique des contours. On a parlé à ce propos (et Picasso lui-même) de l'influence de la sculpture ibérique [13] et il est certain qu'il serait difficile d'expliquer autrement que par cette influence les visages des personnages de gauche des *Demoiselles d'Avignon*, cette toile presque monstrueuse d'audace et de bizarrerie à laquelle Picasso a travaillé pendant tout l'hiver de 1906-1907 et qu'il abandonne plus qu'il ne l'achève au printemps de 1907, les problèmes plastiques qu'il se pose à l'époque étant trop complexes pour qu'il puisse les résoudre dans les limites d'un seul tableau.

Les Demoiselles d'Avignon sont des prostituées hargneuses et sinistres qui prennent des poses et exhibent leurs académies dans une maison close située dans une rue particulièrement mal famée de Barcelone, la Carrer d'Avinyo. Le coloris du tableau rappelle les aimables élégies de la période rose même si, peut-être à cause du

41. Portrait de Gertrude Stein. 1906. *Huile. 100 × 81. New York, Metropolitan Museum of Art (legs Gertrude Stein). Ph. du musée.* — 42. Détail de 41 (Portrait de Gertrude Stein). — 43. Détail de 44 (Demoiselles d'Avignon).

44

44. Les Demoiselles d'Avignon. 1907. *Huile. 244 × 233. New York, The Museum of Modern Art. Ph. du musée.* — 45. Nature morte à la tête de mort. 1907. *Huile. 115 × 88. Leningrad, musée de l'Ermitage. Ph. Giraudon.*

sujet, il paraît d'une agressivité presque obscène. La composition dérive du Cézanne des *Grandes Baigneuses.* Mais quel champ de bataille ! Jambes disloquées, genoux cagneux, bras erratiques, regards de folles, oreilles de singes, le tout ballottant, titubant et dérapant dans un espace sans pesanteur. Ne négligeons pas l'aspect « affectif » des *Demoiselles,* leur côté « jeu de massacre » (il y a

même le rideau des spectacles forains) : toutes ces « Miss Dracula » annoncent les monstres des années 30 et ce serait mal comprendre le cubisme que de l'imaginer vierge de toute émotivité, de ne pas l'interpréter en fonction de cet humour féroce et de cette frénésie de destruction qui possèdent parfois l'artiste, de ne pas voir les aspects iconoclastes et barbares des toiles précubistes tels qu'ils se manifestent par exemple dans le tohu-bohu délirant de la *Nature morte à la tête de mort* du musée de l'Ermitage (automne 1907). « Le Bordel philosophique », tel est le titre qu'André Salmon donnait aux *Demoiselles*, et les historiens ont bien vu le côté « philosophique », intellectuel de l'œuvre. Mais il y a l'autre. La réflexion la plus ardue n'apparaît chez Picasso que stimulée par l'instinct.

46

Mais revenons-en aux poses plastiques. A gauche, c'est hispanique, nous l'avons dit. A droite : nègre, et les visages de ces deux charmantes créatures sont des copies à peu près littérales de masques africains. L'art nègre, bien que Picasso ait toujours prétendu le contraire, voilà une des sources les plus précises du cubisme [14]. Pourquoi ? Saveur exotique et surtout primitive, retour aux sources, énergie plastique, hermétisme compact et puissance poétique, simplification drastique des formes, la

---

46. Tête (Femme au nez en quart de brie). 1907 (?). *Huile. 46 × 33. Londres, collection particulière (Z.II*.12).*

sculpture indiquant ici la voie aux peintres, par la nature même du matériau et de l'outil employés, et tout le monde veut à cette époque, par haine du chichi ornemental et du métier académique, du « léché » à la Bouguereau, « simplifier la peinture » comme Gustave Moreau avait prédit à Matisse qu'il était destiné à le faire. Mais, encore plus, l'art nègre est pour Picasso « un art raisonnable [15] ». Qu'entendre par là ? Que l'artiste nègre ne représente pas ce qu'il voit mais ce qu'il pense, exprime des idées (l'épisode d'un mythe, la figure légendaire d'un ancêtre ou d'un dieu) à travers des formes et résume dans le masque, la statue, l'objet qu'il sculpte une expérience qui n'est pas fondamentalement de l'ordre de la perception mais qui s'apparente plutôt aux domaines du concept et du savoir. Qu'est-ce qu'un œil ? Un iris, des cils, des larmes, des langueurs ? Non. Mais un regard, une flèche, un désir qui s'élance vers ce qu'il faut tuer, posséder, aimer. L'œil ne sera donc pas représenté en creux sous l'orbite, mais en saillie, forte et avide sur le visage. Et le nez ? Des narines qui frémissent, palpitent, hument les brises marines et les pâmoisons symbolistes, comme elles le sont encore un peu dans l'*Autoportrait* de 1906 ? Mondanité pure. Le nez, c'est un solide géométrique médian autour duquel s'ordonnent les plans d'un visage et dont les variations individuelles importent moins que le signe qu'il constitue. D'où le fameux nez en « quart de brie » de certains des portraits précubistes de Picasso.

Nous voici donc en Afrique. Pas pour longtemps : l'hiver de 1907-1908 (la *Danseuse* de la collection Chrysler le *Nu à la draperie* du musée de l'Ermitage). Picasso n'est pas de ceux qui partent, comme Gauguin ou Rimbaud. Primitif il l'est comme nous pouvons tous l'être, au niveau de l'instinct, de la violence des pulsions organiques, de cet inconscient que les surréalistes lui révéleront plus tard et qu'il essaiera d'exprimer dans une mythologie symbolique à partir de 1925. Mais historiquement le monde primitif l'a moins intéressé sur le plan émotif que pour les solutions plastiques qu'il lui proposait, celles d'un art où la réalité n'est pas racontée ni rêvée, mais transcrite sous forme de signes impérieux et définitifs. « Par les moyens convenus qu'il a introduits dans la peinture, par la prépondérance rendue à la conception, comme au temps des primitifs », écrit Reverdy, Picasso a élevé son art au niveau d'une véritable « poésie plastique [16] ». Le tableau devient ainsi un fait, un « en soi » comme le poème et il n'est nullement surprenant à cet égard que les premiers et les plus ardents défenseurs du cubisme aient été des poètes (Apollinaire, Max Jacob, André Salmon, Reverdy, Cocteau). C'est aussi vers Picasso comme vers le seul artiste de leur temps qu'ils admiraient sans réserve que se tournèrent au lendemain de la guerre les futurs surréalistes, bien que son œuvre n'eût à ce moment-là rien d' « onirique », et sans l'expérience cubiste, la poésie moderne ne serait sans doute pas tout à fait ce qu'elle a été.

L'art nègre c'était en somme le contraire de la description, de la décoration, de l'impression et il orientait en même temps Picasso vers cette « algèbre de la peinture », vers cette « géométrie lyrique » qui était pour Maurice Raynal une des plus profondes intentions du cubisme [17]. La sculpture africaine allait sur ce point dans le sens de Cézanne et de la célèbre formule émise à l'intention d'Émile Bernard en 1904 : « Permettez-moi de vous rappeler ce que je vous disais ici : traiter la nature par le cylindre, la sphère, le cône, le tout mis en perspective... » Il est d'ailleurs évident que des toiles comme la grande *Nature morte aux pains* de Bâle (1908),

47. Nature morte aux pains. 1908. *Huile. 164 × 132,5.* Bâle, Musée des Beaux-Arts. Ph. du musée.

48

le *Portrait de Clovis Sagot* (printemps 1909) et de *Fernande* (été 1909) n'auraient jamais été peints si Cézanne n'avait pas existé. Les portraits et les natures mortes, avec ce qu'ils impliquent de caractérisation nécessaire du personnage ou de l'objet représenté, sont encore à certains égards fidèles à l'apparence littérale de la réalité. Mais lorsque le personnage est anonyme, n'est qu'une « figure », la réduction des formes à des éléments géométriques est à peu près radicale, comme le montre la *Femme à l'éventail*

48

48. La Femme à l'éventail. 1908. *Huile. 152 × 101. Leningrad, musée de l'Ermitage. Ph. Giraudon.* – 49. Usine à Horta de Ebro. 1909. *Huile. 53 × 60. Leningrad, musée de l'Ermitage. Ph. Giraudon.* – 50. La Jeune fille à la mandoline. 1910. *Huile. 100 × 73. New York, The Museum of Modern Art (legs Nelson A. Rockefeller). Ph. Raymond Laniepce.*

du musée de Léningrad, et la transposition de la réalité en « cubes » est intégralement réalisée pendant l'été de 1909, que Picasso passe en Espagne à Horta de Ebro et où il peindra en particulier la fameuse *Usine* où les palmiers eux-mêmes ont l'apparence de figures dessinées au tableau noir et où le ciel est découpé en rectangles lumineux qui auraient certainement beaucoup surpris Cézanne.

Mais si surprenantes que puissent paraître ces toiles par leur raideur, l'aspect pétrifié qu'y prend l'atmosphère même et l'espèce de fanatisme géométrique qu'elles manifestent, elles n'en demeurent pas moins parfaitement lisibles. Or, en 1910, après une période de transition où les formes commencent à se déliter dans l'espace tout en conservant une certaine autonomie, comme nous le montre la délicieuse *Jeune fille à la mandoline* qui se détache sur un fond aussi solide que l'*Usine* de Horta, tout va changer : les objets et les visages vont littéralement exploser, s'enfoncer progressivement dans une sorte de nuit d'où n'émergent que des signes à peine identifiables, des débris de réalité. Rien de plus instructif à cet égard que de comparer les trois grands portraits que Picasso exécute entre l'hiver de 1909 et l'été de 1910 et qui sont peut-être d'ailleurs ce que le cubisme nous a laissé de plus monumental et de plus frappant : le portrait d'*Ambroise Vollard,* celui de *Wilhelm Uhde* et enfin celui de *D. H. Kahnweiler.* La tête de Vollard est ramassée au centre du tableau avec une violence expressive et une puissance de réalité qui font penser à un caricaturiste supérieur, et nous donnent une impression de ressemblance, de vérité, auxquelles le portrait descriptif atteint rarement. Bien que le front de Uhde soit bosselé de cavernes et de protubérances assez étranges, le personnage est encore là, plus vrai que nature et singulièrement vivant. Mais il faut vraiment se mettre à quatre pattes

---

51. Portrait d'Ambroise Vollard. 1909-1910. *Huile. 92 × 65. Moscou, musée Pouchkine. Ph. Giraudon.*

pour retrouver quelque chose de ce que fut D. H. Kahnweiler : seuls le nez, quelques doigts, de vagues allusions à la chevelure, un bout d'oreille ont échappé au naufrage.

On comprend l'ahurissement des contemporains. Picasso semble désormais voir le monde à travers un miroir brisé. Les cubes même disparaissent pour faire place à des angles aigus, à des accents stridents et brefs, à des triangles ou à des plans rectangulaires constamment interrompus et imbriqués les uns dans les autres. Les objets n'ont plus de contour mais paraissent s'être cassés, disloqués réciproquement tant ils ont été pressés et entassés dans les limites trop étroites du tableau. Peu de toiles donnent l'impression d'une densité aussi suffocante, et d'une telle horreur du vide que l'espace et la matière y sont devenus une seule et même chose. Picasso est entré dans la période du cubisme analytique qui durera jusqu'en 1912 et nous devons maintenant nous demander la raison de ces terribles mystères.

Qu'est-ce qu'un tableau ? La projection sur une surface plane d'un spectacle à trois dimensions. Pour donner l'impression de la troisième dimension, suggérer la profondeur, les peintres depuis la Renaissance utilisent la mise en perspective des objets qui sont disposés dans un espace délimité à la façon d'une scène de théâtre et s'éloignent du spectateur à travers une série de plans qui reculent jusqu'au fond du tableau. Il y a bien des « espaces » différents dans la peinture classique mais le principe est le même et il suppose que l'observateur adopte une position fixe par rapport à la scène représentée, que le peintre utilise le modelé, les ombres, les couleurs rentrantes et sortantes pour donner l'impression du volume et de l'échelonnement des objets dans l'espace. Comme disait Cézanne : « La peinture est une optique d'abord. La matière de notre art est là, dans ce que

52. Portrait de Wilhelm Uhde. 1910. *Huile. 81 × 60. Collection particulière. Ph. galerie Louise Leiris, Paris.*

pensent nos yeux. » Mais justement, aurait dit un peintre cubiste, nos yeux ne pensent pas, ils voient, et ils ne voient même que l'apparence des choses, que la surface de la réalité. Pourquoi ne jamais montrer qu'un seul côté du cube, qu'un fragment du cylindre ou de la sphère? Il fallait d'abord réduire l'objet à une forme géométrique et ensuite montrer celle-ci dans sa totalité. Comment? En bougeant autour de l'objet, comme l'avait déjà fait Cézanne dont certaines natures mortes montrent qu'il adoptait devant le motif plusieurs points de vue différents, ne se plaçait pas toujours au même endroit pour le considérer et le peindre. D'où l'analyse des objets dont plusieurs aspects sont présentés simultanément dans les tableaux cubistes [18]. Il s'agit en effet de saisir l'essence des objets et non leur apparence. Renoncer à l'apparence, c'est aussi renoncer à l'instant, donc à l'éclairage. Comme l'écrivait Jacques Rivière : « L'éclairage n'est pas seulement une marque accidentelle, il a pour effet d'altérer profondément les formes... On peut donc dire que l'éclairage empêche les choses d'apparaître telles qu'elles sont. » Il faut donc renoncer « à l'éclairage, c'est-à-dire à la direction de la lumière, mais non pas à la lumière... Il suffit qu'il (le cubiste) remplace la répartition brutale et injuste des lumières et des ombres par une répartition plus subtile et plus égale; il suffit qu'il distribue impartialement entre toutes les faces l'ombre qui se tassait sur certaines; de la petite portion à chacune décernée il se servira, en la posant contre le bord le plus voisin d'une autre face éclairée, pour marquer l'inclinaison et la divergence respective des parties de l'objet. Ainsi pourra-t-il modeler sans recourir à des contrastes et simplement par des sommets et des déclivités. Le procédé aura l'avantage de marquer non seulement la division mais aussi la jointure des plans; au lieu d'une succession

53. Portrait de D. H. Kahnweiler. 1910. *Huile. 100,5 × 73. Chicago, Art Institute. Ph. du musée.*

de saillies claires et de trous noirs, nous verrons des pentes appuyées les unes aux autres et doucement solidaires [19]. » On ne peut mieux dire à la réserve près que « doucement » n'est peut-être pas l'adverbe qui s'impose et en ajoutant que Picasso et Braque ont tendance à remplacer la lumière, l'« éclairage », les clairs et les sombres par de simples fragments de couleur qui s'accrochent au rebord des plans. Comme le dira plus tard Picasso : « Les couleurs n'étaient en somme que des indications de perspectives différentes, de plans inclinés d'un côté ou de l'autre [20]. »

Autre chose. La perspective est une illusion et ne nous permet pas de dire ce que nous savons de la réalité. Comme dit Maurice Raynal : « Nous savons que rien n'est faux comme les données des sens, tous les philosophes l'ont démontré. Si, par exemple, nous apercevons plusieurs passants à une vingtaine de mètres, ils nous apparaissent plus petits que s'ils marchaient à nos côtés. Or nous savons que cela est faux et pourtant nous les peindrons sur la toile sous des dimensions moindres que les piétons qui passent près de nous et cela suivant les lois de la perspective. » (M. Raynal : « Qu'est-ce que le cubisme ? » *Comoedia illustré,* 20 décembre 1913.)

Donc plus de perspective et les cubistes sur ce point ne font que tirer les conséquences de ce qui était la conviction intime de tous les peintres depuis Gauguin. Tous ont tendance à éviter l'espace en profondeur, à rapprocher de nous les objets ou à redresser le motif vers la verticale du tableau. Les tables de Cézanne basculent vers le spectateur, semblent sur le point de sortir du tableau, nous invitent à toucher les éléments de la nature morte. La ligne décorative de Gauguin ou de Matisse s'épanouit comme une arabesque flottante qui ignore les lois de la perspective, l'espace japonais des nabis est sans profondeur et sans réalité. Bonnard et Vuillard coupent leurs scènes d'intérieur de cloisons et de panneaux qui sont déjà des plans cubistes. Les volumes eux-mêmes s'amincissent, les ombres ne suggèrent plus le relief et Maurice Denis ne se lasse pas de ridiculiser le vieux précepte académique : « C'est beau quand ça tourne. »

Allons plus avant. Les objets sont séparés les uns des autres par leurs contours et l'espace immatériel dans lequel ils flottent. Le commun des mortels n'en éprouve aucune gêne, le commun des peintres non plus. Il y a tout de même là un problème, qui n'est pas résolu par la découverte d'une composition harmonieuse [21]. Il faut unifier, rassembler, éviter le désordre et les antipathies, faire que chaque élément du tableau, chaque objet participe à son semblable (un autre objet) et à son contraire (l'espace). Il faut trouver un élément de synthèse : pour les impressionnistes, c'était la lumière, mais la lumière et l'impressionnisme en 1910 n'intéressent plus personne (sauf Bonnard). Cézanne avait cherché à « rendre la perspective uniquement par la couleur » en multipliant les « passages » et les modulations. Les peintres cubistes, qui ont à ce moment-là à peu près renoncé à la couleur, vont choisir une autre méthode. D'abord (mais seulement quelquefois, c'est un souvenir de Cézanne) des séries parallèles de petites touches rectangulaires et horizontales donnent à la surface du tableau un aspect un peu frissonnant, assurent son unité, glissent comme des gouttelettes qui obscurcissent, gomment, caressent les aspérités des contours. Ensuite on déplie les objets, en faisant pénétrer les uns dans les autres les plans ainsi obtenus et en les rabattant sur le fond du tableau. Le but de l'analyse cubiste est, pourrait-on dire, d'amarrer les objets, de les piquer, de les accrocher solidement à la surface de la toile, en ne conservant dans leur intégrité que les éléments strictement indispensables à l'identification ou que l'on a récupérés en raison de leur valeur plastique, poétique et même, et très souvent, humoristique : une moustache, la crosse d'un violon, la pointe d'un sein. De facette à facétie il n'y a pas loin et il y a dans les toiles cubistes de Picasso toute une série d'intentions plaisantes et même franchement comiques que l'on ne relève pas toujours suffisamment.

Ce n'est pas tout. Le même traitement sera appliqué à l'espace. Pour citer encore Jacques Rivière : « La profondeur n'est pas le vide pur; on peut lui supposer une certaine consistance, puisque aussi bien elle est occupée par l'air. Le peintre pourra donc l'exprimer autrement que par la perspective en lui communiquant un corps, non plus en l'évoquant mais en la peignant comme si elle était chose matérielle. A cet effet de toutes les arêtes de l'objet il fera partir de légers plans d'ombre qui fuiront vers des objets plus lointains. L'avancement d'un objet par rapport aux autres se marquera ainsi par les franges dont son contour sera brisé; sa forme se détachera des autres non pas comme un simple profil sur un écran mais parce que les traits qui la délimiteront seront des rebords et que d'eux vers le fond couleront des ombres, comme d'un barrage tombent régulièrement les eaux d'un fleuve. » Les cubistes étant persuadés comme André Masson « que la grande peinture est une peinture où les intervalles sont chargés d'autant d'énergie que les figures qui les déterminent », ces « légers plans d'ombre » (ou de couleur) tendront à se solidifier, à ne pas laisser de solution de continuité entre les objets : en somme, on dématérialise quelque peu l'objet en le découpant en plans ouverts et on matérialise l'espace en le condensant en plans analogues. D'où cette apparence d'assemblages de cocottes en papier qu'ont certaines toiles cubistes. D'où cette poutre qui semble pénétrer dans la tempe droite de Vollard et lui donner une abominable migraine. Pour qu'il n'y ait aucune fuite, ce qui est en avant recule, ce qui est en arrière avance et la tête de Uhde paraît littéralement traverser le dossier du fauteuil sur lequel il est assis. Comme l'a dit plus tard Braque, dont l'influence a pu être sur ce point déterminante, tant cette horreur du vide correspond à sa nature frileuse, resserrée et casanière : « Ce qui m'a beaucoup attiré — et qui fut la direction maîtresse du cubisme — c'est la matérialisation de cet espace nouveau que je sentais... parce que dans la nature il y a un espace tactile, presque manuel... Cela répondait pour moi au désir que j'ai toujours eu de toucher la chose et non seulement de la voir [22]. »

Faisons encore un pas. Celui que franchit Picasso (précédé sans doute sur ce point par Braque) lorsqu'il introduit dans ses tableaux des lettres très soigneusement peintes en caractères d'imprimerie qui reproduisent le titre d'un journal ou d'une chanson à la mode, une réclame ou une étiquette d'apéritif, une enseigne de café. Puis apparaissent des éléments en trompe l'œil : un clou, par exemple, ou de curieuses textures imitant le grain du bois, la cannure d'une chaise, comme dans la *Nature morte à la chaise cannée*, de 1912, tableau dans lequel Picasso introduit pour la première fois un élément « réel » (un morceau de toile cirée collé sur la toile) et remet ainsi en question non seulement les principes de la peinture, mais sa matière même, et cette tradition de n'employer pour une seule œuvre qu'un seul médium (la peinture à l'huile, l'aquarelle, la fresque, etc.) qui était « sacro-sainte », pour reprendre les termes d'Alfred Barr, « depuis que les artistes gothiques avaient renoncé à employer du plâtre doré pour représenter les auréoles des saints [23] ». On a en quelque sorte l'impression que la réalité commence à montrer le bout de l'oreille à travers le rébus et la grille cubistes. Picasso n'en revient pas pour autant à une description de l'objet et l'inven-

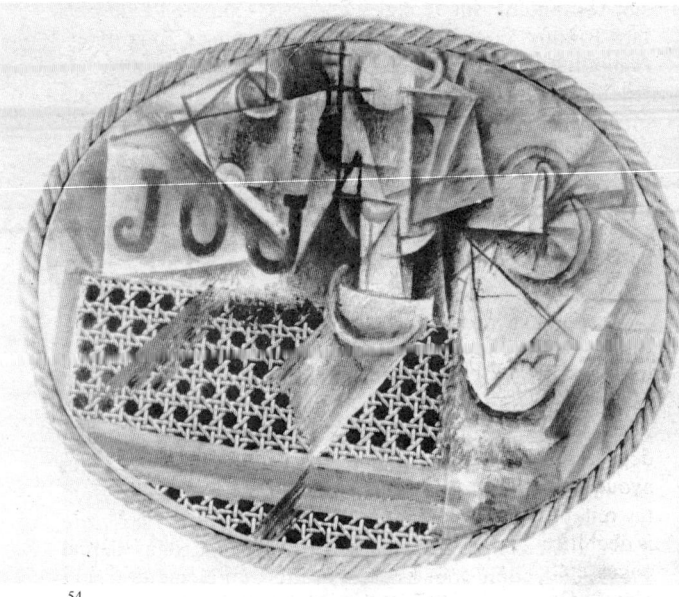

54

tion du « collage » (qui semble le fait de Braque en septembre 1912) lui permet de s'éloigner davantage encore de l'imitation du réel, puisque c'est le réel même qui est collé ou appliqué sur la toile sous la forme de bandes d'étoffe, de morceaux de papier, voire de fragments

---

54. *Nature morte à la chaise cannée.* 1912. *Huile et toile cirée collée sur toile. 29 × 37. Paris, Musée Picasso. Ph. Musée des Arts Décoratifs. Paris (exposition Picasso, 1955).*

d'étain ou de feuilles de zinc. On ne pouvait aller plus loin dans le défi à la tradition et Picasso, pour citer encore Alfred Barr, « ajoutait ici l'insolence au paradoxe », dans la mesure où il semblait dire : « Regardez, je suis capable de faire une œuvre d'art, avec les rebuts d'une boîte à ordures. »

On s'est longuement interrogé sur le sens de ces étranges innovations et John Golding a analysé de façon particulièrement vraisemblable et même convaincante les intentions des peintres cubistes à cette étape de leurs recherches. Il est certain que l'introduction des éléments en trompe l'œil et des papiers collés correspond à un désir de fournir au spectateur des éléments d'identification, de reconnaissance des objets, qui rendraient la lecture des tableaux plus facile et leur feraient reprendre contact avec la réalité. Picasso, qui est sans pitié pour ses exégètes, n'a jamais rien dit de bien clair à ce sujet, mais Braque : « Toujours dans le désir de m'approcher le plus possible d'une réalité, j'introduisis en 1911 des lettres dans mes tableaux. » « Une » réalité et non « la » réalité et c'est là tout le paradoxe du cubisme. Que les intentions de Braque et de Picasso aient été au point de départ réalistes, cela ne fait aucun doute. Mais il faut avouer que le résultat est plutôt déroutant et qu'il faut un œil particulièrement patient et exercé pour parvenir à déchiffrer des toiles qui sont aussi enveloppées de bandages et couturées de cicatrices que le visage d'un grand blessé. On ne peut pas trop en vouloir au collectionneur qui acheta l'*Accordéoniste* peint à Céret en 1911, d'avoir cru pendant des années qu'il s'agissait d'un paysage (sans doute parce que l'artiste avait écrit « Céret » au dos de la toile). De l'*Aficionado* du musée de Bâle, n'émergent plus guère qu'une moustache, un fragment de col et de lèvre, quelques signes (« Nîmes », le « Torero ») qui semblent destinés à condenser une expérience, un type de personnage, et Picasso a souvent répété cette boutade que lui lançait à l'époque son ami Manolo : « Qu'est-ce que tu dirais si tes parents venaient te chercher à la gare de Barcelone et te voyaient avec une figure pareille ? »

Picasso peut employer dans les collages des éléments de nature différente, avec cependant une prédilection pour les fragments de papier journal, sans doute parce qu'il est le matériau de rebut par excellence et que les caractères d'imprimerie animent la surface de façon particulièrement efficace. Ces découpures de papier constituent la base de la composition, son fond stable sur lequel Picasso dessine au crayon ou au fusain un ensemble de signes qui suggèrent divers objets présentés de façon très simple, très concise et selon les principes de la géométrie cubiste *(Bouteille, verre et violon)*. D'où une impression remarquable d'aisance et de détente par rapport aux toiles de 1911. L'espace n'est plus analysé, condensé en facettes et en prismes, il disparaît ou devient indifférencié, virtuel, suggéré seulement par le ton clair et uniforme du papier sur lequel les formes se détachent. Il ne s'agit plus désormais de partir de la réalité pour en faire un tableau, mais d'inventer une autre réalité, poétique, immatérielle, où les problèmes de pesanteur et de perspective n'interviennent même plus, où le peintre dispose d'une liberté analogue à celle du musicien, compose au gré de sa fantaisie, organise des associations que les formes et les éléments rapportés lui suggèrent. Il peut même arriver que ces éléments n'aient aucun rapport avec l'ensemble de la composition : ainsi ces reproductions de fruits que l'on aperçoit dans le *Violon* de 1913, trompe-l'œil ou *ready made* dont l'intrusion complique encore le rapport entre la réalité et la création, ajoute à la nature morte un accent sau-

---

55. L'Aficionado. 1912. *Huile. 135 × 82. Bâle, musée des Beaux-Arts. Ph. du musée.*

56

grenu, déjà dadaïste, qui contraste avec le caractère monumental, la souveraine élégance de l'ensemble de la composition. Il est peu d'œuvres dans l'art du début du siècle où s'équilibrent de façon aussi heureuse la fermeté conceptuelle et le caprice, la plus rigoureuse noblesse et le charme d'une invention un peu excentrique.

La pratique des papiers collés sera de grande importance dans l'évolution du cubisme. Les découpures de papier se présentent en général comme des formes simples, des rectangles que Picasso introduit ensuite dans ses tableaux où ils deviennent des plans colorés à partir desquels les objets sont suggérés. Ces plans sont des éléments abstraits mais ils se condensent en même temps, résument l'apparence et la réalité essentielle de l'objet considéré. Les facettes du prisme se recomposent et le plan qui joue en quelque sorte le rôle de support élimine la description ou la réduit à quelques signes rapides et allusifs. Les tableaux se simplifient, s'aèrent, perdent leur aspect morcelé et les volumes disparaissent, deviennent, tout au moins à la première lecture, entièrement plats, sans décrochements ni ruptures et imbrication des surfaces. C'est ce qu'on a appelé le cubisme synthétique, qui s'affirme dans les toiles de 1912-1913, et marque la fin du cubisme dit « analytique » ou « hermé-

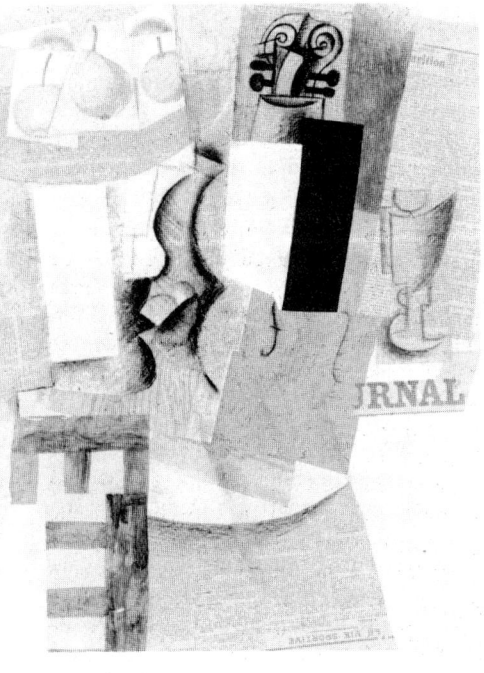

56. Bouteille, verre et violon. 1912-1913. *Papier collé et fusain sur papier.* 47 × 62,5. *Stockholm. Moderna Museet. Ph. du musée.* – 57. Nature morte avec fruits et violon. 1913. *Papier collé et fusain sur papier.* 65 × 50. *Philadelphie. Philadelphia Museum of Art (collection A.E. Gallatin). Ph. du musée.*

tique ». Cette terminologie est assez conventionnelle et ne s'applique à la rigueur qu'à l'œuvre de Juan Gris. Celui-ci, au lendemain de la guerre, a nettement distingué un premier moment du cubisme, celui de l'analyse, qu'il considérait comme purement descriptif et sans grande valeur artistique, et un second moment, le bon, « dans lequel l'analyse d'hier est devenue une synthèse ». Au cours d'une conversation rapportée par Kahnweiler, il déclara en 1920 : « Je commence par organiser ma peinture puis je donne une qualité aux objets. Mon but est de créer de nouveaux objets qui ne peuvent être comparés avec aucun objet de la réalité. La distinction entre le cubisme synthétique et analytique repose précisément sur ceci [24]. » Ou, pour être plus clair : « Cézanne, d'une bouteille fait un cylindre, moi je pars d'un cylindre pour créer un individu d'un type spécial, d'un cylindre je fais une bouteille, une certaine bouteille. Cézanne va vers l'architecture, moi j'en pars; c'est pourquoi je compose avec des abstractions (couleurs) et j'arrange quand ces couleurs sont devenues des objets [25]. »

John Golding (*op. cit.*, pp. 206-215) a bien montré que la méthode de Picasso n'était pas aussi rigoureuse. « Dans les « papiers collés »... et les toiles contemporaines, la composition et la forme même des objets pouvaient être construits rapidement à partir d'éléments préfabriqués... Le procédé consistait à rassembler des éléments de composition qui devaient ensuite jouer leur rôle dans le traitement des volumes et de l'espace qui les baigne. Les objets décrits, parfois toute la toile... étaient plutôt l'objet d'une structuration que d'une analyse détaillée... Mais il est peu d'œuvres de Picasso et de Braque qui, même parmi les plus « synthétiques », ne contiennent des éléments « analytiques ». Picasso et Braque n'ont jamais élaboré, comme Juan Gris, une méthode de travail qui leur permît de passer de l'abstraction à la représentation. On sent bien que dans leurs toiles cubistes le sujet n'a jamais cessé de primer tout le reste. » Oui et Picasso ne s'est jamais préoccupé de passer du cylindre à la bouteille. Il n'en reste pas moins que la technique du papier collé a complètement modifié l'aspect des toiles cubistes comme le montre la comparaison entre deux tableaux, tous deux peints dans un ovale et de sujet analogue : *Violon, verre, pipe et encrier,* nature morte de 1912, et *Le Violon et la Guitare* de la collection Arensberg, peint en 1913.

58
59

Dernière conséquence de la découverte des collages : la réapparition de la couleur dans les toiles cubistes. Les tableaux de 1908-1912 sont exécutés dans une palette très limitée, sourde, presque monochrome. « J'ai senti, a dit Braque, que la couleur pouvait donner des sensations qui troublent un peu l'espace et c'est pour cela que je l'ai abandonnée. » La couleur introduit en effet dans le tableau un élément descriptif, naturaliste et John Golding remarque que Picasso vers 1911 avait essayé d'introduire dans ses toiles des éléments de couleur vive mais ne les avait pas conservés : « La tête de l'*Aficionado* fut ainsi peinte à l'origine en rose chair... pour être ensuite refaite dans des harmonies plus familières au premier cubisme. » Toujours selon Braque, « la mise au point de la couleur est arrivée avec les papiers collés ». Pourquoi ? La bande de papier, ou son équivalent sur la toile, est un plan coloré, un « en soi » qui n'a aucune valeur descriptive : elle n'est pas attachée, limitée à un objet, elle ne le caractérise pas et n'en signale pas les contours. La forme, qui est rapportée sur le plan, est ainsi indépendante de la couleur et celle-ci ne comporte aucun modelé, échappe à toutes les modifications provoquées par la lumière et la vibration

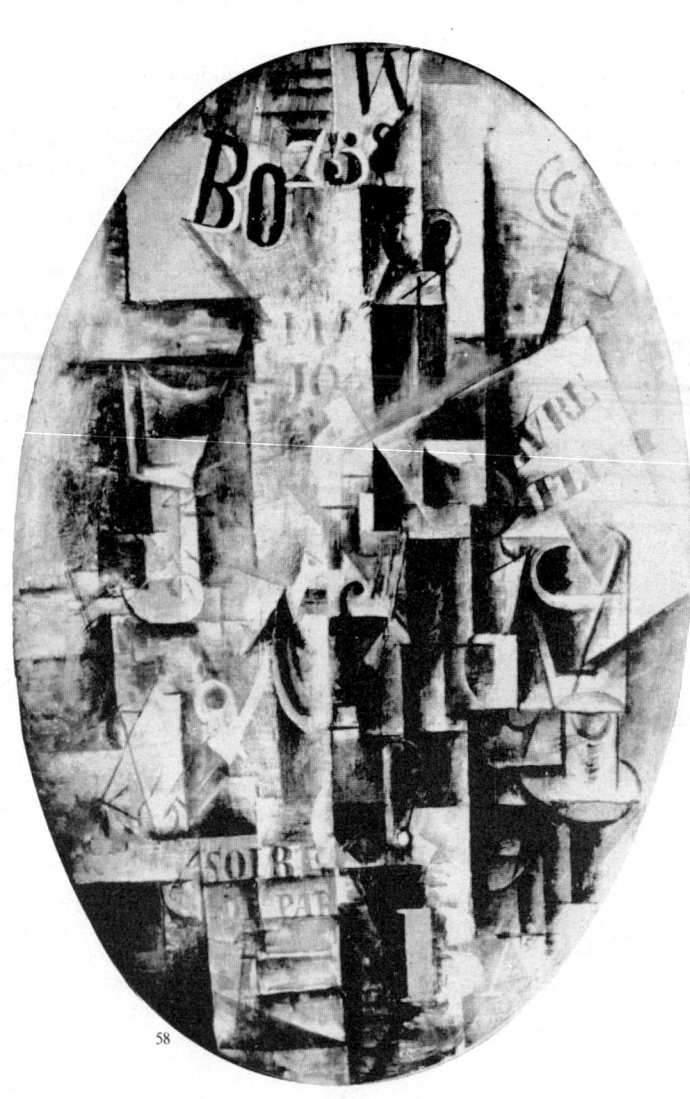

58. Violon, verre, pipe et encrier. 1912. *Huile. 81 × 54.* Prague, Galerie nationale.

59. Le violon et la guitare. 1913. *Tissu collé, huile, crayon et plâtre sur toile. 91,5 × 63,5. Philadelphie. Philadelphia Museum of Art (collection Louise et Walter Arensberg). Ph. du musée.*

atmosphérique, surtout lorsque le plan est constitué par un élément intangible et hétérogène — par rapport à la surface picturale qui donne parfois à celle-ci l'aspect d'une sculpture en très bas relief : bandes de papier trempées dans la peinture, faux bois, plâtre mêlé de sable comme dans *Le Violon et la Guitare* de la collection Arensberg. Désormais la couleur non seulement ne trouble plus la perception des volumes, elle contribue même à rendre ceux-ci plus sensibles, à les organiser dans un espace de très faible profondeur qui vibre à la surface de la toile. Les plans sont en effet de couleurs différentes : certaines de ces couleurs sont rentrantes, d'autres sortantes. Sans aucun artifice de modelé, un plan peut nous paraître plus avancé qu'un autre, si bien que nous allons sans cesse de l'intérieur vers l'extérieur du tableau et réciproquement, que les plans s'étagent et se superposent comme un jeu de cartes légèrement déployé, sans que l'on sache vraiment lequel est devant, lequel à l'arrière-plan.

Tout cela est évidemment un peu théorique et ce serait une erreur que d'interpréter trop étroitement l'évolution de Picasso à partir des intentions, beaucoup plus réfléchies et d'ailleurs tardivement exprimées, de Braque. Jusqu'en 1913, le cubisme est certainement une recherche théorique, une peinture « à problèmes ». Ensuite, au moins en ce qui concerne Picasso, le cubisme devient une sorte de jeu brillant et inspiré, non pas un « canular lyrique », comme on l'a dit, mais une plaisanterie de grand style qui permet à Picasso de peindre ce qu'il veut comme il le veut, au gré de son humeur et de sa fantaisie, de s'abandonner à nouveau aux délices du style décoratif et de concevoir la peinture comme une écriture très libre, fantasque et capricieuse de la sensibilité. L'*Étudiant à la pipe* de 1913, la *Femme en chemise dans un fauteuil* de la même année, la *Femme au corset lisant un livre* de 1914, pour ne citer que quelques exemples, sont évidemment des œuvres humoristiques, d'ailleurs de la plus haute qualité, et les matériaux très divers, toujours très humbles et souvent saugrenus qu'utilise Picasso à partir de 1912, satisfont le côté « bricoleur » de l'artiste, comme le montrent en particulier les constructions cubistes en bois et tôle peints exécutées entre 1912 et 1924 et le délicieux *Verre d'absinthe* en bronze peint de 1914 qui ne mérite peut-être pas les savants commentaires dont il a été l'objet mais nous dit simplement que le jour (l'heure peut-être) où il l'a exécuté, Picasso avait encore envie de s'amuser et de faire un grand pied de nez à la sculpture traditionnelle. On n'insistera jamais assez sur le côté « farces et attrapes » de tout ce qui relève chez Picasso de la pure fantaisie manuelle, du désir de faire quelque chose avec rien, l'œuvre la plus élégante et la plus sophistiquée avec le plus hideux papier peint, et une tête de taureau avec le guidon et la selle d'une vieille bicyclette.

D'ailleurs tous ces objets qu'il transporte ou représente sur ses toiles, ces vieux journaux, ces guitares, ces paquets de tabac appartiennent à l'univers familier de l'artiste, sont comme les attributs poétiques de sa vie. Sur ce plan-là également le cubisme est un réalisme, un folklore de peintres pauvres et d'atelier parisien, dont les éléments sont empruntés à un décor aussi volontairement trivial et quotidien que celui des romanciers naturalistes. Sur ce point, l'iconographie cubiste ne relève pas seulement de la « modernité » baudelairienne (et impressionniste). Très proche des thèmes familiers à Apollinaire et surtout Max Jacob, annonçant par quelques aspects la pathologie urbaine des surréalistes, elle apparaît surtout comme une manifestation d'irrespect populaire, un défi lancé aux élégances, aux songes et

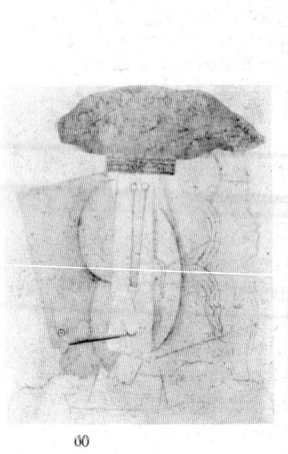

60

61

aux fumées, à la poésie intime des peintres de la Belle Époque. Dès 1905, Matisse a quitté Paris pour une Arcadie voluptueuse *(La Joie de vivre)* et toutes les splendeurs de l'Orient. Bonnard et Vuillard sont restés fidèles à leur place Clichy mais ils ne vont pas au-delà de la modiste et de la marchande de fleurs, et la peinture de Picasso apparaît en comparaison comme une peinture

62

de pauvre qui revendique fièrement sa pauvreté, se souvient qu'à Barcelone il a été un peu anarchiste, et ne change pas de linge pour peindre. Il ne s'agit pas de faire du cubisme un populisme, une version picturale du « roman d'un jeune homme pauvre », mais on ne dira jamais trop, avec Wilhelm Uhde, que « si Matisse ne s'intéresse qu'à la peinture, Picasso ne s'intéresse qu'à lui-même » au point que son attitude à l'égard de l'œuvre d'art paraît souvent celle d'un écrivain, d'un poète plutôt que d'un peintre. Lorsqu'il est amoureux en 1912 d'une jeune femme qui est surnommée Éva, il écrit à Kahnweiler : « Je l'aime beaucoup et je l'écrirai sur mes tableaux. » Et il écrit en effet sur certaines de ses toiles : « J'aime Éva. » Jamais un peintre n'avait manifesté tant de désinvolture et ne s'était comporté devant l'art comme le gamin qui écrit en beau graffiti sur un mur le nom de sa petite amie.

Une fois achevée la période du cubisme analytique, il est bien évident que Picasso a atteint la plupart des

60. L'Étudiant à la pipe. 1913-1914. *Huile, sable et papier sur toile. 73 × 59. New York, The Museum of Modern Art (legs Nelson A. Rockefeller). Ph. Giraudon.* – 61. Femme en chemise dans un fauteuil. 1913. *Huile. 148 × 99. États-Unis, collection Mrs. Victor W. Ganz. Ph. Giraudon.* – 62. Le Verre d'absinthe. 1914. *Bronze peint. H : 22. Ph. H. Mardyks.*

buts qu'il s'était fixés en 1907 et il y aurait mauvaise grâce à ne pas reconnaître que peu de peintres ont été aussi loin dans la conquête de leur personnalité et la recherche d'un style autonome. L'humeur désormais va changer et se faire moins sévère, d'autant que la période héroïque et misérable du Bateau-Lavoir est terminée et que Picasso, plus à l'aise financièrement, quitte en 1912 Montmartre pour Montparnasse, première étape vers la très bourgeoise rue La Boétie où il s'installera en 1918. La couleur réapparaît, devient même pimpante, toute en confetti joyeux et multicolores à l'époque dite du « cubisme rococo » (*Vive la France*, été 1914) et Arlequin commence à se débarrasser de sa défroque cubiste pour s'élancer bientôt sur la scène. Toutes les toiles de 1914 sont d'ailleurs peintes dans le même esprit de fantaisie lyrique et débridée : les seins de la *Femme en chemise*, le boa de la *Femme assise*, le bras et le visage de l'*Homme au verre* annoncent les déformations truculentes de l'époque surréaliste. Non seulement ces tableaux n'ont plus rien de cubiste et ne manifestent aucun esprit de « recherche »; ils apparaissent même, à certains égards, comme des œuvres parodiques où Picasso reprend certains procédés cubistes en les vidant de toute signification : le papier collé, le papier d'ameublement de la *Femme assise* sont des imitations peintes de papier collé et de papier à fleurs, « qui représentent un tour de force technique, demandant une connaissance et une maîtrise complètes des techniques de l'illusionnisme académique » (Golding). Le cubisme a ouvert la voie à toutes les libertés, celle de se distraire surtout et de manipuler les formes avec des intentions purement plaisantes et décoratives. On a beaucoup insisté sur le fait qu'en 1913 Picasso avait à nouveau découvert l'art nègre et utilisé un masque Wobé de sa collection dans

---

63. L'Homme au verre. 1914. *Huile. 236 × 164. Lucerne, galerie Rosengart. Ph. de la galerie.*

l'*Arlequin* de la collection Rosengart, comme il avait utilisé une figure Bakota à l'époque des *Demoiselles*. Mais à la réflexion scrupuleuse sur une solution plastique inattendue, qui caractérise les toiles de 1907-1908, succède une facétie sans prétention, comme le montre la tête de l'*Homme assis* qui est bien un masque Wobé mais traité de façon purement caricaturale. Certes Picasso exécutera encore des œuvres austères et tendues, comme

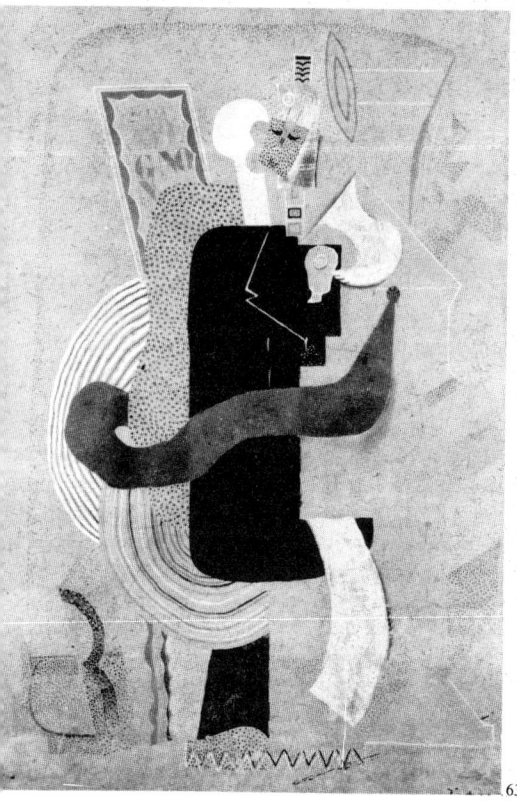

64

le magnifique *Joueur de guitare* du musée national de Stockholm, inquiétante apparition mais très orthodoxe d'esprit et qui est un des chefs-d'œuvre du cubisme synthétique. C'est peut-être à ce moment que Picasso s'approche le plus de l'ordonnance et de l'espace abstraits. Mais l'intention n'est jamais abstraite et c'est de la réalité toujours qu'il s'agit, de cette réalité dont Picasso va désormais faire l'expérience à travers l'illusion scénique, la mythologie et la culture.

Et voilà notre révolution terminée. Dès 1917, nous allons le voir, l'ordre règne à Paris. Le cubisme, qui entre dans sa période de survie, connaîtra cependant quelques moments de gloire posthume, en particulier

64. Joueur de guitare. 1916. *Huile et sable sur toile. 130 × 97. Stockholm, Moderna Museet. Ph. du musée.* – 65. Les Trois Musiciens. 1921. *Huile. 203 × 188. Philadelphie, Philadelphia Museum of Art (collection A.E. Gallatin). Ph. du musée.*

lorsque Picasso peindra à Fontainebleau, au cours de l'été de 1921, les deux versions des *Trois Musiciens*. Trois musiciens et trois masques : Arlequin, Pierrot et un moine, un capucin, dont nous reconnaissons le froc, le capuchon et la cordelière. Arlequin joue du violon, Pierrot du hautbois et le moine d'un instrument difficile à identifier, bien que l'on aperçoive à droite le pied et la queue d'un piano. Les yeux des musiciens sont des

trous, leurs mains énormes ou minuscules sont détachées de leur corps, leur visage se réduit à une moustache qui, dans le Pierrot, devient le sourire d'une bouche bien dentée. Quelques calembours visuels : le profil que l'on aperçoit entre les doigts du Pierrot, celui qui avance à droite vers la queue du piano. Dans la première version, l'interférence des plans respecte moins l'intégrité des personnages et donne à la scène une allure hiératique et passablement macabre. La seconde version est plus lisible, plus condensée, plus gaie aussi et d'un coloris très animé, bien que le visage du moine ait toutes les apparences d'une tête de mort et que tous ces masques aient un peu une apparence de spectres farceurs. D'où vient cet étrange trio? Des *Joueurs de banjo* du peintre polonais Hayden (1918)? D'un souvenir de spectacle forain? Si l'on met un masque, c'est afin de n'être pas reconnu et je laisse au lecteur le soin d'interpréter cette conclusion monumentale et ironique du « cubisme synthétique ». Tout ce que nous pouvons dire, c'est que nous sommes désormais en Italie où va se dérouler le premier épisode du chapitre qui suit.

NOTES

1. Pour l'interprétation et l'analyse historique du cubisme, il faut mettre au premier rang d'une bibliographie considérable : John Golding, *Cubism. A History and analysis, 1907-1914*, Faber and Faber 1959, traduit en français par Françoise Cachin, Le Livre de Poche 1967; ouvrage fondamental qui décrit le mouvement, les œuvres, les intentions probables des peintres, sans aucune des interprétations abusives auxquelles se sont laissés aller la plupart des exégètes du cubisme. Et : Edward F. Fry, *Cubism*, Thames and Hudson, 1966; traduction française : La Connaissance, Bruxelles, 1968. Cette étude comporte une excellente introduction, une bibliographie et surtout un choix de textes relatifs au cubisme

(de 1905 à 1944), souvent peu connus et difficiles d'accès, qu'accompagne un commentaire en général remarquable de l'auteur.
2. Propos recueillis par Dora Vallier dans : Dora Vallier, *Braque, la peinture et nous*, Cahiers d'art, n° 1, 1954. Ce document est un des plus importants pour la connaissance du cubisme tel qu'il a été compris *a posteriori* par un de ses principaux créateurs.
3. « L'art de Picasso est fanatiquement autobiographique. » D. H. Kahnweiler: *Mes Jalousies et mes Peintres*. Entretiens avec Francis Crémieux. Gallimard, 1961.
4. Rapporté par Wilhelm Uhde : *Picasso et la tradition française* (p. 24), Éditions des Quatre Chemins, Paris, 1928.
5. Pierre Reverdy : *Pablo Picasso. Les peintres français nouveaux*, N.R.F., 1924.
6. Cf. note 2.
7. Gertrude Stein n'a cessé d'écrire que le cubisme était un phénomène espagnol, en ne s'appuyant d'ailleurs que sur les paysages peints à Horta de Ebro : « Cet été-là, Picasso et Fernande retournèrent en Espagne et ils en revinrent avec des paysages espagnols; l'on peut dire que ces paysages... furent le début du cubisme... La sculpture africaine n'exerçait encore sur Picasso aucune influence (c'est tout à fait inexact si l'on pense au *Nu à la draperie* du musée d'Art moderne de Moscou, peint deux ans avant les paysages de Horta). Cézanne, par contre, exerçait sur lui une grande influence, surtout par les aquarelles de la fin de sa vie et cette habitude de construire ses creux non en cubes mais au moyen de blancs. Pourtant l'essentiel, son traitement des maisons, était tout espagnol... La couleur elle aussi était typiquement espagnole, ce jaune pâle et argenté avec un soupçon de vert, cette couleur si fameuse que l'on retrouve dans les toiles cubistes de Picasso. Gertrude Stein dit toujours que le cubisme est une conception purement espagnole, que seuls les Espagnols peuvent être cubistes. » Gertrude Stein, qui parle d'elle à la troisième personne, ne dit d'ailleurs pas pourquoi « le cubisme est une conception purement espagnole » mais, Américaine elle-même, elle en réserve la compréhension aux seuls amateurs américains : « Elle dit toujours que les Américains peuvent comprendre les Espagnols. Que ce sont les deux seules nations occidentales qui peuvent parvenir à l'abstraction... Les Américains sont comme les Espagnols, ils sont abstraits et cruels... Ils n'ont pas cette intimité étroite avec la terre qu'ont presque tous les Européens. Leur matérialisme n'est pas le matérialisme de l'être et de la possession, c'est le matérialisme de

l'action et de l'abstraction. Et ainsi le cubisme est espagnol. »
Gertrude Stein : *Autobiographie d'Alice Toklas*, Gallimard, 1934, pp. 117-121.

8. Jean Cocteau : *Carte Blanche*, 1919. Repris dans *Le Rappel à l'ordre*, Stock, 1926.
9. Voir le chapitre suivant et Albert Gleizes : *Le Cubisme et la Tradition*. Montjoie, Paris, fév. 1913.
10. Wilhelm Uhde, *op. cit.*
11. Georges Charensol : *Pablo Picasso*, La Renaissance, 7-9 juil.-sept. 1932.
12. Louis Gillet : « Un Peintre espagnol à Paris », *La Revue des Deux Mondes*, août 1937.
13. Voir la note 23 du chapitre I.
14. « Art nègre, connais pas », répondit Picasso en 1920 à une enquête de la revue *Action*. Il voulait sans doute dire qu'au moment où il a regardé des sculptures nègres, il ne savait pas qu'elles étaient nègres, ou tout au moins ne se préoccupait pas qu'elles fussent africaines ou non, l'intérêt de ces objets étant pour lui d'ordre purement plastique. Picasso était aussi sans doute agacé par les engouements « mélanistes » de l'après-guerre ; comme l'écrit Jean Cocteau (dans le même numéro d'*Action*), « la crise nègre est devenue aussi ennuyeuse que le japonisme mallarméen ». Sur les rapports de Picasso (et des peintres du début du siècle) avec l'art africain, nous disposons maintenant d'un excellent ouvrage : Jean Laude, *La peinture française et l'« art nègre »*, Klincksieck, 1968. L'ouvrage contient une longue analyse des *Demoiselles d'Avignon*, qui complète utilement celle de Golding. On peut lire également : D. H. Kahnweiler, *L'Art nègre et le Cubisme*, Présence africaine, 1948, repris dans *Confessions esthétiques*, Gallimard, 1963.
15. Cité par André Salmon : *La Jeune Peinture française*, Paris, 1922.
16. Reverdy, *op. cit.*, note 5. Voir aussi : Pierre Reverdy : « Sur le cubisme », *Nord-Sud*, Paris, 15 mars 1917. « Nous sommes à une époque de création artistique où l'on ne raconte plus des histoires... mais où l'on crée des œuvres qui, en se détachant de la vie, y rentrent parce qu'elles ont une existence propre, en dehors de l'évocation ou de la reproduction des choses de la vie. Par là l'art d'aujourd'hui est un art de grande réalité, mais il faut entendre réalité artistique et non réalisme. »
17. Maurice Raynal, « Préface au catalogue du Salon de Juin ». Troisième exposition de la Société normande de peinture moderne, Rouen, juin-juillet 1912. Cité par Edward Fry, pp. 90-92.
18. Cette vision simultanée est peut-être ce qui a le plus frappé les

critiques de l'époque. Ainsi Maurice Raynal écrit (« Conception et Vision », *Gil Blas*, 29 août 1912) : « Nous ne voyons jamais un objet dans toutes ses dimensions à la fois. C'est donc une lacune de notre vue qu'il importe de combler. Or, la conception nous fait percevoir l'objet sous toutes ses formes... Au moment où je conçois un livre, je ne le perçois sous aucune dimension particulière, mais sous toutes d'un seul coup. Si donc le peintre arrive à rendre un objet sous toutes ses dimensions, il réalise une œuvre de méthode d'un ordre supérieur à celui d'une œuvre peinte sous les seules dimensions visuelles. » Cette vision « conceptuelle » ou simultanée a fait que l'on a souvent rapproché abusivement le futurisme du cubisme. Mais le cubisme n'est pas un art de mouvement, ou un modernisme mécaniste. Dans une toile cubiste, les objets qui se déplient dans l'espace et se rapprochent les uns des autres paraissent bouger très lentement, respirer, si l'on peut dire. Cela ne va jamais plus loin ni plus vite.

19. Jacques Rivière : « Sur les tendances actuelles de la peinture », *Revue d'Europe et d'Amérique*, mars 1912. Cité dans Fry, pp. 75-80.
20. Propos rapporté par J. Gonzalez dans le numéro des *Cahiers d'art* de 1936 consacré à Picasso sculpteur.
21. Les cubistes sont des constructeurs, des assembleurs de formes pour lesquels les problèmes de composition, de cohérence formelle sont primordiaux. Kahnweiler rapporte que Picasso lui a dit un jour : « Bien sûr, quand je veux faire une tasse, je vous montrerai qu'elle est ronde, mais il se peut que le rythme régénéral du tableau, que la construction m'oblige à montrer ce rond comme un carré. » *Entretiens avec Francis Crémieux*, Gallimard, 1961.
22. Dora Vallier, art. cité, note 2.
23. Alfred Barr, *op. cit.*, p. 80.
24. D. H. Kahnweiler, *Juan Gris*, p. 104, Gallimard, 1946.
25. Juan Gris. Déclaration personnelle. Rapporté par Vauvrecy (« Amédée Ozenfant ») dans l'*Esprit nouveau*, n° 5, 1921.

III
L'Affaire des Grandes Baigneuses

En 1916, Picasso reçoit la visite d'un jeune homme à la belle chevelure et aux propos subtils que lui amène Edgar Varèse. C'est Jean Cocteau, qui aborde ce jour-là l'étape décisive d'une carrière artistique commencée à l'ombre de Maurice Rostand et déjà marquée par une collaboration flatteuse aux Ballets russes de Serge de Diaghilew, auquel il a fourni l'argument d'un ballet, *Le Dieu bleu,* dont Reynaldo Hahn avait écrit la partition et qui fut représenté en 1912 dans des décors de Léon Bakst. Reynaldo Hahn ne représentait pas un progrès considérable par rapport à Maurice Rostand, mais les Ballets russes, c'était aussi Stravinsky, Debussy, *Le Sacre, Jeux,* de retentissants scandales, le triomphe d'un modernisme relevé des plus savoureux accents barbares, bref l'événement capital, avec Matisse et la peinture cubiste, de l'histoire artistique de Paris à la veille de la guerre [1]*.

Les jeunes peintres ne savaient rien de Diaghilew et Cocteau remarque leur « absence » aux représentations tumultueuses du *Sacre*. L'esthétique des Ballets russes, orientale, somptueuse, encore très symboliste et « fauve » était évidemment aux antipodes de l'austérité cubiste, mais cette « absence des jeunes peintres et de leurs maîtres » était encore « motivée pour les uns par leur ignorance de ces pompes où Diaghilew ne les invitait pas, pour les autres par le préjugé mondain », le public des Ballets russes n'étant évidemment pas celui du cirque Médrano et des cafés-concerts de Montmartre.

* *Voir notes p. 174.*

« Le blâme du luxe, ajoute Cocteau, que Picasso professe comme un culte, a du mauvais et du bon » car il « rétrécit l'horizon de certains artistes » et notre poète conclut : « Toujours est-il que Montparnasse ignore *Le Sacre du printemps;* que *Le Sacre,* joué à l'orchestre aux Concerts Monteux, pâtit de la mauvaise presse gauche des Ballets russes et que Picasso entendit du Stravinsky pour la première fois, à Rome, avec moi en 1917[2]. »

Il y avait donc à Paris une droite et une gauche artistiques. Il s'agissait de les réconcilier, de convertir Diaghilew à la peinture moderne, les peintres modernes, et Picasso en particulier, à l'esthétique décorative et poétique du ballet. Ce qui se fit à l'occasion de *Parade,* qui fut représenté pour la première fois à Paris au théâtre du Châtelet le 18 mai 1917. L'argument était de Cocteau, la musique d'Erik Satie; le rideau de scène, le décor et les costumes avaient été dessinés et exécutés en partie par Picasso lui-même à Rome, où il avait rejoint la troupe au mois de février et travaillé en étroite collaboration avec Diaghilew, Cocteau, et le chorégraphe du ballet, Léonide Massine. Cette première expérience théâtrale semble avoir enchanté Picasso puisqu'il fit encore les décors et les costumes du *Tricorne* (1919), de *Pulcinella* (1920), de *Cuadro flamenco* (1921), le rideau du *Train bleu* (1924), toujours pour Diaghilew, collabora de nouveau avec Cocteau lors de la représentation d'*Antigone* (1928) et créa avec Erik Satie le ballet de *Mercure* (1924) pour les « Soirées de Paris » du comte Étienne de Beaumont.

Parade est encore une histoire de saltimbanques, mais sans rien qui rappelle la sentimentalité de l'époque rose, comme le montre la façon dont Picasso a interprété et modifié le livret de Cocteau[3]. Celui-ci avait insisté, dans la première version qu'il avait proposée, « sur le côté occulte » du cirque, « sur le prolongement des personnages, sur le verso de notre baraque foraine. Le Chinois était capable de torturer des missionnaires, la petite fille de sombrer sur le *Titanic,* l'acrobate d'être en confidence avec les astres ». Tout cela ne plaisait guère

66

à Picasso (et encore moins à Satie dont la musique ne cherchait nullement à émouvoir ou à intriguer) et il voulut donner l'impression que l'on assistait à une scène très simple et vraie, sans aucun arrière-plan, comme on peut en voir dans une rue, ou sur le trottoir d'un boulevard parisien, bien qu'il ait évité de trop situer la représentation, certains éléments du décor évoquant plutôt les gratte-ciel de New York que les façades du boulevard Rochechouart. Des personnages de la troupe (deux acro-

66. Portrait d'Erik Satie. 19 mai 1920. *Mine de plomb et fusain.* 62 × 48. Paris, Musée Picasso. Ph. H. Mardyks.

bates, une petite fille américaine, un prestidigitateur chinois) viennent exécuter à tour de rôle leurs numéros, la traditionnelle « parade » destinée à attirer le public cependant que des « managers » vantent à grand bruit la qualité du spectacle. Les « managers », ces « terribles divinités de la réclame », selon Cocteau, évoquaient de façon plaisante l'engouement du Paris d'alors, pour tout ce qui était américain. Mais le style et l'originalité du ballet résidaient, en dehors de la musique et de la chorégraphie, dans les contrastes que présentaient les costumes des personnages. Les acrobates portaient de simples collants sur lesquels étaient dessinées des flammes bleues, le prestidigitateur chinois un merveilleux costume chamarré, très « ballet russe » et son chapeau rappelait celui des « Fous » de 1905. La petite fille américaine était vêtue d'un de ces « costumes marins » comme en étaient affligés tous les enfants de l'époque mais les managers étaient dissimulés dans d'extraordinaires constructions cubistes, qui développaient dans l'espace les toiles d'avant-guerre et rappelaient les « constructions » en bois ou en tôle que Picasso avait exécutées entre 1912 et 1915. Le ballet était ainsi à la fois moderne et « passéiste à dessein », comme écrivait Léon Bakst dans le programme de la représentation à propos du rideau de scène, « cubiste » et « réaliste », et manifestait même une sorte de surréalisme » selon Apollinaire qui résuma la situation avec sa désinvolture habituelle en déclarant que « les décors et les costumes cubistes de Picasso témoignent du réalisme de son art » et que « ce réalisme ou ce cubisme, comme on voudra, est ce qui a le plus profondément agité les arts durant les dix dernières années [4] ».

Cette agitation se communiqua sans doute aux spectateurs, car la première représentation fut passablement houleuse. Les « managers » stupéfièrent mais les éléments

« progressistes » du public furent surtout étonnés par la manière dont Picasso semblait parodier à travers leurs costumes ce cubisme dont il était l'inventeur, et par le caractère du rideau, dont le style, fruste et naïf, s'apparentait à l'imagerie populaire et parut signifier le retour

du peintre à une représentation plus traditionnelle de la réalité. Ce ne fut qu'un cri : « Picasso avait lâché le cubisme » et le cri devint tumulte lorsque Picasso exposa en 1919, 1920 et 1921 chez son nouveau marchand, Paul Rosenberg, à côté d'œuvres cubistes des dessins que l'on qualifia d'ingresques et les toiles qui marquent le début de la période néo-classique de son œuvre. D'où

67. Costume du Chinois pour le ballet « Parade ». 1917. *Aquarelle. 28 × 19. Paris, collection particulière. Ph. Giraudon.* – 68. Costume du Manager américain pour le ballet « Parade ». 1917. *Ph. éditions Cercle d'Art.*

69. Rideau de « Parade » (détail). 1917. *Détrempe sur toile. 10,60 m × 17,25 m. Paris. Musée national d'Art moderne, Centre Georges Pompidou. Ph. Musées nationaux.* – 69 *bis.* JEAN COCTEAU. Picasso dans son atelier, vers 1922. *Musée Pouchkine. Ph. du musée.*

ce que Waldemar George appela plus tard « l'affaire de 1919 » : « A cette époque Picasso inaugure son cycle de Grandes Baigneuses. Armés de caducées, les critiques, les bouffons sonnent le glas du cubisme... Picasso s'avoue vaincu... La masse des fidèles quitte le parvis du temple...

70

Les purs, les fanatiques de la peinture absolue refusent de suivre le traître. Leur devise était : vivre cubistes ou mourir. » Bref, « Picasso modifia en un tour de main la carte artistique des deux mondes et l'acte révolutionnaire par lui accompli après l'armistice de Rethondes est de la même importance que sa campagne des années d'avant-guerre [5] ».

Les choses ne sont pas aussi simples et nous verrons que Picasso n'avait pas « lâché » le cubisme, pour la

---

70. Portrait d'Ambroise Vollard. 1915. *Dessin. 46,5 × 32. New York, The Metropolitan Museum of Art.*

bonne raison que les toiles « cubistes » exécutées en 1917 et 1925 sont au moins aussi importantes en nombre et en qualité que les œuvres réalistes. Mais à la fin de la guerre, quelque chose a incontestablement changé dans l'œuvre de Picasso et plus encore peut-être dans sa vie, ses rapports avec le monde extérieur, sa manière d'être et de sentir. Cocteau a eu l'impression qu'il avait lui aussi changé « la carte artistique des deux mondes » en convertissant Picasso au théâtre, en l'emmenant à Rome. « Je l'ai entraîné là. Son entourage ne voulait pas croire qu'il me suivrait. Une dictature pesait sur Montmartre et sur Montparnasse... Les objets qui peuvent tenir sur une table de café, la guitare espagnole, étaient les seuls plaisirs permis. Peindre un décor... c'était un crime. Jamais M. Renan, dans les coulisses, ne scandalisa plus la Sorbonne que Picasso le café de la Rotonde en acceptant ma proposition. Le pire est que nous dûmes rejoindre Serge de Diaghilew à Rome et que le code cubiste interdisait tout autre voyage que celui du Nord-Sud entre la place des Abbesses et le boulevard Raspail. Voyage sans ombre... Nous vivions, nous respirions. Picasso riait de voir rapetisser derrière le train la figure de nos peintres[6]. » Mais c'est que Picasso ne demandait qu'à vivre, à respirer, à changer d'air et de manière de peindre. Très déprimé par la mort soudaine de sa compagne Marcelle Humbert (Éva), Picasso s'ennuie à Paris, où il ne voit plus guère ses amis d'autrefois : la guerre, nous l'avons dit, a dispersé les peintres, interrompu le dialogue avec Braque (qui ne sera jamais repris), mis fin au cubisme dans sa période militante et convaincue. Déjà, en 1915, Picasso a exécuté son premier grand dessin réaliste, le portrait d'Ambroise Vollard, bientôt suivi de ceux de Max Jacob, d'Apollinaire, de Cocteau lui-même dont le principal mérite a été en somme d'arriver au bon moment, la rareté de la production picturale de Picasso pendant l'année 1916 montrant bien qu'il est las du langage ancien et prêt pour de nouvelles expériences.

L'importance de celle du théâtre ne doit pas être sous-estimée, même s'il s'agit d'un épisode assez bref, et sans grand lendemain, dans une aussi longue carrière. Elle a d'abord changé la vie de notre peintre. Il fréquente un milieu nouveau, brillant et facile, voit des gens du monde, sort, dîne en ville, s'apprivoise, gagne largement sa vie. Il s'éprend d'une des danseuses de la troupe de Diaghilew, Olga Kokhlova, et comme celle-ci, fille de colonel et fort bourgeoise de tempérament, ne badine pas sur les apparences et la légèreté, il l'épouse, le 12 juillet 1918, et à l'église (russe). Un fils, Paul, lui naît en 1921, qui lui inspirera quelques années plus tard les portraits les plus séduisants, avec ceux d'Olga, qu'il ait jamais peints. Il quitte Montrouge où il occupait un pavillon encore très démocratique, et, poussé par ses nouveaux amis qui lui conseillent de choisir un domicile plus élégant, s'installe en 1918 rue La Boétie, dans un décor très respectable, au centre d'un quartier où va bientôt s'établir le marché international de la peinture moderne. Il passe ses vacances sur des plages à la mode, à Biarritz en 1918 chez la richissime Mme Erazzuriz dont il décore la villa, en 1919 à Saint-Raphaël, en 1920 à Juan-les-Pins. Sa tenue même change : on le voit apparaître à des fêtes, costumé en torero ; il s'habille chez les grands tailleurs et Ernest Ansermet, qui fut un des chefs d'orchestre des Ballets russes, a raconté à Douglas Cooper qu'il avait vu un jour Picasso, vers 1918, vêtu d'un smoking, le chapeau melon sur la tête, se regarder dans une glace et murmurer : « Monsieur Ingres [7] ».

Tout cela étonne évidemment un peu les compa-

---

71. Portrait d'Olga dans un fauteuil. 1917. *Huile. 130 × 89. Paris, Musée Picasso. Ph. H. Mardyks.*

72. Paul en arlequin. 1924. *Huile. 130 × 97. Paris, Musée Picasso. Ph. Marc Vaux.* – 73. Le Salon de la rue La Boétie (Olga Picasso entourée de Cocteau, Erik Satie et Clive Bell). 1919. *Mine de plomb. 61 × 49. Paris, Musée Picasso.* – 74. Picasso en torero à une soirée donnée par le comte Étienne de Beaumont. Paris. 1924. *Ph. Man Ray.*

gnons des années difficiles. Max Jacob dit que Picasso est entré dans son « époque duchesse » et Juan Gris écrit dans une lettre à D. H. Kahnweiler du 3 septembre 1918 : « Picasso produit encore de belles choses, quand il en a le temps, entre un ballet russe et un portrait mondain. » De belles choses en effet et, en particulier de 1917 à 1919, une série de natures mortes qui nous montrent que Picasso n'a pas renoncé à « chercher », à s'interroger sur les possibilités du cubisme et à confronter celui-ci avec d'autres moyens d'expression. Ses œuvres sont souvent de petit format et de nature expérimentale : elles oscillent entre un cubisme fleuri, presque baroque (*Nature morte à la bouteille et au vase*, 1918) et une géométrie d'une élégante sécheresse (*Guitare*, 1918) quand elles ne sont pas traitées avec un réalisme minutieux et grave où il y a des souvenirs de Cézanne et des peintres de la réalité (*Nature morte sur la commode*, 1919). La solu-

 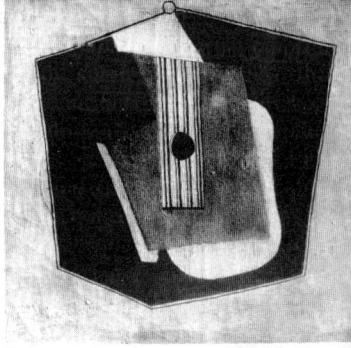

75. Nature morte à la bouteille et au vase. 1918. *Huile et sable. 45,5 × 45,5. (Z.III.142).* – 76. Guitare. 1918. *Huile et sable. 54 × 65. Collection particulière (ancienne collection Maurice Raynal). Ph. Raymond Laniepce.* – 77. La Table devant la fenêtre. 1919. *Gouache sur papier. 32 × 22. Lucerne, collection S. Rosengart. Ph. Giraudon.*

77

tion la plus originale aux problèmes que se pose alors l'artiste se trouve peut-être dans une délicieuse gouache exécutée à Saint-Raphaël en 1919 : *La Table devant la fenêtre*. La nature morte est d'un cubisme tout à fait orthodoxe mais le balcon et l'arrière-plan nous montrent que Picasso est parvenu alors à intégrer, sans incohérence de style, l'espace, la profondeur, une couleur presque atmosphérique à une composition cubiste. On a parfois vu dans la manière dont les fenêtres garnies de rideaux de cette petite composition s'ouvrent sur le fond du pay-

sage une influence de l'espace théâtral, du cube scénique. Ce n'est pas certain mais il est bien évident que la sévère abstraction des grandes compositions cubistes ne pouvait guère avoir de sens dans un spectacle aussi animé et matériel que celui d'un ballet. Le théâtre a donné à Picasso le goût de jouer encore une fois le jeu des apparences. Il l'a rendu de nouveau sensible à la pesanteur des formes, à leur caractère sculptural, à la manière dont elles se découpent dans l'espace. Il lui a fait retrouver enfin la lumière et la couleur, que le cubisme avait un peu exilées et qui réapparaissent triomphalement avec le *Tricorne*, *Pulcinella* et *Cuadro flamenco*.

Diaghilew n'eut certainement pas beaucoup de mal à persuader Picasso d'exécuter les décors et les costumes du *Tricorne*. Le peintre avait de nouveau séjourné à

79

Barcelone en 1918 et en 1919, et il n'avait rien oublié de son pays natal. Tout dans le ballet devait lui plaire : le sujet, la musique de Manuel de Falla, l'atmosphère même de cette Espagne du XVIIIe siècle, savoureuse et vraie, qui fait plus penser à l'Espagne de don Juan et des romans du Siècle d'Or qu'au folklore hispanique international de 1900. La chorégraphie de Massine s'inspirait d'ailleurs scrupuleusement des danses populaires espagnoles, Diaghilew ayant voulu que le ballet fût un hommage à l'Espagne, où il avait été fort bien accueilli à plusieurs reprises, et non un spectacle d'opérette. Picasso s'associa magnifiquement à cet hommage et sut inventer une nouvelle Espagne de théâtre, rustique et gaillarde, éblouissante de vitalité et assez inattendue par rapport à la tradition romantique.

---

78. Étude pour le rideau du ballet « Le Tricorne ». 1919. *Mine de plomb.* *28 × 26,5. Paris, Musée Picasso. Ph. éditions Paul Rosenberg. 1920.* –
79. Costume de l'Alguazil pour le ballet « Le Tricorne ». 1919. *Aquarelle.* *27 × 19,7. Paris, Musée Picasso. Ph. éditions Paul Rosenberg. 1920.*

78   Le rideau de scène représentait des spectateurs dans les gradins d'une arène à la fin d'une corrida (Picasso avait vu et dessiné des scènes tauromachiques à Barcelone en 1918) : femmes en mantille, petit garçon vendant des oranges, un homme portait une cape rouge, une bouteille de xérès au premier plan, un picador à cheval dans le fond de la scène. Les costumes, « goyesques », si l'on pense aux Goyas de jeunesse, tout en couleurs vives se détachant sur de beaux noirs, de beaux gris très espagnols
79 (les mantilles des femmes, la cape de l'Alguazil) sont traités avec un humour et un brio qui donnent l'impression d'une aisance presque immédiate et d'une merveilleuse sûreté de goût. Picasso semble avoir eu un peu plus de mal avec le décor et a dû exécuter d'assez nom-

80

80. Maquette du décor pour le ballet « Le Tricorne ». 1919. *Gouache et crayon noir. 20,4 × 26,6. Paris, Musée Picasso. Ph. éditions Paul Rosenberg. 1920.* – 81. Décor pour le ballet « Pulcinella ». 1920. *Gouache, encre de Chine et mine de plomb. 23,4 × 33,6 (feuille). Paris, Musée Picasso. (Z.IV.28).*

breuses esquisses avant de parvenir à la solution satisfaisante : une grande arche traverse la scène, domine la maison du meunier, un puits, un mur sur lequel est accrochée une cage avec un oiseau; un petit pont enjambe la rivière; au loin, un village, un ciel bleu sombre. On sent que Picasso a voulu au maximum utiliser l'espace, le compliquer, l'explorer en profondeur. Le même parti se retrouve dans le premier décor qu'il exécute en 1920 pour *Pulcinella,* ballet napolitain monté par Diaghilew sur une musique de Stravinsky. Picasso avait pensé à installer sur la scène du théâtre un autre théâtre, dans le style des théâtres parisiens du Second Empire, avec des personnages à favoris et lorgnons dans les loges : au fond apparaissait le paysage de Naples au clair de lune.

Diaghilew refusa le projet (que Picasso reprit à peu de choses près pour le *Cuadro flamenco*) et Picasso exécuta un second décor de maisons et d'escaliers, d'accent cubiste, « si simple, nous dit une des danseuses du ballet dans ses Souvenirs, qu'il suggérait les paravents improvisés d'une troupe de comédiens ambulants »; au fond une barque, le Vésuve et la mer.

82

Le sujet et les personnages de *Pulcinella* allaient comme un gant à Picasso; il s'est longuement promené
82 dans Naples avec Stravinsky, il a retrouvé les personnages de la comédie italienne. D'où ces dessins qui nous montrent Polichinelle et son amie Pimpinella en mar-
83 chande de poisson napolitaine, d'où tous ces Arlequins
84 et ces Pierrots qu'il exécute eux aussi tantôt de façon réaliste tantôt en utilisant les aplats du cubisme synthé-

---

82. Igor Strawinsky. 1920. *Mine de plomb. Ph. éditions Cercle d'Art.* –
83. Napolitaine au poisson. 1918. *Mine de plomb. 31,5 × 21,5. (Z.III.244).*

84

85

86

tique. Le personnage d'Arlequin reviendra souvent encore dans son œuvre et il n'en est pas de plus gracieux, de plus élégants, de plus délicieusement mélancoliques que les quelques versions exécutées en 1923. Mais pour ne pas surcharger ce livre et comme il nous reste encore tant à dire, nous allons maintenant dire adieu à ce bel Arlequin qui fut si longtemps pour Picasso le symbole, sophistiqué ou pitoyable, de l'« illusion comique » en nous contentant de reproduire une dernière version de ce personnage, où le peintre l'a massacré de façon si atroce qu'on a l'impression qu'il a voulu se débarrasser de lui à jamais.

87

84. Pierrot et Arlequin. 1918. *Crayon. 26 × 19. Chicago, Art Institute (don Gilbert W. Chapman). Ph. du musée.* – 85. Pierrot et Arlequin. 1920. *Gouache. 27 × 21. (Z.IV.68).* – 86. Arlequin au miroir. 1923. *Huile. 100 × 81. Ph. Cauvin-galerie Berggruen.* – 87. Arlequin. 1927. *Huile. 81 × 65. New York, Perls Galleries.*

Le théâtre n'a pas seulement ramené Picasso à la réalité. Il lui a fait retrouver la beauté du corps humain, ses possibilités infinies de rythme et d'expression. Lorsqu'il était avec la troupe de Diaghilew, il observait les exercices des danseuses, assistait aux répétitions, notait

88

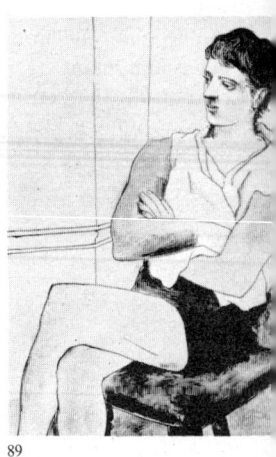

89

les gestes, les mouvements avec moins d'âpreté certes que Degas, mais avec une curiosité au moins égale à la sienne. Cela nous vaut d'excellents dessins de danseuses
88 en groupe (*Les Danseuses autour d'Olga Kokhlova,* 1919-1920), de danseurs à la barre, parfois au repos (*Danseur*
89 *aux bras croisés,* 1923), les toiles et les dessins de 1923 étant d'une qualité poétique et d'une suavité particulièrement séduisantes, ce qui n'empêche nullement Picasso de ridiculiser à l'occasion ces aimables créatures, en nous les montrant stupides d'expression, mafflues, avec

des nez et des attaches énormes (les danseuses russes ont toujours été fortement « jambées ») afin de « tourner en dérision, nous dit Douglas Cooper, la grâce du ballet classique et de souligner par les proportions éléphantesques des danseurs et des danseuses l'irréalité de la

90

qualité d'apesanteur dont ils se vantaient » (*La Danseuse*, Londres, 1919). Le côté poids et haltères de la danse est en effet mis ici en relief de façon exceptionnelle.

Mais il n'y a pas que des danseuses. Il y a des plages, la mer, ces rives de la Méditerranée qui deviennent à la mode, où Picasso passe ses vacances au lendemain de la guerre en attendant de s'y installer définitivement après 1945. Ce premier cycle méditerranéen n'a pas l'importance de celui d'Antibes et de Vallauris, mais l'on sent qu'à une époque où ses contemporains com-

---

88. Danseuses autour d'Olga Picasso. 1919. *Mine de plomb et traces de fusain. 62,6 × 50. Paris, Musée Picasso. Ph. Rosenberg.* – 89. Danseur au repos. 1923. *Huile. 130 × 97. Ancienne collection Chester Dale. (Z.V.15).* – 90. Danseuse. 1919. *Mine de plomb. 31 × 24. (Z.III.345).*

mencent à se dévêtir rituellement chaque année au bord de l'eau, prennent le « Train bleu », découvrent l'hygiène solaire et les plaisirs nautiques, Picasso a pris grand plaisir à contempler ces corps qu'il a imaginés plus parfaits qu'ils n'étaient sans doute en réalité, et à noter les ébats des jeunes baigneuses aux chevelures dénouées. Elles sont parfois enserrées dans d'assez ridicules maillots et prennent des poses aussi artificielles que leurs compagnes, les danseuses [8]. Mais presque toujours, dans les lithographies et les nombreux dessins qu'il exécute entre 1920 et 1925, il nous les montre allongées sur le sable, dormantes et dévêtues, ou séchant leurs cheveux, jouant au ballon, courant au bord de la mer [9]. Malgré quelques détails (dans la coiffure) qui nous rappellent parfois que nous sommes en 1920, l'atmosphère est celle de l'idylle antique et le style de ces dessins, sec et linéaire, presque

91. Les Baigneuses. 1922. *Eau-forte. 11,8 × 8,8. Contenue dans 30 exemplaires de l'ouvrage « Cravates de chanvre » par Reverdy. Ph. archives Georges Bloch.* – 92. Baigneuses. 1921. *Mine de plomb. 23 × 34. (Z.IV.275).*

dépourvu de modelé, fait beaucoup plus penser aux figures des vases grecs et des miroirs étrusques qu'aux rondeurs et aux courbes moelleuses d'Ingres (il n'y a guère qu'un dessin de Picasso qui soit vraiment ingresque et ce n'est pas un nu, mais le portrait de *Madame Wildenstein*). Picasso commence d'ailleurs, comme il le fera si souvent par la suite, à transposer les scènes qu'il observe dans le domaine de la mythologie et de la bucolique classique : bucolique galante (*Personnages avec joueur de flûte de Pan,* 1923), mythologie licencieuse qui évoque des images de rapt, de viol et de vigoureux accouplements (*Femme et Centaure,* 1920).

Mais l'idylle ne va pas durer et bientôt ces Nausicaas se transforment en créatures junonesques, symboles monumentaux et presque terrifiants de maternités fécondes, Cybèles plus rebondies que jamais l'Asie n'en rêva. Le goût de Picasso pour les grosses femmes ne

94

date pas, nous l'avons vu, de 1920. Sa santé, sa sérénité devant les formes les plus agressives de la féminité sont parfois d'un primitif ou d'un homme préhistorique, et l'on reste pantois devant ces attaches énormes, ces pieds éléphantesques, ces visages bovins, ces seins qui pointent comme des obus. La psychanalyse aurait peut-être ici son mot à dire, mais, comme nous n'entendons rien à l'affaire, nous en abandonnons l'exploration à des gens plus compétents que nous. Contentons-nous de remarquer que, lorsque Picasso est revenu à la réalité, il l'a vraiment prise à pleins bras. Il y a aussi, bien sûr, les influences et on les a souvent signalées : celle de la sculpture antique, des grandes statues hellénistiques et romaines qu'il a vues lors de son voyage en Italie, comme Michel-Ange et peut-être certaines œuvres baroques [10]. Combinée avec des réminiscences de la peinture classique française, de Poussin en particulier, elle apparaît nettement dans

---

93. Personnages avec joueur de flûte de Pan. 1923. *Encre de Chine.* 24,5 × 32. *(Z.V.121).* — 94. Le Rapt. 1920. *Encre de Chine. 20 × 27. New York, The Museum of Modern Art. Ph. du musée.*

95. Deux Femmes nues. 1920. *Huile. 195 × 164. Ancienne collection Walter P. Chrysler Jr. (Z.IV.217).* – 96. Femme à mi-corps. 1921. *Huile. 132 × 83. (Z.IV.327).*

une œuvre comme les *Femmes à la fontaine*. On a pensé aussi à Rubens, mais sans grande raison, car on ne retrouve rien dans les nus de 1920-1921 de la sensualité rayonnante du peintre de l'*Enlèvement des filles de Leucippe*. Plus justement à Ingres : ces visages pleins, inex-

pressifs, ces lourdes paupières, ces mains grasses sur lesquelles le menton s'appuie doivent sans doute quelque chose au portrait de *Madame de Senonnes*, de *Madame Moitessier*, à *La Source*, à certains détails du *Bain turc* [11]. On pourrait continuer longtemps ainsi et ce serait bien inutile, mais il est une influence qui ne peut être mise en doute : celle de Renoir, qui est mort en décembre 1919 et dont Picasso a dessiné cette année-là le portrait (d'après une photographie), moins le Renoir d'ailleurs des « Grandes Baigneuses », que le Renoir « romain », celui des « Gabrielle » et des nudités rousses, bien que le modelé de Picasso soit plus sculptural, et que ses corps soient de pierre plutôt que de chair [12]. Notons enfin que le culte de la féminité généreuse n'est pas du tout une exception à l'époque (Maillol), qu'il connaîtra même une fortune exceptionnelle dans les vingt dernières années de la IIIe République et sera généralement considéré comme un symptôme heureux du retour à l'ordre, à la forme, à la santé plastique et à la grande tradition.

L'ordre, la tradition, la recherche de la forme, tels sont en effet les mots d'ordre d'une après-guerre préoccupée jusqu'à l'obsession de renaissance classique et française. Haïssant l'anarchie, très conservatrice et presque en tous domaines bleu horizon, la génération de 1920 ne paraît soucieuse que d'inventorier un héritage artistique et littéraire, de ne retenir de cet héritage que tout ce qui va dans le sens de la mesure, de la clarté conceptuelle, de la frugalité du goût et des moyens d'expression. Il faut relever les décombres, relever moralement et matériellement la France, et les peintres que les critiques de l'époque présentent comme des modèles, des exemples d'endurance intellectuelle et de vertu nationale sont tous des constructeurs : Fouquet, Le Nain, Poussin, Courbet, Seurat et, bien sûr, bondissant à chaque page de la tranchée, Cézanne. Tout cela est dit même par des critiques qui ne sont nullement réactionnaires (Roger Bissière dans *L'Amour de l'Art*, Maurice Raynal dans *Art d'aujourd'hui*, Ozenfant dans l'*Esprit nouveau*, André Lhote dans la *N.R.F.*) et avec beaucoup de sérieux et de compétence, mais le ton est d'un moralisme tellement doctrinaire que l'on comprend très bien l'autre versant de l'époque et que certaines gens aient préféré alors boire des cocktails, applaudir la *Revue nègre*, passer

97. Femmes à la fontaine. 1921. *Huile. 204 × 174. New York. The Museum of Modern Art (don Mr et Mrs Allan D. Emil). Ph. du musée.*

leur vie dans les boîtes de nuit ou, à un niveau plus modeste, aller entendre des comiques troupiers au théâtre Moncey et les conférenciers Dada. Quoi qu'il en soit, tous les peintres qui ne pensent pas, ne construisent pas, ne cimentent pas, pourrait-on dire, sont jugés avec une extrême sévérité : Bonnard, Monet, Renoir lui-même, malgré les « Baigneuses », Matisse et tous ceux qui sacrifient à la sensualité impressionniste, au goût du hasard, de l'arbitraire, de l'absence de contour [13].

On pardonne volontiers aux révoltés d'hier, puisqu'ils paraissent revenir à de meilleurs sentiments, et il est vrai que les œuvres des grands créateurs d'avant 1914 sont souvent à l'époque d'une sagesse, d'une facilité, d'un manque d'invention presque déconcertants. Rendant compte, dans *L'Amour de l'Art,* de l'exposition de la « Jeune peinture française », Louis Vauxcelles écrit : « M. Braque a brûlé ce qu'il adora et admet à nouveau l'existence du monde extérieur... Les jeunes peintres s'imposent une stricte discipline et ne s'abandonnent désormais plus aux effusions lâchées de leur être sensible... Construire, tel est le mot d'ordre de tous les ateliers... C'est la génération issue de l'impressionnisme qui regimbe contre lui [14]. » Vauxcelles pardonne également à Matisse : « Il est rentré avec une affectueuse docilité au sein de la nature », il est devenu « un paisible réaliste, un classique [15] ». André Salmon, que l'on avait connu jusqu'alors moins effarouché par l'avant-garde, n'est pas aussi indulgent. Dans ses articles de *L'Art vivant,* il célèbre comme Vauxcelles les vertus de « l'ordre classique » et déclare que les peintres « dignes de notre tradition » nous mettent « aux premiers jours d'une indiscutable renaissance ». Mais il faut se méfier de Matisse qui est « pernicieux, lascif », porte en lui, comme Bonnard, tous les symptômes de la « dégénérescence post-impressionniste [16] ». Heureusement il y a Derain, « le régulateur, l'artiste le plus français », et André Lhote renchérit dans la *N.R.F.* de janvier 1920 : « La renaissance proche a trouvé son premier artiste en Derain, le plus grand des peintres français vivants. » Derain, qui a déclaré dans une interview au *Matin* que Raphaël est « le grand incompris » et qui rejoint sur ce point Bissière lorsqu'il écrit dans l'*Esprit nouveau :* « Nous sommes à un moment de l'histoire de l'art où notre race, ayant fourni un effort considérable et ayant subi des convulsions incroyables, éprouve le désir de s'apaiser, de faire le total des trésors qu'elle a amassés. En un mot, nous aspirons à un Raphaël ou du moins à tout ce qu'il représente de certitude, d'ordre, de pureté, de spiritualité. Mais nous ne sommes pas des Italiens et nous mettons tous nos espoirs dans Ingres, le seul, semble-t-il, capable de nous mener vers Raphaël par des voies éminemment françaises [17]. »

Les « voies » de Picasso n'étaient pas encore peut-être « éminemment françaises », mais lui aussi paraissait bien aller du côté de Raphaël et d'Ingres et l'on salua avec une satisfaction particulière son retour à un dessin clair, lisible, analytique, car le dessin est la grande affaire de l'époque et André Gide, dans un article célèbre de la *N.R.F.*, morigène « l'Allemand qui ne sent la particularité d'aucun être ni d'aucune chose, n'a jamais su dessiner » alors que la France est « la grande école de dessin du monde entier [18] ». Picasso faisait des portraits, peignait des nus, un peu généreux peut-être, mais on n'y regarda pas de si près; la partie était gagnée, le symbole même de l'anarchie s'était converti à l'ordre, à la réalité. D'où cette « affaire des Grandes Baigneuses » que nous évoquions au début de ce chapitre et cette interprétation ingriste du cubisme qui fit écrire à Cocteau dès 1919 : « Au royaume des peintres, depuis quelques années... un artiste prodigieusement doué changeait la face des choses. Il renonçait aux joies du hasard du bariolage, de l'enfantillage, du décor, et inventait des disciplines nouvelles. Il anoblissait l'art de peindre en le débarrassant des charmes secondaires de l'anecdote. Il inventait des métaphores pour les yeux... Les peintres autour de lui retrouvent le puissant travail du classicisme [19]. »

Spécialiste du « rappel à l'ordre », soucieux de montrer que la véritable audace n'est jamais celle de l'avant garde, que Delacroix est le « rapin type » et Ingres le « révolutionnaire par excellence [20] », Cocteau a toujours affecté de ne voir dans les œuvres cubistes et « classiques » de Picasso que les deux aspects d'une même tentative :

« Les Muses ont tenu ce peintre dans leur ronde
Et dirigé sa main
Pour qu'il puisse, au désordre adorable du monde
Imposer l'ordre, l'humain[21]. »

N'allons pas si loin. Certes, comme le remarque André Salmon, « l'exposition des dessins de Picasso mit des esthéticiens et des moralistes soucieux d'ordre, de M. J.-L. Vaudoyer à M. Henry Bidou, en posture de représenter le cubisme comme une quête classique [22] » et les cubistes eux-mêmes se sont souvent réclamés d'Ingres. Mais ce sont les cubistes de 1920 et Picasso en 1907 ne pensait pas à Ingres. Les critiques les plus attachés à l'art moderne et ceux qui avaient soutenu Picasso pendant les années héroïques prirent d'ailleurs moins facilement que Cocteau ou J.-L. Vaudoyer la conversion du peintre et eurent beaucoup de mal à expliquer pourquoi Picasso « pénétré de la nécessité sensible de l'art réaliste... forcé de succomber sous cette hérédité pesante qu'on nomme « tradition », comme dit Maurice Raynal, avait « peint ces brillantes figures qui ont fait dire à la sottise et à la mauvaise foi que l'artiste avait abandonné pour elles ses recherches de plastique pure [23] ».

C'est à ce moment que commence à se constituer ce que l'on pourrait appeler le mythe Picasso, que l'image du peintre commence à s'envelopper de ce mystère qui fera tant pour sa gloire : l'image d'un homme insaisissable, double, imprévisible, dont l'œuvre échappe à toute définition dans la mesure où elle se situe au carrefour de deux traditions, de deux races, du passé et de l'avenir. Comparant Picasso au Greco, Bissière déclare que ce dernier est arrivé d'Italie « bien formé » et a pu assimiler ainsi harmonieusement le génie espagnol, alors que « Picasso, arrivé d'Espagne très jeune avec un bagage très mince... se trouve très tôt en contact avec une race ayant derrière elle un long passé pictural, toute frémissante encore des batailles que livrèrent les impressionnistes et inquiète déjà du formidable point d'interrogation que pose l'œuvre de Cézanne ». Picasso n'a point subi cette rencontre, « assez fortement armé pour faire un seul faisceau solide de l'âpre mysticisme de sa race et du réalisme français ». D'où « cette perpétuelle oscillation qui est sa faiblesse et sa force car il ne se satisfait ni de l'un ni de l'autre aspect de son tempérament ». D'où la personnalité unique de Picasso et « la place unique qu'il tient dans notre époque : au carrefour de toutes les routes, on le rencontrera toujours, ironique et niant qu'un chemin soit préférable à l'autre [24] ».

Pour d'autres, la dualité de l'œuvre de Picasso serait un épisode du conflit qui détermine l'histoire de l'art européen : conflit entre le Midi et le Nord, Apollon et Eros, l'esprit méditerranéen, la plastique italienne d'une part, le mysticisme gothique ou baroque de l'autre. La guerre a vu le triomphe du génie latin et Wilhelm Uhde, dans un livre qui propose une interprétation très allemande de l'œuvre de Picasso jusqu'en 1914, analyse ainsi les rapports de « Picasso (et) de la tradition française [25] » : Certes, ce peintre doit beaucoup à la France et à Cézanne mais il est essentiellement espagnol et « l'art espagnol, par son mysticisme et par le fait qu'il ne se peut définir nettement, est apparenté à l'art germanique », lequel est « placé avant tout sous le signe de l'Eros transcendental de la nostalgie ». Picasso ne s'intéresse pas à la réalité, son « bleu royaume est tendu de mélancolie et de deuil ». « Sans aucun doute possible », sa manière est « sombre quant au coloris, essentiellement tourmentée quant à son inspiration foncière, verticale dans sa tendance, romantique dans sa totalité ». On voit que les critiques d'hier, même lorsqu'il s'agit d'amateurs aussi perspicaces que Uhde, s'exprimaient de façon aussi anormale que ceux d'aujourd'hui, et manifestaient les mêmes tendances annexionistes et nationalistes : pour Gertrude Stein le cubisme est espagnol, donc américain; pour Uhde la manière de Picasso est espagnole, donc allemande parce que « verticale ». Mais les grosses dames, ces « Junon aux yeux de vache dont les grosses mains croisées retiennent un linge de pierre » (Cocteau)? Il est vrai qu'elles ne sont guère souriantes, mais faut-il les placer aussi « sous le signe de l'Eros transcendental de la nostalgie »? Et les portraits « ingresques »? Voici l'explication que propose Uhde, après avoir visité en compagnie de Picasso l'exposition de ce dernier chez Paul Rosenberg:

« Je me trouvai en présence d'un grand portrait dans ce qu'on appelle le « style Ingres »; le convenu de l'attitude, une sobriété voulue, semblaient y réprimer un pathétique secret; le baroque ne transparaissait un peu que dans la ligne, dans l'agencement des masses principales. Que signifiaient donc ces tableaux? Était-ce un intermède, un jeu, beau, mais sans portée, auquel la main s'était complu, tandis qur l'âme, lasse du chemin parcouru, se reposait? Ou bien, en un temps où la haine régissait le monde, où la circonspection romane, consciente d'elle-même, se dressait avec hostilité contre la nuageuse métaphysique allemande, se sentait-il montré du doigt par d'innombrables gens qui reprochaient à ces sentiments profonds des affinités germaniques et l'accusaient d'être secrètement de connivence avec « l'ennemi »? Souffrait-il d'isolement moral en pays « étranger »? Cherchait-il à se ranger du côté spécifiquement « français » et ces tableaux attestaient-ils le « mouvement de son âme? » En somme, Uhde, lui-même « isolé » en France et très conscient de l'hostilité qu'y rencontrait alors un Allemand même européen, nous dit à peu près que Picasso, craignant de passer pour un « métèque », se convertissait à l'esprit latin, mettait fin à « l'invasion espagnole » et préparait son dossier de naturalisation.

L'analyse est évidemment un peu courte, malgré l'altitude de l'expression, mais elle contient une part de vérité. Pour les critiques réactionnaires, le succès de la peinture moderne s'explique par les entreprises des métèques, et même un homme aussi avisé que J.-E. Blanche insiste sur le nombre de Juifs que l'on rencontre dans la colonie artistique internationale de Montparnasse. Le cubisme passe, on ne sait trop pourquoi, pour « boche [26] », et n'est guère en odeur de sainteté : il offusque la « clarté française », ennuie, se vend mal, comme le montrent les prix vraiment très bas payés pour les Braque, les Picasso et les Juan Gris aux ventes de la collection Uhde et de la collection Kahnweiler en 1921 [27]. « Le cubisme, écrit Blaise Cendrars, n'offre plus assez de nouveauté et de surprise pour servir encore de nourriture à une nouvelle génération. Voilà dix ans que cela dure. L'étape semble franchie [28] » et « les

98

cubistes sont en pleine tradition française de raison froide, d'entêtement irréductible et de pompe solennelle [29] ». On n'imagine pas en effet de peinture plus étrangère à l'atmosphère brillante et facile de l'époque et du Paris des « années folles », dont Picasso n'a pas dédaigné d'être une vedette. Mais il serait injuste de l'accuser d'opportunisme : il a précédé le mouvement, ne l'a pas suivi. C'est lui qui a donné le signal du retour à Ingres, par jeu peut-être, mais non par désir d'évoluer ou même d'étonner. « Je n'évolue pas, je suis », a-t-il déclaré en 1923... « Je comprends mal l'importance donnée au mot « recherches » par rapport à la peinture moderne... C'est trouver qui compte... Les différentes manières que j'ai utilisées dans mon art ne doivent pas être considérées comme une évolution ou comme une tendance vers un idéal inconnu... Je ne crois pas avoir

---

98. Femme et enfant au bord de la mer. 1921. *Huile. 143 × 162. Chicago, Art Institute. Ph. du musée.*

utilisé radicalement des éléments différents dans les diverses manières que j'ai utilisées [30]. »

Sans doute, et nous voyons bien aujourd'hui que la rupture entre les œuvres cubistes et les œuvres classiques n'a pas été aussi brutale qu'elle le parut au lendemain de l'autre guerre. Une toile comme *La Mère et l'Enfant* de 1921 n'aurait jamais pu être peinte telle qu'elle est s'il n'y avait eu l'expérience cubiste. Certes le visage est celui d'une statue et les formes sont parfaitement lisibles. Mais elles sont analysées, traitées de façon indépendante les unes par rapport aux autres comme dans les tableaux de 1907. Elles apparaissent encore comme des solides géométriques, tendent à se rassembler vers le plan de la toile et le dessin du nez, des yeux du personnage féminin rappelle celui des portraits et des figures exécutés au retour de Gosol. Et toutes ces géantes sont les sœurs, un peu moins barbares peut-être, des deux *Nus* monstrueux que nous avons analysés dans le chapitre précédent ou de ce *Nu* de 1906 qui se trouve aujourd'hui dans la Galerie nationale de Prague. Le folklore seul a changé : non plus africain ou ibérique, mais romain et, parfois, crétois. Comme il a joué en 1907 avec les masques nègres, Picasso joue à cette époque avec l'Antiquité, le monde des statues, des colonnes, des draperies, qu'il traite parfois comme de vulgaires chemises de nuit, car la manière dont il explore la tradition n'est pas dépourvue d'humour ni d'intentions parodiques. Stravinsky, dont on a souvent comparé l'œuvre d'après-guerre à celle de Picasso, est beaucoup plus savant, sérieux et convaincu lorsqu'il compose *Apollon Musagète* et *Œdipus Rex*. L'Antiquité n'est pas pour Picasso un exemple, ni une discipline, mais une nouvelle manière d'aller au-delà des apparences, du présent, de la réalité immédiate, de remonter aux sources, au monde des formes primitives. Certaines jeunes femmes drapées de 1923, certains dessins de 1924 sont peut-être d'une antiquité un peu précieuse et civilisée; Max Jacob disait à leur propos que « Picasso imite les personnages de Corot en les romanisant [31] ». Mais, inexpressives, figées jusqu'à la stupeur, les géantes de 1920 sont encore des idoles, des déesses mères, dont l'archaïsme et la simplicité architecturale nous montrent que le « retour à l'antique » a joué dans l'œuvre de Picasso le même rôle que la musique médiévale dans celle de Stravinsky.

Une toile résume toute cette période : *Les Flûtes de Pan*. Un décor cubique, très simplifié, intemporel, comme un disciple de Gordon Craig aurait pu en imaginer pour la représentation d'une tragédie antique. Mais sans nulle intention de majesté ou de distance; la scène est au contraire très resserrée et toute la monumentalité du tableau tient au poids, à la masse des deux personnages. Picasso les a représentés en utilisant et en interprétant très habilement deux attitudes courantes dans la sculpture grecque : celle du personnage de gauche évoque les Apollons de l'époque classique, tout le poids du corps reposant sur une seule jambe, bien que l'impression de frontalité ait été corrigée pour donner plus de profondeur au tableau et accentuer le point de fuite. Le personnage de droite s'inspire d'œuvres plus familières et de toutes les représentations de Mercure au repos, rattachant sa sandale, etc. A la différence de position des deux personnages, l'une hiératique, l'autre plus naturelle, correspond un traitement différent du visage : celui du joueur de flûte est plus sensible, celui de son compagnon, massif et sans expression. Picasso avait utilisé une disposition analogue dans une toile hellénisante de 1905 et il y a peut-être aussi dans *Les Flûtes de Pan* un souvenir de l'*Apollon et Marsyas* du Pérugin. Malgré ces réminiscences antiques, l'atmosphère du tableau n'est évidemment pas celle de l'idylle classique et de la pastorale. Tityre et Moelibée nous apparaissent ici comme deux jeunes paysans, deux jeunes pêcheurs aux corps puissants et sans grâce, aux extrémités massives; ils ne portent pas de draperies savantes, mais d'assez vilains maillots qui accentuent encore leur type populaire. Aucune idéalisation dans cette œuvre, où il n'est pas utile de relever le caractère « cubiste » du traitement des membres, et devant laquelle on pense beaucoup plus qu'aux athlètes de Michel-Ange aux baigneuses de Cézanne. *Les Flûtes*

de Pan sont en fait l'œuvre la plus cézanienne que Picasso ait jamais réalisée; voilà bien un « Poussin d'après nature », un Cézanne 1923 du meilleur cru et le tableau soutient la comparaison avec ceux du maître d'Aix par l'équilibre qu'il réalise entre la noblesse de la vision et l'observation sincère de la plus fruste réalité.

99. Tête de femme. 1924. *Encre de Chine.* (*Z.V.295*).

100

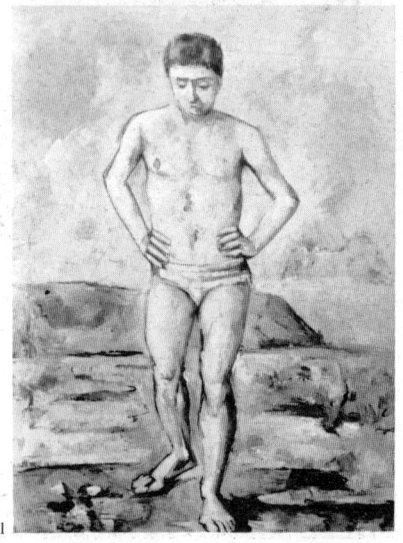

101

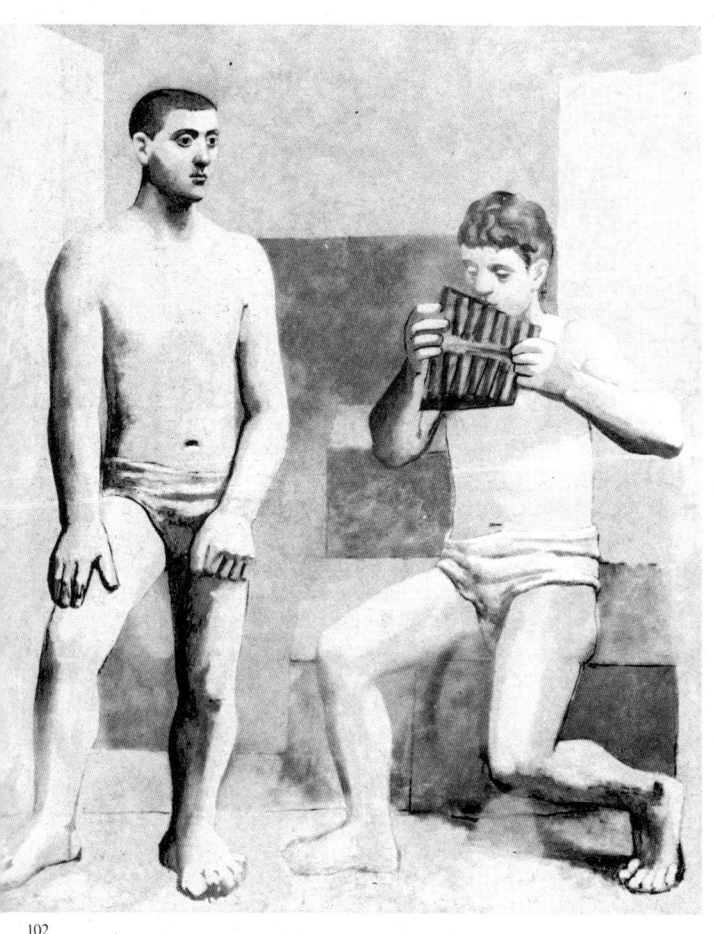

100. Le Pérugin. *Apollon et Marsyas. Paris, musée du Louvre. Ph. Musées nationaux.* – 101. Cézanne. *Le Baigneur. Vers 1885. Huile. 127 × 96,84. New York. The Museum of Modern Art. Ph. du musée.* – 102. Les Flûtes de Pan. 1923. *Huile. 204,5 × 174. Paris, Musée Picasso. Ph. H. Mardyks.*

Les années 1923 et 1924 voient se juxtaposer des œuvres de contenu très divers (portraits de la mère de l'artiste, d'Olga, de Paul, arlequins et danseurs de la série du « Soupir [32] », baigneuses nettement moins pléthoriques, figures néo-classiques, scènes mythologiques), toutes traitées dans un esprit serein et détendu, avec une évidente délectation décorative. « Pendant l'année 1923, écrit Gertrude Stein, Picasso prenait un plaisir immense à dessiner, il répéta presque la fécondité et le bonheur de l'époque rose, tout était en rose [33]. » Mais c'est dans le domaine de la nature morte que se situent les expériences les plus nouvelles de cette période. Même au moment où il s'intéresse surtout au corps humain et à la plastique monumentale, Picasso n'a pas cessé de peindre des natures mortes et il a en particulier exécuté en 1922 une trentaine de toiles de petites dimensions, d'un coloris vif et joyeux, où les objets sont dépliés en plans très simples, dont la surface est animée par des pointillés et des traits parallèles d'un effet très séduisant [34]. Le plaisir du dessin est tel à cette époque qu'il arrive à Picasso de le séparer entièrement de la couleur, de répartir celle-ci en larges aplats, et de laisser courir à la surface de la toile un trait d'une extrême spontanéité, où dominent les courbes et les volutes et qui donne à la composition une telle absence de pesanteur que les objets paraissent danser dans l'espace (*Guéridon devant la fenêtre,* 1924). Sans risquer le mot de calligraphie, toujours impropre lorsqu'il ne s'agit pas d'une véritable écriture, on peut parler à ce propos de « cubisme curvilinéaire », comme Alfred Barr pour lequel « les lignes et les volumes courbes » vont devenir la principale préoccupation du peintre, à tel point que certains critiques ont daté de ces années l'adieu définitif du peintre au cubisme [35]. A tort, selon Barr, car le cubisme n'est pas seulement affaire d'angles et de rectangles, mais d'interprétation des plans, de désintégration des objets, etc. Ces controverses sont un peu théoriques et il n'est pas du tout sûr que nous entrions désormais dans le royaume de la courbe. Car il y a courbe et courbe, celles de Picasso sont rare-

ment moelleuses et le dessin des années 1923-1925 est parfois si aigu, incisif et cassant qu'il déchire la couche de couleur et paraît gravé à la pointe.

Les grandes natures mortes de 1924 et 1925, les plus somptueuses de l'œuvre de Picasso, sont presque toutes composées de la même manière : une table, en général placée devant une fenêtre, et sur laquelle sont disposés divers objets, parmi lesquels on retrouve souvent une guitare et un compotier. Motif analogue à celui des *Fenêtres* de 1919, mais la substitution de la table au guéridon accentue l'équilibre, la densité et, n'en déplaise à Uhde, le caractère puissamment horizontal de la compo-

---

103. Nature morte à la guitare. 1922. *Huile. 83 × 102,5. Lucerne, collection S. Rosengart.*
104. Guéridon devant la fenêtre. 1924. *Huile. 130 × 97. New York, Perls Galleries.*

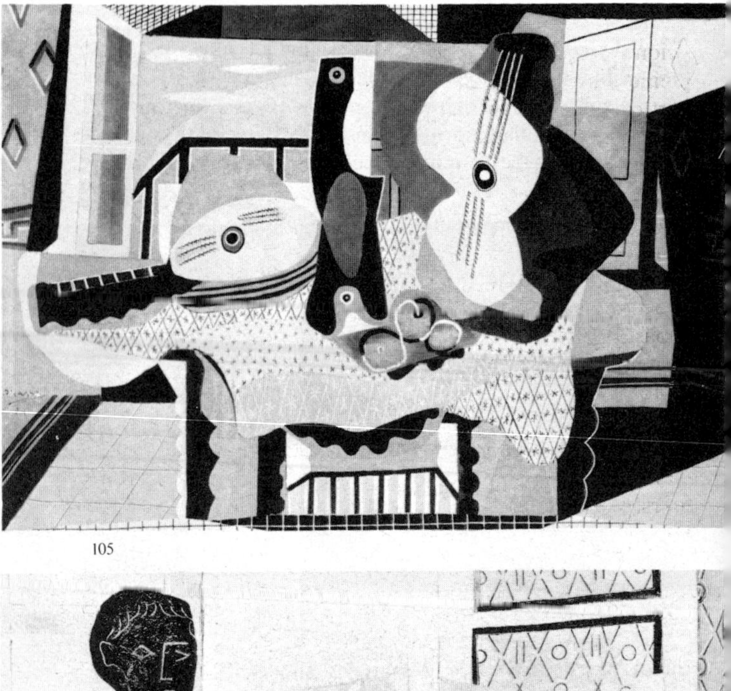

105

106

L'AFFAIRE DES GRANDES BAIGNEUSES

sition (lorsque Picasso veut insister sur des formes moins pleines, ainsi dans *Le Filet* de 1925, il adopte le parti vertical). Le dessin des fenêtres et des cloisons donne au tableau une dignité architecturale qui contraste avec la façon très libre et mouvante dont les objets sont assemblés et qui est parfois relevée par la présence d'un buste monté sur socle, allusion classique introduite sans pédantisme et même avec une pointe d'humour, comme dans *La Table rouge,* où nous voyons ce buste voisiner avec une tranche de pastèque. Le coloris est tantôt très grave, à base de terres et d'ocres et de noirs, lorsque Picasso veut insister sur le caractère antique de la composition, tantôt relevé d'accents éclatants de bleu et de rouge vermillon. Dans le premier cas, le dessin est très souple, ondule en formes légèrement esquissées; dans le second, il s'attarde sur les motifs décoratifs du carrelage, des murs ou du tapis qui recouvre la table. Il n'y a dans ces

105. Mandoline et guitare. 1924. *Huile et sable sur toile. 143 × 202. New York, The Solomon R. Guggenheim Museum. Ph. du musée.* –
106. Nature morte au buste. 1924. *Huile. 97 × 130. (Z.V.364).* –
107. L'Atelier. 1925. *Huile. 97 × 130. New York, collection Sean Sweeney. (Z.V.445).*

œuvres aucune prétention métaphysique, rien non plus de ces grands silences dévots, de ces oracles pathétiques, de ces allures de pauvreté sublime dont Braque s'est fait une spécialité. Mais une énergie tranquille, un imprévu poétique, un équilibre entre le mouvement et la pesanteur, un sentiment du rythme et de la pulsation propre à l'inanimé, où l'on peut voir, encore une fois sous le signe de la musique, la conclusion du cubisme et le chef-d'œuvre du genre. Au XXe siècle, bien entendu.

Les natures mortes de 1925 sont d'un caractère bien différent : plus compactes, agressives, et d'une bizarrerie assez inquiétante. Nous voyons ici apparaître une de ces têtes d'animaux morts dont Picasso fera plus tard un si dramatique usage [36] et là, dans *L'Atelier*, peint à Juan-les-Pins, des débris de statue épars sur une table où est

posée, derrière une branche de laurier, une maquette de décor analogue à celui que Picasso avait construit à l'intention des jeux de son fils. Une équerre traverse la composition que domine un buste vu à la fois de face et de profil, hagard, caricatural, prêt à tous les bavardages des statues de Cocteau et projetant sur le fond du tableau une ombre à oreille immense de crétin. Étrange composition qui montre que l'humeur générale du peintre a changé et ses sentiments à l'égard de la belle Antiquité en particulier, comme pouvaient nous le montrer, dès 1924, les décors et les costumes de *Mercure*.

Cette année-là le nom de Picasso est en effet apparu à nouveau deux fois dans les programmes de ballet. Le 20 juin 1924, Diaghilew présente *Le Train bleu*. Le décor est de Henri Laurens, les costumes de Chanel, la musique de Darius Milhaud, l'argument de Jean Cocteau. Le

108. Deux Femmes courant sur la plage. 1922. *(Utilisée comme maquette pour le rideau du ballet « Le Train bleu ».) Détrempe sur bois. 32,5 × 42,5. Paris, Musée Picasso. Ph. H. Mardyks.* – 109. *Costume de bain par Chanel pour une des « Poules » du « Train bleu ».*

« Train bleu », c'est le train qui conduit de Paris vers les plages du Midi et le ballet nous raconte une vague histoire de bains de mer, de « gigolos » et de « poules » dans un style si volontairement banal que Cocteau avait dit à Darius Milhaud : « Fais-moi une musique comme celle qu'on entend au cinéma quand Mme Millerand visite un hospice[37]. » Picasso ne participa au spectacle que sous la forme d'un rideau de scène qui fut exécuté à partir d'une détrempe de 1922 : *Deux Femmes courant sur la plage,* œuvre frénétique et dont les personnages aux proportions presque obscènes durent faire un assez curieux contraste avec les costumes que Chanel avait dessinés pour les « poules ». Ce rideau marque la fin de la collaboration de Picasso avec le directeur des Ballets russes qui semble avoir été assez étonné par certaines initiatives du peintre : un ballet qui raconterait la vie de Diaghilew depuis l'apparition de sa première dent jusqu'à ce que la dernière lui tombe de la bouche, et un projet de décor, représentant une immense nature morte de légumes et de viandes, autour duquel évolueraient les danseurs costumés en mouches et qu'ils dévoreraient jusqu'à la dernière miette au fur et à mesure du déroulement du spectacle [38].

L'humeur facétieuse de Picasso put s'exprimer en toute liberté au moment de *Mercure,* d'autant plus qu'il collabora pour ce ballet avec Érik Satie, que les plaisanteries les plus saugrenues ne risquaient guère d'effaroucher. Le ballet, qui fut réglé par Massine et à l'élaboration duquel Picasso semble avoir pris une part très importante, nous raconte quelques épisodes de la vie du dieu. Au premier tableau nous voyons Mercure découvrir les ébats d'Apollon et de Vénus, en concevoir une grande colère, tuer Apollon et le ressusciter par quelques passes magiques. Le second tableau nous présente les

Trois Grâces au bain, surveillées par Cerbère. Mercure survient, vole les colliers de perles de ces dames et s'enfuit à toutes jambes poursuivi par Cerbère. Au troisième tableau, fête chez Bacchus en présence de Pluton, de Proserpine et de Chaos. Mercure, accompagné de Polichinelle, distrait les invités par des danses étranges qu'il corse par l'invention de l'alphabet. La fête terminée, Pluton enlève Proserpine sur un char avec l'aide de Chaos (plusieurs danseurs agglutinés et vêtus de collants bariolés, comme dans une mêlée de rugby). Les principaux numéros de ce dernier tableau étaient intitulés : *La Polka des Lettres; La Nouvelle Danse; Le Chaos* et *Le Rapt de Proserpine*. Cette mythologie délirante donna à Picasso l'occasion de déployer toute sa fantaisie et je ne pense pas qu'on ait jamais réalisé décors plus spirituels que ceux de ces trois tableaux. Les Grâces, qui apparaissaient dans une énorme baignoire, étaient des hommes déguisés en femmes avec de longues perruques noires et des seins énormes barbouillés de rouge. On les voyait ensuite sous la forme de trois silhouettes terminées par un cou filiforme et des têtes minuscules, leurs corps étant dessinés non pas avec du fil de fer comme on l'a cru souvent, mais avec un treillis fait de morceaux de rotin peints en noir et articulés de telle manière qu'un machiniste, caché derrière le décor, pouvait les faire bouger en tirant sur une ficelle. Même système mécanique pour l'envol, probablement assez laborieux, du char sur lequel s'enfuit le dieu. N'oublions pas enfin le rideau, le plus séduisant que Picasso ait composé et dont la poésie est plus proche de l'atmosphère de la période rose ou de *Pulcinella* que des bouffonneries de Mercure. Comme toujours il est sans rapport avec le sujet et évoque une dernière fois le monde de l'illusion comique : Arlequin et Pierrot dessinés à grands traits sur un fond d'aplats colorés dont la forme n'épouse pas leurs silhouettes et les fait danser comme une apparition incertaine de masques prêts à disparaître.

La représentation fut un peu houleuse mais le ballet enchanta les surréalistes qui firent publier dans *Paris-Journal* du 20 juin 1924 une lettre manifeste intitulée « Hommage à Picasso » où l'on pouvait lire que celui-ci

110

n'avait « jamais cessé de créer l'inquiétude moderne » et apparaissait, avec les décors de *Mercure,* comme « la personnification éternelle de la jeunesse et le maître incontestable de la situation ». Le chapitre suivant va nous montrer que Picasso était en effet entièrement maître de la situation sous toutes ses formes, y compris celle qui avait été créée par Breton lorsqu'il publia en 1924 le *Manifeste du surréalisme.*

110. « Mercure » : Les Trois Grâces avec Cerbère (construction sur la scène). *Ph. éditions Cercle d'Art.* – 111. Rideau de « Mercure ». 1924. *Détrempe. 4 m × 5,10 m. Paris, Musée national d'Art moderne, Centre Georges Pompidou. Ph. Musées nationaux.*

NOTES

1. Sur Jean Cocteau, ses rapports avec Picasso, Picasso et le théâtre, voir : Jean Cocteau : *Le Rappel à l'ordre*, Stock, 1926. André Fermigier : *Jean Cocteau: Entre Picasso et Radiguet*, collection « Miroirs de l'Art », Hermann, 1967. Douglas Cooper : *Picasso et le théâtre*, Éditions Cercle d'Art, 1967.
2. Jean Cocteau : « Igor Stravinsky et le ballet russe ». Fragments repris dans *Le Rappel à l'ordre*.
3. Sur *Parade*, voir Douglas Cooper, *op. cit.*, et Jean Cocteau : « Lettre à Paul Dermée ». *Nord-Sud*. 4-5 juin-juillet 1917.
4. Le programme de la première représentation de *Parade* était précédé de deux textes, l'un de Guillaume Apollinaire : *Parade et l'Esprit nouveau*, l'autre de Léon Bakst : *Chorégraphie et décors des nouveaux ballets russes*. C'est dans le texte d'Apollinaire que le mot sur-réalisme est employé pour la première fois.
5. Waldemar George : *Chroniques du jour*, juin 1929. L'auteur s'embrouille ici un peu avec les dates, le cycle des « Grandes Baigneuses » ne datant que de 1920.
6. Jean Cocteau : *Picasso*, Stock, 1923.
7. L'anecdote est rapportée dans Douglas Cooper, *op. cit.*
8. Ainsi dans le petit tableau peint à Biarritz en 1918 (Zervos, III, 237).
9. Picasso, qui n'avait jusque-là exécuté que des eaux-fortes, s'est mis à la lithographie au lendemain de la guerre. Voir Geiser, *op. cit.*, et la charmante série des « Baigneuses » de 1921.
10. On a pensé à Michel-Ange à propos des pastels et des dessins de mains exécutés à cette époque.
11. On peut penser aussi à des influences rustiques, de scènes de moisson que Picasso a pu observer et qu'il a représentées à Saint-Raphaël pendant l'été de 1919. Voir les dessins reproduits dans Zervos (III, 376 et 368-370) et la magnifique gouache de *La Sieste* (Zervos, III, 371) commentée dans Richardson *op. cit.* Voir aussi le dessin des *Paysans*, également de 1919, reproduit dans Barr, *op. cit.* p. 107.
12. Picasso a fait plusieurs dessins en 1919 d'après une toile de Renoir, *Le Ménage Sisley*. Un détail (peint par Picasso lui-même) du décor de *Cuadro flamenco* est également une allusion à *La Loge* de Renoir.
13. L'opposition Cézanne-Renoir est un des thèmes favoris de la critique de l'époque : ils représentent les deux directions opposées dans lesquelles peut s'engager la nouvelle peinture. Voir dans le numéro 2

(février 1921) de *L'Amour de l'Art* consacré à Renoir, l'article de Waldemar George (« Renoir et Cézanne ») et celui de Joachim Gasquet (« Le Paradis de Renoir »). Ce dernier écrit : « On médite Cézanne, on le copie, on le commente. On lui doit le souci de l'ordre, de la construction, de la composition. On l'appelle maître parce qu'il est le maître de quelques-uns. Renoir est le maître de tous. On le broie chaque jour sur toutes les palettes. » Le problème : Cézanne ou Renoir est aussi un problème : Picasso ou Matisse, comme le dit Wilhelm Uhde dans : *Picasso et la tradition française*, Éditions des Quatre Chemins, 1928.

14. *L'Amour de l'Art*, n° 3, 1920.
15. *L'Amour de l'Art*, n° 7, 1920.
16. André Salmon : *L'Art vivant*, Crès, 1920.
17. *L'Esprit nouveau*, n° 4.
18. André Gide : *Réflexions sur l'Allemagne*, N.R.F., juin 1919 (c'est le premier numéro de la revue après l'interruption de la guerre).
19. Conférence prononcée à Bruxelles le 18 décembre 1919 et reproduite dans *Action*, n° 2, mars 1920.
20. Jean Cocteau : *Le Coq et l'Arlequin*, 1918.
21. Jean Cocteau : *Plain-Chant*, 1922.
22. *L'Esprit nouveau*, n° 1, octobre 1920.
23. *L'Art d'aujourd'hui*, printemps 1924.
24. *L'Amour de l'Art*, n° 7, juillet 1921.
25. Wilhelm Uhde, *op. cit.* Rappelons pour éclairer ce passage que la verticalité est en général considérée comme un caractère de l'architecture gothique, alors que l'art classique est horizontal. La « verticalité » de Picasso n'est pas évidente, si l'on pense en particulier aux natures mortes de 1923-1925, mais il est exact que les toiles verticales sont souvent les plus complexes, les plus agitées. Ainsi pour la période cubiste, certaines natures mortes (les « Guéridons »), *La Danse* et les figures des années 30.
26. Peut-être parce que Kahnweiler et Uhde, qui furent les premiers défenseurs du cubisme, étaient allemands. Et aussi à cause du caractère raisonneur et de l'aride philosophie qui caractérisent souvent la prose des panégyristes du mouvement.
27. Le *Portrait de Uhde* par Picasso (aujourd'hui dans la collection Penrose) ne dépassa pas 1 650 francs, *La Joueuse de mandoline* de 1910 atteignit 18 000 francs mais *Le Violon* de Braque (aujourd'hui au Musée de Bâle) se vendit 3 200 francs et l'on put acquérir des Braque et des Gris fort honorables pour quelques centaines de francs (chiffres cités dans *L'Amour de l'Art*). A titre de comparaison, signalons qu'à la vente Haviland de 1922 les *Jockeys avant*

la course de Degas furent vendus 100 000 francs et *La Toilette* de Puvis de Chavannes 213 600 francs. La défaveur dont fut l'objet le cubisme fut d'ailleurs de courte durée, l'Exposition des Arts décoratifs de 1925 ayant révélé l'étendue de son influence en France et hors de France, influence surtout sensible, il est vrai, dans le domaine ornemental (et dans celui de l'architecture). Voir Léon Werth, *La Peinture et la Mode*, Grasset, 1945.

28. Ces lignes sont extraites d'un article fort intéressant de Blaise Cendrars publié dans *La Rose rouge* (15 mai 1919) et intitulé : « Pourquoi le cube s'effrite? ». Cendrars condamne le cubisme qui s'est égaré dans de « longues recherches théoriques » dont la jeunesse ne veut plus et qui souvent n'aboutissent qu'à de faciles arrangements décoratifs. « Le cubisme qui devait rénover la peinture n'est jamais sorti des limites du goût. » Ce dernier reproche s'adresse en particulier à Braque (voir note suivante) et Cendrars, qui est très lié avec Léger, avec Robert et Sonia Delaunay, réclame un art plus vigoureux et plus simple, fondé sur le retour au réel et à la couleur. « La jeunesse d'aujourd'hui met justement à l'honneur le point omis dans l'expérience cubiste : le sens de la profondeur. La jeunesse d'aujourd'hui a le sens de la réalité. Elle a horreur du vide, de la destruction, elle ne raisonne pas le vertige *(sic)*. Elle veut construire. Or, on ne construit que dans les profondeurs. Et c'est la couleur qui est l'équilibre. » Picasso est le seul peintre cubiste qui trouve grâce aux yeux de Cendrars.

29. *La Rose rouge*, nº 8. Cendrars qui rend compte d'une exposition Braque déclare que « chaque toile » de celui-ci « est à la fois un discours, un panégyrique et une oraison ».

30. Picasso : « Déclaration à Marius de Zayas », 1923. Donnée en espagnol, cette déclaration fut publiée en anglais (avec l'approbation de Picasso) dans *The Arts*, New York, 19 mai 1923. La version française se trouve dans : Florent Fels, *Propos d'artistes*, La Renaissance du Livre, 1925. Elle est reprise dans Edward F. Fry, *op. cit.*

31. Fragment d'une lettre à Michel Leiris (28 janvier 1923) reproduit dans Douglas Cooper, *op. cit.*

32. C'est le titre donné par Cocteau à un tableau de 1923 représentant un danseur au repos (Coll. James Thrall Soby, New York).

33. Gertrude Stein, *op. cit.*

34. Voir par exemple Zervos, IV, 418 et 440. Picasso a également exécuté après 1920 quelques natures mortes verticales de grandes dimensions, très colorées, où l'imbrication des plans est particulièrement complexe. Ainsi dans *Le Coq et le Chien* de 1921, la *Nature*

> *morte aux poissons* de 1922 (Z., IV, 448) et la *Cage d'oiseaux* de 1923 (Z., V, 84). Ces natures mortes sont très cubistes d'aspect mais contiennent quelques détails réalistes fortement soulignés (les poils du chien dans la première) et sont beaucoup moins majestueuses et équilibrées que celles que nous commentons.

35. Barr, *op. cit.*
36. Ainsi dans la *Nature morte à la tête de mouton.*
37. Cité par Boris Kochno et M. Luz : *Le Ballet*, Hachette, 1954.
38. Voir sur ce point comme pour les décors de *Mercure*, Douglas Cooper, *op. cit.* Celui-ci parle d'un incident provoqué par les surréalistes. Cet incident semble bien avoir eu lieu en 1926, à l'occasion de la première de *Roméo et Juliette*, ballet monté par Diaghilew dans des décors de Miró et Ernst, le but de « ces entreprises étant de domestiquer au profit de l'aristocratie internationale les rêves et les révoltes de la famine physique et intellectuelle » (voir Marcel Jean : *Histoire de la peinture surréaliste*, Éditions du Seuil, 1959, p. 156).

IV
Le Minotaure

Au printemps de 1925, Picasso séjourne à Monte-Carlo, où la troupe de l'Opéra présente une série de ballets. Il se mêle encore une fois au monde de la danse, assiste aux répétitions, exécute quelques dessins d'apparence très classique mais d'un trait si rapide et expressif qu'il n'est plus seulement d'intention décorative. Dans le *Groupe de danseurs* conservé aujourd'hui au Musée d'art moderne de New York, l'enchevêtrement, l'équilibre instable des corps évoquent plutôt la panique de Laocoon que l'ivresse mesurée de la danse et l'artiste a pris les plus grandes libertés avec les apparences en allongeant démesurément la jambe gauche du danseur qui paraît écartelé entre ses compagnes [1]*. Gymnastique encore de tout repos si on la compare à celle qui est infligée aux personnages de *La Danse,* toile généralement considérée par la critique comme une «œuvre charnière» dans la mesure où elle marque une des plus importantes de ces imprévisibles et provocantes ruptures de style qui jalonnent la carrière de l'artiste. Désormais, Picasso ne sera plus classique que dans le dessin et la gravure, et *La Danse* nous introduit dans un monde psychologiquement bien différent, et jusqu'à l'apostasie, de celui des maternités et des natures mortes de 1919-1925.

La Danse est une œuvre très riche, très contrastée, dont l'interprétation est aussi complexe que celle des *Demoiselles d'Avignon,* qu'elle rappelle d'ailleurs par une sorte d'air de famille dans sa verticalité agressive,

---

* *Voir notes p. 247.*

sa violence de coloris, sa volontaire incohérence de style, son apparence énigmatique et barbare [2]. Selon le peintre lui-même, il s'agirait d'un hommage funèbre et la toile devait s'intituler : « La Mort de Ramon Pichot », le profil noir de droite évoquant un de ses amis, le peintre espagnol Pichot, qui était mort le 1er mars 1925. On pourrait certes imaginer un hommage plus recueilli mais, puisque Picasso le dit il faut le croire, et attribuer à l'angoisse, au thème du « mort et du vif » l'exaltation qui anime les personnages, leur apparence de spectre, l'intrusion du noir dans l'ensemble des rouges et du bleu intense qui se découpe à travers la fenêtre. A droite la composition est relativement stable et le corps de la danseuse est analysé en plans analogues à ceux du cubisme synthétique. L'élongation du personnage central, l'œil placé verticalement sur le visage, nous montrent que nous sommes aussi au niveau de la caricature, que Picasso brûle ce qu'il a adoré, ridiculise les poses emphatiques et compliquées du ballet classique. Les bras étirés suggèrent même une sorte de crucifixion burlesque. Mais à droite nous sommes au niveau de la folie, de la monstruosité pure : doigts comme des clous, torse crevé, sein vu sous trois angles, chacun d'entre eux grotesque, corps déchiqueté, parcouru de dentelures et de stries dont la texture rappelle celle des papiers collés. Le visage surtout est terrifiant : surmonté de crins, il se décompose en deux profils qui butent l'un contre l'autre, aux yeux enténébrés, à la bouche béante et plus férocement dentée que celle de Mr. Hyde ou d'une figure Bakota. Comme dans *Les Demoiselles d'Avignon,* le contraste entre les deux parties du tableau résume l'évolution qui conduit Picasso, en ces premiers mois de 1925, de la stabilité monumentale de l'art classique au style convulsif des années qui vont suivre. Ajoutons encore que Picasso a repris ici un des thèmes de sa dernière période cubiste : celui de la fenêtre devant laquelle se déploient la composition ou la nature morte. Mais alors que les fenêtres de 1919 sont un moyen de réintroduire l'espace, d'assouplir, d'aérer la géométrie un peu asphyxiante des tableaux cubistes, celle de 1925 est brutalement fermée par une grosse poignée noire et contribue à écraser les personnages sur la surface de la toile. Picasso a repris ici tous les procédés du cubisme le plus rigoureux : transparence et inter-

112. Groupe de danseurs. 1925. *Encre de Chine. 35 × 25. New York, The Museum of Modern Art. Ph. du musée.* — 113. La Danse. 1925. *Huile. 215 × 142. Londres, Tate Gallery. Ph. Giraudon.*

prétation des plans, raccourcis, ruptures de perspective, décomposition arbitraire des formes. Mais sans aucune intention plastique et réaliste : il ne s'agit plus de voir mieux, mais d'éprouver davantage. L'équilibre silencieux de jadis est devenu danse de possession, transe névrotique ; le tableau n'est plus un fait plastique, mais un constat psychologique dressé par un aliéniste à la fois éberlué et irrésistiblement attiré par les exploits de ses malades.

Qui est le malade et quelle est l'origine de la maladie ? Olga, dont les humeurs tracassières et l'autoritarisme familial commencent à exaspérer Picasso ? Breton, pour qui la beauté ne peut être que « convulsive » et qui, dans l'essai sur *Le Surréalisme et la Peinture*, publié en 1920, va, au nom du « primitivisme intégral », convertir de force Picasso au surréalisme ? L'époque, qui voit tourner au vinaigre le bel optimisme des années 20 ? Nous y reviendrons. Nous savons en effet que l'œuvre de Picasso est, comme l'a dit Kahnweiler, « passionnément autobiographique », et Georges Charensol remarquera justement en 1932 que, si Picasso a été classique au lendemain de la guerre, le retour à l'ordre étant dans le ton de l'époque, « on peut supposer de même que la crise aiguë que traverse le monde est à l'origine des audacieuses recherches dont il nous donne actuellement le spectacle [3] ». Toujours est-il que dès 1925 l'humeur a changé, et alors même qu'elle s'applique à des sujets qui ne provoquent en général que des réactions paisibles et attendries. Ainsi dans *L'Atelier de la modiste*, dont le thème relève d'un intimisme à la Vuillard et que Picasso a transformé en une veillée funèbre du plus singulier effet. Il est vrai qu'il s'agit d'une scène que l'artiste a observée d'assez loin (de la fenêtre de son atelier), que nous sommes dans une mansarde et à la tombée du jour. Mais quelle étrange atmosphère! Tandis qu'à gauche on coud gentiment, au centre les modistes se dressent derrière une table comme des déesses nocturnes, dont les yeux vides, les profils affrontés rendent le visage insaisissable et à droite apparaît un personnage vu lui aussi de face et de profil dont le bras traverse la porte et dont la silhouette de messager funèbre n'appartient évidemment pas au folklore plutôt bruyant de la couture parisienne. Tout est noir, blanc et gris; les ombres et les corps se confondent, prennent la place les uns des autres, les formes coulent, s'évanouissent, réapparaissent, sont emportées dans un rythme de volutes, de fumées qui se croisent et se contrarient. Triomphe de la courbe, de l'inextricable, du moment où la vie devient songe, où le noir et le blanc s'opposent

114. L'Atelier de la modiste. 1926. *Huile. 172 × 256. Paris, Musée national d'Art moderne, Centre Georges Pompidou (don de l'artiste, 1947). Ph. Musées nationaux.*

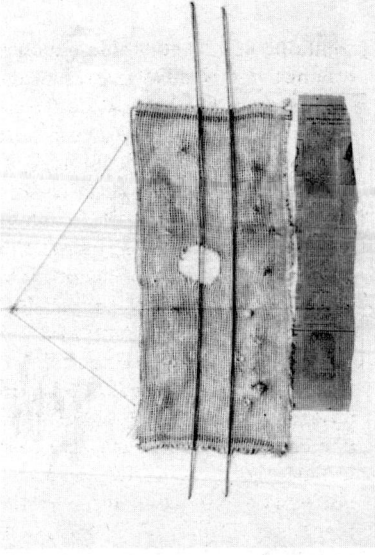

avec une exceptionnelle puissance dramatique, ce tableau n'est pourtant pas un de ceux qui semblent avoir soulevé le plus d'enthousiasme, et l'on peut en particulier s'étonner que les surréalistes n'aient pas fait un sort à une œuvre qui exprime avec tant d'autorité et de façon si angoissante le fantastique d'un spectacle quotidien. C'est sans doute que les surréalistes n'aimaient pas les modistes et qu'il fallait d'autres chiffons pour leur plaire.

La *Guitare* de 1926 semble sur ce point les avoir comblés : une vieille toile de sac percée de clous dont la pointe est tournée vers l'extérieur, un collage fait d'une découpure de journal, deux vraies cordes de guitare. L'intention de l'œuvre est si agressive que Picasso voulait l'entourer de morceaux de verre brisés afin que

115. Guitare. 1926. *Tissu, papier, ficelles, serpillière, clous et huile sur toile. 130 × 97. Paris, Musée Picasso. Ph. H. Mardyks.*

s'entaille les doigts celui qui aurait eu l'intention de la toucher. La *Guitare* relève à la fois de la technique du collage cubiste et de ce qu'on appellera plus tard « l'art de l'assemblage », fondé sur l'emploi de matériaux de rebut destinés à scandaliser, à perturber, à dérouter la perception de la réalité et le fonctionnement normal de l'imagination. Picasso exécutera encore quelques collages et assemblages en 1926 mais il se lassera vite d'un procédé qui devint rapidement un petit jeu de société assez superficiel. « Il arriva, écrit Aragon, que Picasso fit une chose très grave. Il prit une chemise sale et il la fixa sur une toile avec du fil et une aiguille. Et comme avec lui tout tourne en guitare, ce fut une guitare par exemple. Il fit un collage avec des clous qui sortaient du tableau. Il y eut une crise, il y a deux ans, une véritable crise de collages : je l'ai entendu alors se plaindre, parce que tous les gens qui venaient le voir et qui le voyaient animer de vieux bouts de tulle et de carton, des ficelles et de la tôle ondulée, des chiffons ramassés dans la poubelle, croyaient bien faire en lui apportant des coupons d'étoffes magnifiques pour en faire des tableaux. Il n'en voulait pas, il voulait les vrais déchets de la vie humaine, quelque chose de pauvre, de sali, de méprisé [4]. »

Picasso s'est toujours intéressé aux « déchets de la vie humaine » mais ce n'est pas pour les raisons sentimentales que lui prête Aragon et encore moins parce que le collage permettait, comme le suppose encore Aragon, de réaliser une peinture désacralisée, démocratique, une peinture « pauvre », qui ne vaudrait rien et pourrait être faite par tous. Ou d'arriver à ce « non peint » dont Aragon parlera dans un essai plus tardif [5]. Le déchet flatte certainement chez Picasso l'horreur du luxe « qu'il professe comme un culte », pour reprendre une expression de Cocteau; mais Picasso ne cesse jamais d'être peintre (ou sculpteur) et le déchet ne l'intéresse que dans la mesure où il lui suggère des associations, des solutions plastiques inattendues, où il lui permet d'aller plus vite, de jouer avec la réalité au lieu de peiner à la reproduire. Aragon lui-même l'a remarqué : « Picasso introduisait

116

tout d'abord dans un tableau pour imiter le cannelage d'une chaise, un papier qu'il couvrait de peinture, là où était représenté le bois de la chaise. Il trouvait inutile d'imiter laborieusement ce qui était déjà tout imité; puis d'imiter un objet, si on pouvait mettre l'objet lui-même. Et aussi il lui plaisait de fixer un bout de vieux journal, d'y ajouter quelques traits de fusain, et que cela soit ça, le tableau [6]. » Plaisir d'iconoclaste, qui s'en prend à la belle peinture. Mais là n'est pas l'essentiel. Le ventre de *La Chèvre* de Vallauris (1958) est fait d'un vieux panier : lorsque la sculpture est achevée, coulée dans le bronze, on ne voit plus le panier.

Picasso se préoccupe d'ailleurs si peu à cette époque de « collages » qu'il lui arrive d'exécuter des œuvres dont

l'apparence est, à première vue, celle d'un papier collé cubiste, mais qui ne comportent ni colle ni débris ni vieux journal ni élément rapporté sur la toile. Ainsi dans ces *Figures* de 1928, où un dessin très libre circule à la surface de plans géométriques destinés à suggérer le volume. Les surréalistes ont cependant pu légitimement revendiquer de telles œuvres, dont le schématisme n'est pas seulement d'intention plastique mais plutôt biologique, organique, pourrait-on dire; il évoque l'être humain

116. Figure. 1927-1928. *Huile. 55 × 33. Ancienne collection J.J. Sweeney. Ph. John R. Freeman.* – 117. Femme endormie dans un fauteuil. 1927. *Huile. 92 × 73. Héritière de l'artiste. Ph. D. Daniel.*

dans ce qu'il a de plus instinctif et primaire comme une sorte de molécule informe et obscène réduite aux orifices d'absorption et d'agression. L'affreuse *Tête* de 1926 avec son cou gélatineux, ses cheveux comme des piquants d'animal, son visage de mollusque où l'œil, les narines

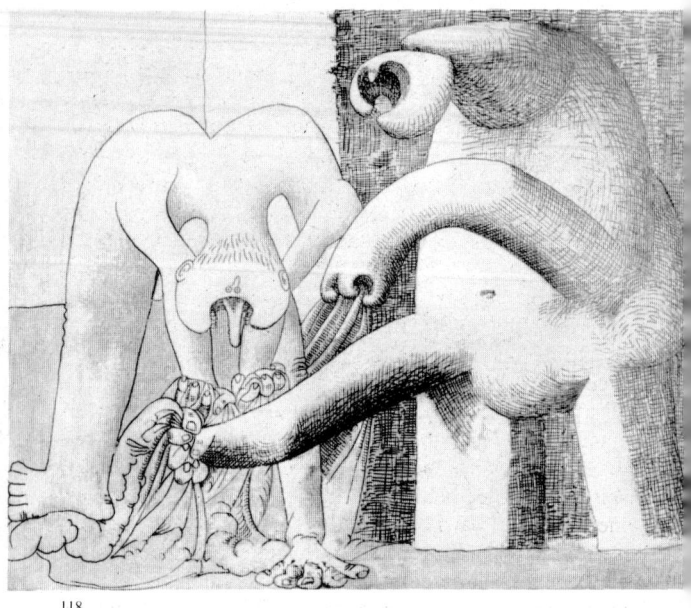

et les yeux sont dispersés arbitrairement n'aurait pas non plus sans doute été peinte si Picasso n'était entré à ce moment-là en contact avec le surréalisme, avec Breton et surtout avec Miró.

Vers 1925 en effet, Picasso, comme l'a écrit Breton,

---

118. Deux Femmes nues sur la plage. 1937. *Encre de Chine et gouache sur bois. 22 × 27. Paris, Musée Picasso. Ph. H. Mardyks.*

« s'est de lui-même tourné vers le surréalisme et, autant qu'il se pouvait, porté à sa rencontre. En témoignent une partie de sa production de 1923-1924, nombre d'œuvres de 1928 à 1930, les constructions métalliques de 1933, les poèmes semi-automatiques de 1935 et jusqu'au *Désir attrapé par la queue* de 1943 [7]. » On pourrait aussi penser à certaines œuvres de 1937, comme ces *Deux Femmes nues sur la plage* qui dépassent en horreur et en sexualité monstrueuse tout ce que le surréalisme a inventé. On pourrait aussi évoquer certains assemblages de 1934, la *Construction au gant* de 1930 et cette *Composition au papillon* (1934) que Breton a commentée dans un texte célèbre. Quant à Picasso lui-même, il reconnaît « avoir été influencé par le surréalisme, surtout dans ses dessins » mais « seulement en 1933, époque à laquelle il commence à souffrir des difficultés conjugales qui devaient bientôt aboutir à une séparation d'avec sa femme [8] ». Le rapprochement entre le surréalisme et « les difficultés conjugales » est assez curieux, mais il est certain que les dessins de 1933 sont très proches de Dali et que leur illogisme appliqué et cruel emprunte ses éléments au répertoire du surréalisme le plus orthodoxe. Exécutés à Cannes pendant une des périodes les moins inspirées de la carrière de l'artiste, ils ne comptent certainement pas parmi ses chefs-d'œuvre et si Picasso a peut-être été le plus grand des peintres surréalistes, ce n'est pas au niveau de ces constructions et de ces dessins, œuvres très menues et presque scolaires, que l'on peut s'en rendre compte [9].

Picasso « s'est de lui-même tourné vers le surréalisme », dit Breton. Oui et non. Oui, dans la mesure où l'influence n'a pas été subie et correspond à la découverte par le peintre de sources d'inspiration, de thèmes nouveaux et rigoureusement personnels. Non, parce que les surréalistes ont fait beaucoup plus de la moitié du chemin qui les séparait d'un homme dont la conversion provisoire à l'ordre classique les avait d'abord irrités comme une trahison. « La lutte est trop inégale, écrit Breton à Tristan Tzara. Je vois plusieurs manières de succomber : 1° la mort (Lautréamont, Jacques Vaché); 2° le gâtisme involontaire : il arrive qu'on se prend au sérieux (Barrès, Gide, Picasso) [10]. » On voit que les choses avaient assez mal commencé, d'autant plus que le cubisme (et surtout le néo-cubisme de 1920) ne pouvait guère intéresser les dadaïstes et les amis de Breton. Ce dernier ne voyait en lui qu'une recherche formelle sans portée, une « géométrie jalouse », et ne pouvait qu'être exaspéré par les « constructeurs » de l'époque, le « scandale continu du cézannisme, du néo-académisme ou du machinisme [11] ». Le cubisme est devenu une religion comme une autre, un culte dont Picabia exécute les officiants en termes fort peu aimables dans le numéro 4 de *Littérature* (1922) : « Georges Braque est le bedeau de la cathédrale, Picasso en est le bénitier; Rosenberg l'hostie, Kahnweiler le tronc pour les pauvres. » Les papiers collés cependant intéressaient, nous l'avons vu, et si l'on condamnait l'esthétique cubiste, « on approuvait son refus de la réalité en faveur d'une réalité supérieure [12] ». Certains tableaux même, *L'Homme à la clarinette* de 1912, « grand échafaudage d'une élégance fabuleuse », *La Femme en chemise* de 1914 firent comprendre à Breton que « le cubisme ne fut pas seulement cette géométrie jalouse. Il y passe assez tôt des élans lyriques qui en brisent la rigueur. Mainte inscription ultra-subjective (« J'aime Éva », etc.), mainte façon de composer avec la valeur poétique (témoin le sort fait au papier mural, à la chanson des rues), maint acte de pure bravoure est là pour témoigner que, selon une conception psychologique

---

119 et 119 *bis* (détail). Construction au gant. 1930. *Bois, toile et sable sur revers de châssis, avec gant, carton et végétaux collés et cousus. 27 × 35,5 × 8. Paris, Musée Picasso. Ph. H. Mardyks.*

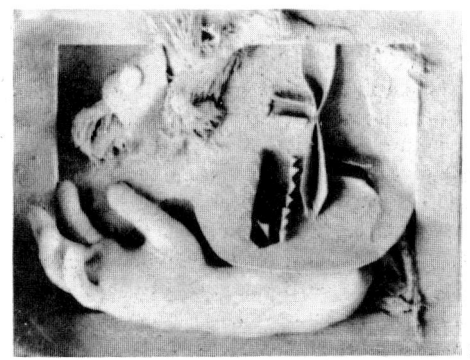

119

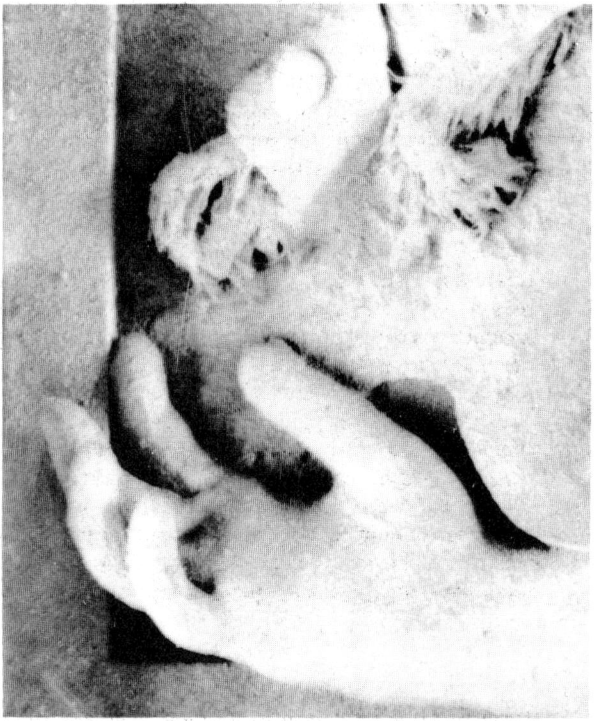

119 *bis*

moderne, la forme primitive d'un tout quelconque est un sentiment [13] ». Longtemps après avoir écrit ces lignes, Breton dira encore : « L'attitude du surréalisme envers Picasso a toujours été, sur le plan artistique, de grande déférence et maintes fois ses nouvelles propositions et découvertes ont ravivé l'attention qui nous portait vers lui. Ce qui l'a excepté pour nous de la catégorie des peintres dits « cubistes » qui ne nous intéressaient guère, c'est le *lyrisme* qui de très bonne heure lui a fait prendre de grandes libertés avec les données strictes que lui-même et ses camarades d'alors s'étaient imposées. Le secret en tient à ce que les principes d'un nouveau mode de représentation une fois établis, il a été le seul à les transcender, sa complexion le dissuadant de les tenir à l'abri des violentes pulsions passionnelles que pouvait connaître sa vie. Très vite chez lui la rigide charpente du cubisme est apparue secouée de grands vents et hantée. A ce seul titre le suffrage des poètes lui eût été, lui restera acquis [14]. »

A qui d'ailleurs, sinon à Picasso, pouvait s'adresser, en 1925, le « suffrage des poètes »? Comprenant que les provocations dadaïstes avaient fait long feu et qu'une révolte plus positive était nécessaire dans le climat artistique si conservateur de l'après-guerre, Breton cherchait à illustrer par des noms glorieux le surréalisme naissant, à lui trouver, sinon un porte-drapeau, du moins de grands ancêtres et des divinités tutélaires. Le choix n'était pas très grand. Gide s'était dérobé, Valéry entrait à l'Académie. Parmi les peintres, Max Ernst et Tanguy étaient trop jeunes, Picabia difficile à prendre au sérieux, Duchamp infiniment lointain. Les révolutionnaires d'avant 14 semblaient avoir perdu toute audace. Braque est devenu un « grand réfugié », écrit Breton dans *Le Surréalisme et la Peinture*. Quant aux Fauves, à Matisse et à Derain, « ils ne font plus qu'exécuter derrière les barreaux du temps des tours dérisoires et de leurs derniers bonds, si peu à craindre, le moindre marchand ou dompteur se garde avec une chaise ». Giorgio de Chirico aurait pu prendre la place de ces « vieux lions décourageants et découragés »; il a été pendant quelque temps le grand espoir de Breton, alors qu'il « prenait figure de sentinelle sur la route à perte de vue des Qui-vive », mais l'heure de la trahison, de la « déchéance », est venue : Chirico est maintenant « perdu parmi les assiégeants de cette ville qu'il a construite et qu'il a faite imprenable ». Il ne restait que Picasso. Malgré le cubisme et « l'affaire des Grandes Baigneuses », Breton n'oubliait pas qu'il avait peint *Les Demoiselles d'Avignon,* qu'il fit acheter au couturier Jacques Doucet dont il était alors le conseiller artistique. Les représentations de *Mercure,* l'exposition des grandes natures mortes poétiques chez Paul Rosenberg achevèrent de le persuader que Picasso continuait à traquer la « bête réactionnaire » et « qu'il tenait à une défaillance de volonté de cet homme que la partie qui nous occupe fût tout au moins remise, sinon perdue [15] ». D'où l'interprétation fantastique de l'œuvre de Picasso que contient *Le Surréalisme et la Peinture,* interprétation qui n'est d'ailleurs pas la première en date puisque le *Picasso* de Cocteau, publié en 1923, nous présente aussi un peintre « hanté » et Blaise Cendrars avait déjà écrit dans *La Rose rouge* qu'il n'y avait dans la peinture de Picasso « ni étude ni copie de la réalité, mais absorption, contemplation, magnétisme, intuition... exorcisme religieux qui dégage la réalité latente (spirituelle) du monde[16] ». Quant à Uhde, il voyait en Picasso un « parent », un « frère » de Klee, la principale différence entre les deux peintres étant que Klee n'avait pas eu « la chance d'avoir pour éducatrice la tradition française » et était demeuré un peu enténébré de germanisme primaire[17].

Picasso, de son côté, fit bon accueil à Breton et comprit très vite, si nous en croyons Roland Penrose, que « de toute la production picturale depuis 1920, celle des peintres surréalistes était la plus intéressante [18] ». Il se mêle aux activités du groupe, dont les diableries verbales ne lui déplaisaient sans doute pas, participe aux premières expositions surréalistes (celle en particulier qui fut présentée chez Pierre Loeb en 1925), lui qui depuis longtemps n'acceptait pas d'accrocher ses tableaux parmi ceux d'autres peintres. Faut-il parler d'influences [19] ? Il est certain que l'on voit apparaître dans son œuvre, à partir de 1926, des motifs et des thèmes dont on trouve l'équivalent chez les peintres surréalistes : formes confuses, « humanoïdes » ou amibiennes, si fluides qu'elles se prêtent à l'équivoque et à la métamorphose, exploration du monde organique, confusion entre l'animé et l'inanimé, etc. On a pensé aux « nombrils » de Arp, aux dessins automatiques de Masson, aux ossements de Tanguy (mais ils sont plus tardifs), au Max Ernst des *Colombes* et d'*Une Nuit d'amour*. Tous ces rapprochements ne sont pas très convaincants et il n'y a guère que Miró dont on puisse « avancer », avec André Breton, que « son influence sur Picasso a été déterminante ». Picasso connaissait fort bien Miró, qui était venu le voir dès son arrivée à Paris en mars 1918, et il n'est pas interdit de supposer qu'il a regardé avec beaucoup d'attention des toiles comme la *Tête de fumeur* de 1925, la *Main attrapant un oiseau* de 1926 et l'ensemble des paysages et des figures peints à Montroig pendant l'été de la même année. Les plages de Picasso ne sont pas très loin de celles de Miró, et nous retrouvons souvent dans son œuvre des années 1925-1932 le schématisme et les exagérations anatomiques de *Personnage jetant une pierre à un oiseau,* l'œil unique et la bouche animale de la *Danseuse espagnole* de 1921. Mais l'influence n'a pas été à sens unique et l'on n'en finirait pas de faire le compte de ce que Miró doit à Picasso [20].

D'ailleurs, même s'il nous arrive d'y revenir en passant et par acquit de conscience, nous voudrions en finir avec ce problème des influences qui est un des plus déprimants de l'histoire de l'art, surtout lorsque la manière dont il est posé n'est pas dépourvue d'arrière-pensées malveillantes. Ce n'est pas en effet pour grandir Picasso que l'on a insisté à plaisir sur les emprunts qu'il aurait faits au « lexique du voisin ». A s'en tenir aux faits, on s'aperçoit qu'il a donné à ses contemporains beaucoup plus qu'il ne leur a pris, qu'il n'est pas responsable du piètre usage qui a presque toujours été fait de ces dons, et que son attitude à l'égard des maîtres du passé ne diffère pas de celle de la plupart des grands peintres. Reproche-t-on à Delacroix d'avoir si souvent consulté Rubens ? « Picasso, écrit J.-E. Blanche, en 1932, avec ses jeux d'esprit qui nous auront tant passionnés sait qu'il tue le temps en essayant des combinaisons inconnues de « réussites » avec les cartes que tous les maîtres ont eues en main avant lui [21]. » Au moins la partie se joue à découvert et le jeu ne manque pas de grandeur puisqu'il s'agit d'un véritable inventaire de la culture, d'un diagnostic porté par un œil infaillible sur ce qui demeure en elle de vivant. Et la « combinaison » est si nouvelle, si inattendue que l'on pourrait appliquer à Picasso ces lignes que Vasari a écrites à propos de Michel-Ange : « C'était un homme d'une mémoire si fidèle et si profonde qu'après avoir vu une seule fois les œuvres d'autrui, il s'en souvenait à merveille et pouvait en tirer parti avec un tel art que presque personne ne s'en est jamais aperçu. » Sinon de façon abusive et à contresens.

Pour en revenir au surréalisme, nous dirions volontiers que Picasso lui est plus redevable en tant qu'homme qu'en tant que peintre. Certes, les « Figures » déjà citées de 1928, le doigt qui devient bouche de la *Femme assise* de 1932, l'*Anatomie* de 1933 peuvent figurer dans une

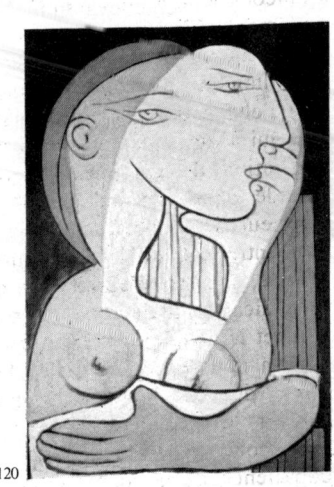

120

anthologie surréaliste. Mais là n'est pas l'essentiel. Le surréalisme, en diffusant les découvertes de la psychanalyse, a donné à Picasso le goût d'explorer le monde de la passion, de l'instinct, de l'érotisme élémentaire; il a réveillé en lui l'esprit de révolte, l'âpreté espagnole, a contribué à le délivrer définitivement de cette sentimentalité qui apparaissait périodiquement dans son œuvre depuis l'époque bleue. Le bilan est positif mais ne va pas au-delà : non seulement Picasso s'est soigneusement

120. Femme assise. 1932. *Huile sur bois. 74 × 52. New York, collection Lee A. Ault. Ph. Taylor & Dull.*

tenu à l'écart des querelles du groupe ; il n'a pas davantage sacrifié à l'imagerie, souvent bien sommaire dans son agressivité baroque, des peintres surréalistes. « La rencontre fortuite sur une table de dissection d'une machine à coudre et d'un parapluie » n'est pas du tout son fait et il n'a jamais été un « calqueur de rêves ». Le recours à l'inconscient, à l'imaginaire en tant que tel ne l'intéresse nullement. C'est toujours de la réalité qu'il part, à la réalité qu'il aboutit. Il a « renouvelé », « bouleversé », « révolutionné de fond en comble » la figuration « dans ce qu'elle pouvait avoir de caduc », écrit Breton, mais « ce qui a durablement fait obstacle à une plus complète unification de ses vues » et de celles des surréalistes « réside dans son indéfectible attachement au monde extérieur de l'« objet » et à la cécité que cette disposition entretient sur le plan onirique et imaginatif [22] ». En somme, Picasso n'aurait pas été jusqu'au terme de la revendication majeure du surréalisme telle que Georges Hugnet la définit en 1935 : « Il s'agit de faire sortir l'objet de son apparence comme de faire sortir l'homme de sa prison de peau humaine. Homme, mon frère, il faudra trouver le « Sésame ouvre-toi » qui ouvrira le monde d'un coup de hache devant les yeux ouverts par la conscience de la condition qui t'est faite [23]. »

Il est pourtant difficile d'imaginer coups de hache plus furieux que ceux assenés par Picasso depuis 1925 à l'intégrité des apparences. Le cubisme avait donné à Picasso l'habitude de voir les objets, les visages et les corps en transparence, de les ouvrir, d'en décomposer et explorer curieusement les éléments pour ne retenir que certains d'entre eux et les répartir de façon arbitraire. La période « surréaliste » marque bien un certain retour aux procédés, à la vision cubiste (bien que Picasso ne s'intéresse plus guère au problème de l'espace) mais

121

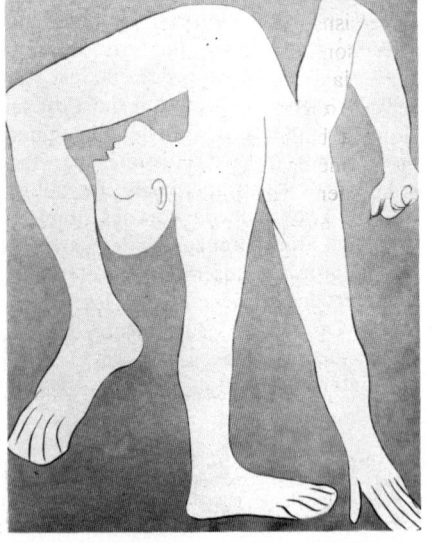

122

123

le cubisme était un art serein, psychologiquement neutre, impersonnel, alors que Picasso retrouve en 1926 la frénésie, la fureur presque barbare des *Demoiselles d'Avignon* et des œuvres nègres. Il délaisse le monde des objets, dont la bénignité se prête mal à d'aussi féroces agressions, même si ce n'est pas trop d'un cerne, d'un cloisonnement de vitrail pour contenir l'agitation des belles natures mortes de 1931 [24], et il va se consacrer pour de longues années à l'investigation de la figure humaine et surtout du visage féminin. C'est la partie la plus célèbre de son œuvre, celle aussi qui a fait le plus scandale, puisque Picasso s'en est pris à ce qui paraissait le plus sacré dans la peinture (et surtout dans la peinture française) : la beauté féminine, avec tant de haine et de déri-

---

121. Personnage. 1927. *Huile sur bois. 130 × 96. Paris, Musée Picasso. (Z.VII.137).* – 122. Acrobate. 1930. *Huile. 162 × 130. Paris, Musée Picasso. Ph. H. Mardyks.* – 123. Femme nue dans un fauteuil. 1929. *Huile. 194 × 129. Paris, Musée Picasso.*

124. Femme et miroir. 1929. *Huile. 73 × 60. (Z.VII.248).*

sion caricaturale qu'il faut bien admettre que nous touchons là au plus profond de sa personnalité instinctive et s'étonner que Breton ait pu écrire : « Ce serait faire fausse route que de supposer un instant que, chez Picasso, les variations extrêmes dans l'interprétation du visage de la femme témoignent d'une agitation spéciale en ce qui le concerne. La vérité est que la femme est ici considérée non comme sujet, mais comme objet, à la façon de la guitare ou de la sucette [25]. » La vérité est que jamais peintre n'a à ce point aimé, détesté, craint les femmes (ou une femme), n'a été à ce point obsédé par elles et n'a mis autant d'acharnement à les détruire. Comme dit Paul Éluard dans l'analyse graphologique du peintre recueillie en 1942 : « Il aime intensément et il tue ce qu'il aime [26]. »

Les toiles de 1927-1929 tantôt insistent sur le caractère énigmatique et menaçant du personnage féminin tantôt désarticulent les corps, accentuent leur caractère flasque, leur élasticité grotesque qui permet à l'artiste de disposer presque au hasard des signes ou des débris anatomiques à peine identifiables. La *Figure* de 1927, avec sa tête minuscule, son bras immense et informe, est une allusion féroce, presque obscène, au monde de la danse (jamais les personnages masculins ne seront à ce point maltraités, comme le montre l'*Acrobate* de 1930), tandis que le corps de mollusque, les hideux orifices, le bras de pieuvre du *Nu dans un fauteuil* montrent à quel point l'obsession sexuelle a contribué à détacher Picasso de la discipline formelle et réaliste qu'il s'était imposée pendant les années précédentes, à lui faire découvrir des moyens d'expression d'une liberté nouvelle et pratiquement illimitée. Mais l'arbitraire ne se situe chez Picasso qu'au niveau de la description et la fermeté, la rigueur de composition et l'architecture de ces tableaux leur donnent une dignité presque monumentale. Picasso n'a jamais fait de concession à l'automatisme surréaliste, la vision est toujours chez lui analytique et contrôlée et la sérénité du monde classique transparaît même dans ses créations les plus monstrueuses, comme dans cette *Figure* de 1929 dont la folle grimace devient dans le miroir un beau profil paisible, qui est peut-être le symbole de toutes les illusions que nous entretenons sur notre véritable nature et dont nous demandons à l'art de nous présenter la flatteuse image.

Mais Picasso n'est jamais si inquiétant que lorsque la déformation qu'il impose à l'apparence humaine ne dépasse pas les limites de ce qui est vraisemblable. Ainsi dans la *Femme assise* de la collection James Thrall Soby qui est peut-être le chef-d'œuvre de cette période, un des plus beaux masques en tout cas qu'ait jamais inventés un artiste européen. La pose est d'une stabilité rassurante, le corps à peine déformé malgré l'exhaussement de l'épaule gauche. Mais les doigts sont comme des clous (dans d'autres tableaux ils se transforment en clés de guitare) et la tête est décomposée en plusieurs éléments qui donnent au personnage l'apparence d'une sphinge où s'affrontent la nuit et le jour, où la partie consciente de l'être paraît fascinée par le monde des désirs et des peurs inavoués. Derrière le profil se dissimule un visage à l'œil ironique et cruel, tandis qu'à droite un autre œil est suspendu dans l'ombre comme pour nous dire que le thème du double n'épuise pas la complexité de l'être humain et qu'il y a toujours en lui un secret, une arrière-pensée de plus à craindre et à découvrir. Présenter un visage à la fois de face et de profil est un vieux procédé cubiste, presque un jeu d'enfant, dont Picasso avait fait un usage humoristique dans une toile comme *L'Italienne* de 1917, mais la stupidité méchante de cette Jocaste, de cette

125. Femme assise. 1927. *Huile sur bois. 130 × 97. Ancienne collection J.T. Soby. Ph. The Museum of Modern Art, New York.*

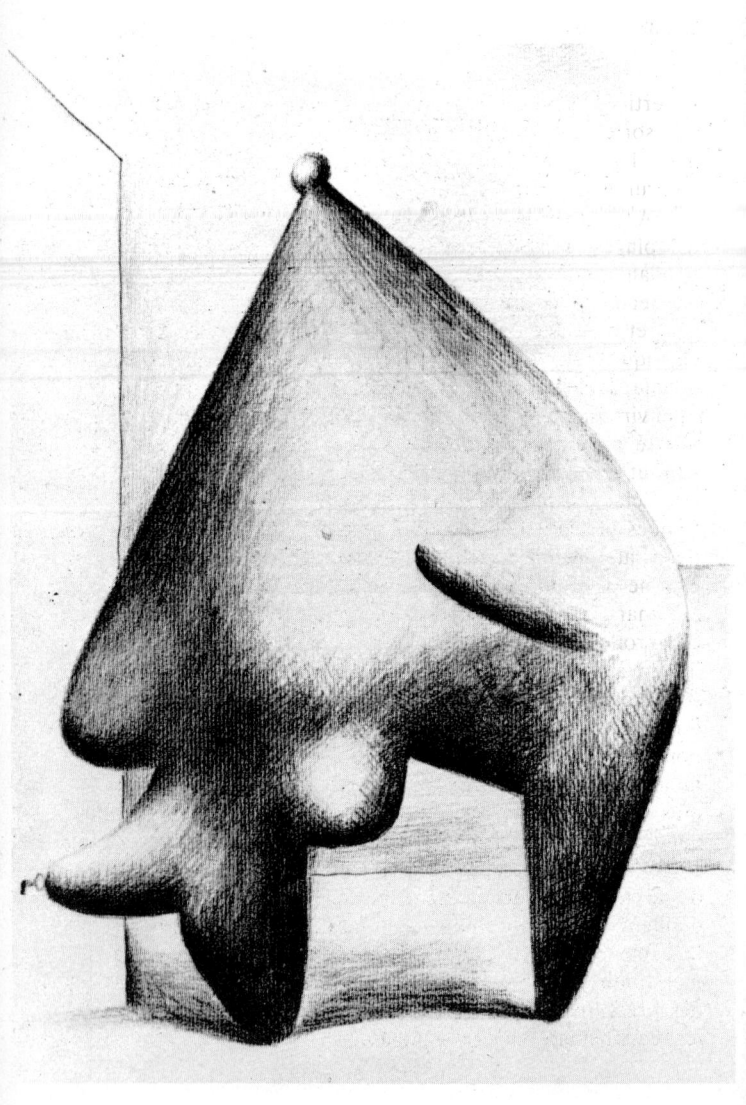

126. Figure. Cannes. 1927. *Fusain. Héritiers de l'artiste.* (Z.VII.98).

Albertine négroïde et revue par Freud, invente, résume une sorte de mythologie moderne qui plonge ses racines dans l'art primitif et s'enrichira plus tard de thèmes empruntés à la Grèce archaïque.

A côté de la mythologie, il y a le folklore et celui des plages, de la vie balnéaire ne cesse d'inspirer Picasso pendant toutes ces années même s'il observe les jeux et les occupations des baigneuses avec un œil moins indulgent et poétiquement attendri qu'au cours de la période classique. La plage était un décor d'idylle antique, alors qu'elle devient après 1925, nous dit Robert Rosenblum, « l'environnement matériel qui donne un maximum de liberté à l'espèce humaine [27] ». Sans doute mais elle est surtout le lieu où l'on peut constater que la monstruosité est l'état normal de l'être humain. Picasso dessine à Cannes pendant l'été de 1927 de grotesques figures féminines, aux membres gonflés et gourds, titubantes d'obésité comme des animaux préhistoriques, que nous retrouvons à Dinard en 1928 aplaties, désarticulées, transformées en girouettes, vêtues de ridicules maillots de bain, se livrant à des ébats frénétiques ou essayant, comme leurs sœurs cannoises, d'ouvrir la porte d'une cabine de bains dont la clé prend des allures aussi maléfiques que la poignée de la fenêtre de *La Danse*. La maigreur de certaines femmes n'inspire pas à Picasso des sentiments plus chaleureux comme nous pouvons le voir en regardant l'incroyable squelette de la *Baigneuse assise* de 1929, dont les ossements sont surmontés par une tête d'une rapacité parfaitement bestiale. Quelle différence d'ailleurs entre la femme et la bête? Les amoureux sur le sable se livrent à de monstrueux accouplements, la mer vomit des monstres et l'on voit apparaître à l'horizon des créatures plus menaçantes que celles inventées par les cauchemars des compagnons d'Ulysse et les plus meurtrières mythologies nautiques. Mais c'est d'un éclat de rire également homérique que l'on peut saluer la *Baigneuse* de 1932 qui galope après un ballon aussi plat et inaccessible qu'une lune cependant que, sans doute par comparaison, son corps se gonfle de rondeurs pneumatiques qu'agrémentent les triangles du maillot multicolore et une bouche semblable à une artère coupée.

L'intérêt de ces figures n'est pas seulement de constituer la plus importante iconographie fantastique, avec celle de Klee, de la peinture moderne. La manière dont Picasso analyse les volumes du corps humain, les gonfle et les réduit à des formes primaires montre qu'il

127. La Cabine de bain. Dinard. 1928. *Huile. (Z.VII.211).* – 128. Baigneuse. 1930. *Huile. 162 × 130. New York, The Museum of Modern Art. Ph. du musée.* – 129. La Baignade. 1937. *Huile, fusain et craie sur toile. Venise, collection Peggy Guggenheim. Ph. Attualita.* – 130. Baigneuse jouant au ballon. 1932. *Huile. 146 × 114,5. New York, The Museum of Modern Art (don partiel de Ronald S. Lauder). Ph. Giraudon.*

s'intéresse à nouveau à la sculpture qu'il avait à peu près délaissée depuis le *Verre d'absinthe* de 1914. Mais le jeu d'esprit, le paradoxe plastique font désormais place à des conceptions beaucoup plus ambitieuses, d'une originalité et d'une hardiesse sans équivalent dans la sculpture de l'époque. En dehors d'une petite figure exécutée à partir des dessins de baigneuses de 1927, Picasso pense alors en termes de sculpture monumentale et il dessine à Paris et à Dinard pendant l'été de 1928 des projets de monument dont l'idée, selon Zervos, lui serait venue à Cannes l'année précédente et qu'il aurait souhaité voir édifiés sur la Croisette [28]. Il s'agit de sortes de menhirs formés de galets et de blocs de pierre qui suggèrent des figures humaines analogues à celles que les guides touristiques invitent à découvrir à l'extrémité des falaises découpées par les vagues ou dans les éboulis de rochers. Troués, parfois déhanchés et d'un équilibre très précaire, ces mégalithes relèvent plutôt de l'humour balnéaire que d'un celtisme convaincu à la Henry Moore. Selon Christian Zervos, cette manière de perforer les masses permettrait au monument « de vivre avec l'espace au lieu d'entrer en antagonisme avec lui », elle replacerait « la matière dans l'ordre cosmique », donnerait à la sculpture un aspect plus mouvant encore que celui de l'architecture et créerait « un langage de repos et d'attente allant du dehors au dedans, de l'agitation au repos souverain ». Il est difficile d'en juger, dans la mesure où ces projets n'ont pas été réalisés et ce jeu de la forme avec l'espace n'apparaîtra guère que quelques années plus tard, dans les premières sculptures réalisées à Boisgeloup. Jusqu'à cette époque, Picasso pense plutôt en termes de masse, de pesanteur, comme le montrent les divers projets de monument qu'il élabore en 1929, sans davantage songer à leur réalisation.

131. Figures (projet de monument). Dinard, 1928. *Encre de Chine. 30 × 22. (Z.VII.203).*

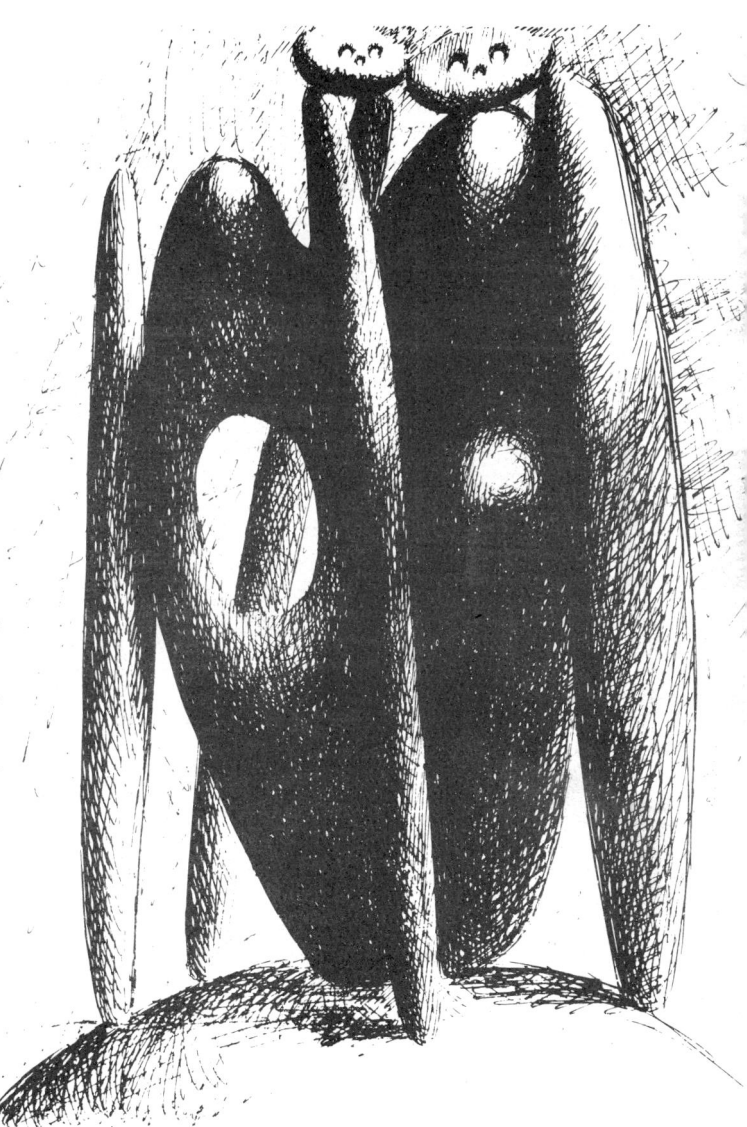

Deux thèmes nouveaux apparaissent entre 1927 et 1930, dont l'un continuera à inspirer Picasso pendant tout le reste de sa vie. La petite *Crucifixion* de 1930, sorte d'hommage à Grünewald, dont le souvenir réapparaît dans quelques dessins exécutés à Boisgeloup en 1932, est une œuvre unique et d'un caractère particulièrement énigmatique. L'artiste a rassemblé autour de la croix les symboles et les personnages de la passion en multipliant les différences d'échelle, de style et de perspective avec une frénésie sans doute irrévérencieuse mais si

cruelle qu'on le sent déjà assailli par ces images de massacre qui le hanteront à partir de 1934 et aboutiront à *Guernica*. Plus serein, mais également mystérieux, est le thème du *Peintre et son modèle* que nous découvrons dans certains tableaux de 1927-1928 d'une géométrie très sèche et presque humoristique, et surtout dans les gra-

---

132. Illustration pour le *Chef-d'œuvre inconnu* de Balzac, éd. Vollard (1931). Peintre et modèle tricotant. 1927. *Eau-forte. 19,4 × 28. Ph. Marc Vaux.* – 133. L'Atelier. 1933. *Mine de plomb. 26 × 34,5. Paris, Musée Picasso.*

vures qui illustreront le *Chef-d'œuvre inconnu* de Balzac, dans l'édition qu'en publiera Vollard en 1931. En évoquant la liberté merveilleuse de l'artiste, les hasards et les caprices de l'invention, Picasso nous suggère que les rapports de la nature et de l'art sont imprévisibles, que le modèle et l'œuvre échangent une vérité toujours provisoire, et que c'est parfois au niveau de l'apparence que se situent le désordre et l'énigme dont la peinture trouvera la clé. Dans l'eau-forte du *Peintre et son modèle tricotant,* le peintre transforme l'écheveau du modèle (qui ressemble à la modiste de 1926) en une calligraphie dont l'élégance contraste avec l'humilité prosaïque du motif (Ulysse échafaude et Pénélope tricote), cependant que dans un dessin d'une autre série, l'*Atelier,* de 1933, une anatomie monstrueuse aboutit à une image normale

et d'une sereine beauté. Picasso semble vouloir nous dire que c'est dans la réalité la plus bénigne que surgissent les cauchemars de l'imagination fantastique et lorsqu'il évoque le monde de la fable et du théâtre antique, il s'en remet à la simplicité du dessin classique pour décrire clairement les objets et êtres, comme le montrent les illustrations des *Métamorphoses* d'Ovide (1930), les suffragettes et les guerriers burlesques qui ornent les pages de la *Lysistrata* d'Aristophane (1934).

Au milieu de cette période de songes cruels, l'année 1932 apporte une relative accalmie. La *Jeune Fille au miroir* complique encore le thème du double mais le visage est peint avec une si chaleureuse plénitude qu'on a pour une fois l'impression d'un véritable portrait, celui d'un être humain dont la vitalité et la jeunesse ont attendri l'artiste. Cloisonnée et peinte sur un fond de vitrail gothique, la figure est d'un éclat, d'une dignité presque hiératique. Ce qui n'a pas empêché Picasso de nous faire pénétrer dans le miroir, de confondre l'image et le reflet dans un lacis de courbes qui nous montre le corps de la jeune fille à la fois nu, vêtu et en transparence, mais les volumes auxquels aboutit l'analyse du personnage n'ont ici rien de monstrueux. Ils ont au contraire une densité de fruits qui ajoute au rayonnement sensuel de l'œuvre. La même sensualité, mais là presque impudique et pâmée, apparaît dans les tableaux exécutés la même année, dont le modèle est une jeune femme, Marie-Thérèse Walter, qui fut pendant quelque temps la compagne de Picasso et lui donnera en 1935 son second enfant, une petite fille prénommée Maïa. Les rapports avec Olga étaient de plus en plus orageux (Picasso se séparera d'elle en 1934 et essaiera, en vain, de divorcer), et le peintre, dit Penrose, « désirait vivement la présence d'une femme qui eût été à la fois la partenaire de ses

134   135

plaisirs érotiques et le pilier traditionnel de son foyer [29] ». Sur le premier plan, le modèle du *Rêve* et du *Miroir* semble avoir comblé Picasso et il n'est guère de peintres, depuis la Renaissance, qui nous aient laissé l'image d'une sexualité aussi primitive, abandonnée, prête à l'étreinte jusque dans l'inconscience. Ces tableaux nous permettent de mesurer à quel point le style de Picasso est affectif, dépend de ses humeurs et de la personnalité des femmes dont il est épris. De Dora Maar, que nous retrouverons au chapitre suivant et dont il a tellement maltraité le visage, Picasso a dit qu'il ne pouvait l'imaginer qu'en train de pleurer. De Marie-Thérèse Walter qui était une jeune femme très sportive et de complexité psychologique limitée, on pourrait dire qu'il ne semble l'avoir jamais vue qu'en train de dormir. Mais c'est le sommeil de l'Antiope du Corrège et du corps de la jeune femme endormie jaillissent des fleurs qui sont à la fois des images érotiques et des symboles de fertilité végétale aussi équivoques que ceux parmi lesquels se glisse le corps de l'*Eve* d'Autun.

137

138

134. Illustration pour *Les Métamorphoses* d'Ovide : Eurydice piquée par un serpent. 1930. *Eau-forte. Ph. Dubout.* — 135. Illustration pour *Lysistrata* d'Aristophane : Cinésias et Myrrhine. 1934. *Eau-forte. Ph. Bibliothèque nationale.*

136. Jeune fille au miroir. 1932. *Huile. 162 × 130. New York, The Museum of Modern Art (don Simon Guggenheim). Ph. du musée.* – 137. Le Rêve. 1932. *Huile. 130 × 97. New York, collection Mrs. Victor W. Ganz. Ph. Giraudon.* – 138. Nu endormi. 1932. *Huile. 162 × 130. Ancienne collection Meric Callery. Ph. galerie Louise Leiris, Paris.*

137

138

L'année 1932 est marquée par un autre événement : l'exposition que Picasso présente au mois de juin à la galerie Georges Petit, la plus importante depuis celle de 1926, et qui aurait dû marquer pour l'artiste une sorte de consécration. La galerie Georges Petit n'était pas en effet une galerie particulièrement ouverte à l'avant-garde et elle n'acceptait de la peinture moderne que des gloires déjà établies, celle de Matisse par exemple, qui y avait exposé l'année précédente. Le caractère solennel et presque mondain de l'événement était accentué par la somptuosité des cadres choisis pour entourer les tableaux, au grand étonnement de certains amis de Picasso mais avec l'accord du peintre qui a toujours aimé donner un air de musée à ses œuvres les plus audacieuses. Le vernissage fut on ne peut plus parisien mais la critique, qui avait bien accueilli les grandes natures mortes exposées en 1926, fut très réticente et, en dehors des fidèles, ne comprit visiblement rien à la production récente de Picasso. « Picasso dépose son bilan, écrit Germain Bazin dans *L'Amour de l'Art*. Gageons que sauf MM. Zervos et Raynal..., les syndics de la critique prononceront la faillite. Picasso appartient au passé... Sa déchéance est un des problèmes les plus troublants de notre époque » et « le Chalcas de la critique contemporaine, Camille Mauclair, n'a sans doute pas eu tort de dire qu'il périra tout entier après avoir amusé une génération de ses exercices [30] ». Jacques Guenne n'est pas plus tendre : « Picasso comme un couturier fait deux fois par an la collection de son esprit. Il a joué dans le Paris international le rôle que tint Boucher, en France, au temps de la Pompadour. Picasso n'est qu'un délicieux barbare. Il descend de M. Ingres comme les wagons de chemin de fer de l'Acropole. » Si réservé que soit l'article de Jacques Guenne, il montre très bien quel est à l'époque le prestige, unique, royal, de Picasso : « Ce qui demeure le plus étonnant dans le cas Picasso, c'est l'action mystique qu'il exerce sur nous tous. Il est l'artiste qui a le plus évité de se compromettre en faisant croire qu'il ne cessait de prendre parti. L'Institut n'oserait le condamner et les surréalistes l'acceptent comme un des leurs. Il a créé une sorte d'espéranto artistique que chacun interprète selon sa conscience et ses goûts. Une religion aussi. C'est sa désinvolture à marquer la décadence qui lui confère son étrange noblesse[31].

La situation de Picasso est en somme unique dans la peinture de l'époque mais il n'est pas encore admis sans réserve, et pas plus hors de France qu'à Paris. S'il a déjà de nombreux acheteurs en Amérique, l'exposition de Zurich (en 1932 également) est fort mal accueillie, en particulier par Jung qui déclara que l'inspiration de Picasso relevait d'un cas classique de schizophrénie[32]. Les critiques parisiens furent tout de même plus raisonnables et s'en remirent en général à l'Orient pour expliquer les œuvres récentes du peintre. « Ses œuvres abstraites les mieux abouties ont une magie strictement orientale », dit encore Jacques Guenne, et Georges Charensol, qui sut d'ailleurs voir dans l'exposition G. Petit « la manifestation esthétique la plus importante de ces trente dernières années », écrit : « J'ai trouvé dans cette exposition la confirmation d'une thèse qui m'est chère, à savoir que Picasso est avant tout un Andalou, un descendant des conquérants arabes. Quand il eut secoué l'emprise des éléments humains dont il avait subi l'action durant sa jeunesse dans la tragique Barcelone, il revint aux traditions de sa race, à un art d'abstraction basé sur l'arabesque, sur les rapports de couleurs et de matières comme celui des céramistes mudéjar, des décorateurs qui ornèrent les murs de l'Alhambra d'entrelacs d'une infinie variété[33]. »

On ne voit pas très bien sur quoi repose une telle interprétation et l'on préférera pour finir laisser la parole à Jacques-Émile Blanche. Les pages consacrées à Picasso dans l'*Histoire des Arts plastiques sous la Troisième République,* publiée en 1931, résument en effet l'attitude de la critique et du public à l'égard du peintre jusqu'au lendemain de la guerre. Évoquant « l'ascension, les chutes et les rebondissements de cet Icare, de ce Phaéton doublé de Protée », il voit en Picasso « un Gongora, un baroque espagnol du XXe siècle égaré dans le pays d'Ingres qui a trop regardé de peintures... éprouve sans répit ses forces, oublie ce qu'il vient de réussir, s'en dégoûte, et inlassablement repart, avide, pour chercher d'autres résistances, qu'il est sûr de dominer ». « Picasso a déterminé des mouvements si décisifs dans l'esprit des jeunes peintres qu'historiquement au moins son importance prime tout et réduit à néant les réflexions individuelles, les réserves où l'on inclinerait. » Il a su, à partir du cubisme, ouvrir « des voies qui devaient hâter la renaissance de la grande peinture constructive ». Certes on peut lui reprocher « le goût, toujours le goût, la virtuosité à la Paganini », sinon « le caprice de l'artisan qui avec un bout de ficelle, de laiton, exécute un objet piquant, ingénieux et poétique ». Mais « la cruauté, les procédés mécaniques, l'obsession sexuelle que certains découvrent dans les moindres croquis de Picasso, répondent aux besoins de l'esprit actuel et l'expriment ». « Il sait tout, réussit tout ce qu'il essaie », ne cesse de « tendre des pièges où lui, malin, ne se prend pas [34] ». En somme on pouvait dire de Picasso ce que Benjamin Constant disait de lui-même, que « sur toute question il avait toujours une idée de plus qui dérangeait tout ».

---

139. La Muse. 1934. Huile. *162 × 130. New York, collection Schoenborn. (Z.VIII.246).*

De 1932 à 1936, la production picturale de Picasso est beaucoup moins importante que dans les années précédentes et au printemps de 1935, à la suite d'une crise de nervosité morale particulièrement aiguë, il cesse même complètement de peindre [35]. Il exécute d'assez nombreux dessins en reprenant les thèmes de l'époque précédente (mythologies ou cauchemars surréalistes), quelques très belles gouaches, des collages et des pastels, parfois utilisés comme cartons de tapisserie; ainsi la délicieuse *Fermière* de 1932 [36]. En fait de peinture, les deux seules séries importantes sont les « Tauromachies » de 1934 et les « Muses » de 1934-1935 (ainsi nommées parce qu'elles sont en général couronnées de fleurs), qui nous montrent des enfants et des jeunes filles, lisant, écrivant, dessinant avec une application enfantine et maladroite, certaines endormies sur leur tâche, toutes

139

les yeux baissés dans une atmosphère de silence studieux et de chaude intimité vespérale. Mais, ces charmantes créatures mises à part, Picasso ne touche guère à ses pinceaux et c'est à de nouvelles techniques, celles de la sculpture et de la gravure, qu'il s'en remet pour ranimer une inspiration quelque peu défaillante [37].

La nostalgie de la sculpture était évidente depuis 1926 dans l'œuvre de Picasso mais elle s'exprimera à partir de 1930 en des formes beaucoup moins monumentales que celles que l'on aurait pu prévoir d'après les projets de Cannes et de Dinard. Cela en grande partie sous l'influence de son ami, le sculpteur espagnol Julio Gonzalez, qui est plutôt un ferronnier et un forgeron et, comme tous les sculpteurs post-cubistes des années 20, s'intéresse davantage aux vides, aux jeux de l'espace à travers la forme qu'aux masses compactes et aux surfaces modelées à la manière impressionniste pour capter la lumière. Dans le numéro des *Cahiers d'Art* de 1936 consacré à Picasso sculpteur, Gonzalez remarque que les tableaux cubistes étaient déjà des constructions « par la mise en relief des plans, des synthèses, le cube de l'objet » et rapporte ces propos de Picasso : « Ces peintures, il suffirait de les découper — les couleurs n'étant en somme que des indications de perspectives différentes, de plans inclinés d'un côté ou de l'autre —, puis de les assembler selon les indications données par la couleur pour se trouver en présence d'une sculpture. La peinture disparue n'y manquerait point. » « Il en était si convaincu, ajoute Gonzalez, qu'il a exécuté quelques sculptures parfaitement réussies. » Gonzalez fait sans doute allusion ici à la *Tête de femme* de 1909 mais les sculptures plus tardives de Picasso n'ont aucun caractère cubiste, sinon dans la transparence des plans et par un certain caractère linéaire et abstrait, comme dans la *Construc-*

140. Construction. 1930. *Tiges de métal. 50 × 41 × 17. Paris, Musée Picasso.* Ph. H. Mardyks.

tion de 1928. Les sculptures de 1930 sont plutôt des objets poétiques, d'une saveur parfois surréaliste, des assemblages fantasques et graciles d'éléments de métal découpés et soudés, de plaques et de tiges qui déchirent l'espace et manifestent de la part de l'artiste une rare

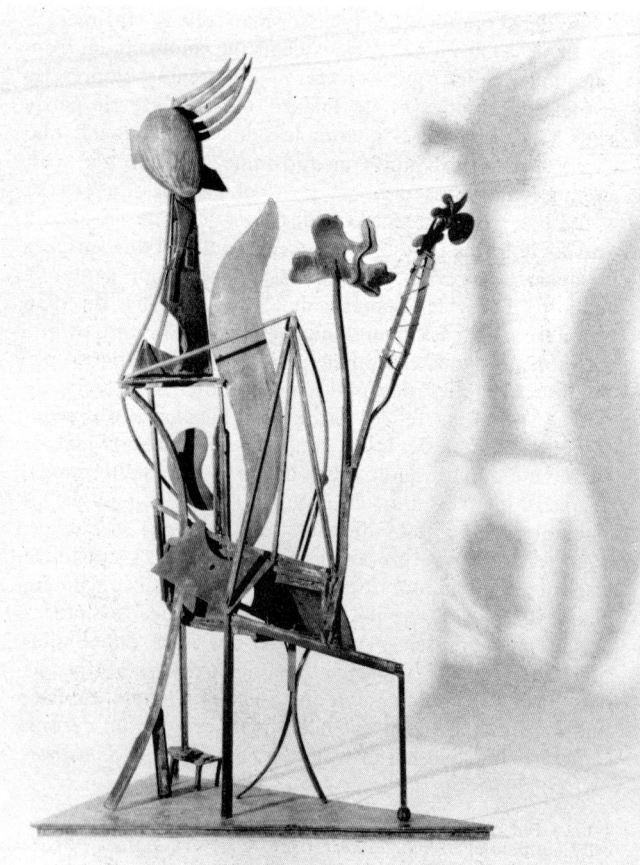

141

intelligence de l'agressivité propre au matériau utilisé. Toutes ces sculptures ont été directement exécutées en métal, et certaines d'entre elles, qui devancent de vingt ans les recherches de la sculpture contemporaine et avec une spontanéité que celle-ci présente rarement, paraissent

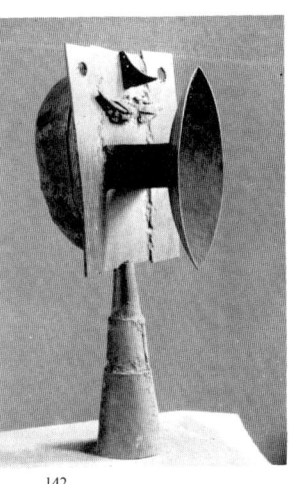

142

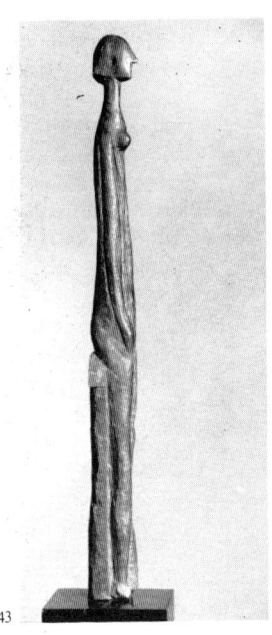

143

141. La Femme au jardin. 1929-1930. *Fer. 210 × 117 × 82. États-Unis, collection particulière. Ph. H. Mardyks.* – 142. Tête. 1931. *Exemplaire bronze. 84 × 40 × 36. Ph. Brassaï.* – 143. Femme. 1931. *Moulage en bronze à partir d'un châssis en bois taillé. Paris, collection particulière.. Ph. Adolph Studly.*

être faites d'éléments de rebut, de débris de ferraille dans lesquels Picasso a « trouvé » une figure humaine. Quelle que soit la dextérité manuelle de Picasso, il n'était pas naturellement forgeron et il a travaillé en si étroite collaboration avec Gonzalez qu'on a parfois attribué à celui-ci la paternité de ces étonnantes créatures. A tort, il nous semble, car jusqu'en 1930 l'invention est assez faible dans l'œuvre du sculpteur espagnol : son *Don Quichotte* ne vaut pas beaucoup mieux que le *Prophète* de Gargallo et les masques de 1929-1930 sont d'un « mélanisme » bien appliqué. Les sculptures qui ont rendu Gonzalez célèbre ne sont pas antérieures à 1931 et même 1932 et l'on pourrait dire avec Andrew Carnduff Ritchie que c'est « le plus grand créateur d'imagerie du XXe siècle » qui a « apporté une vision nouvelle à son vieil ami et à son collaborateur technique [38] ». Certaines de ces sculptures ont sans doute « un poli de surface, une élégance de contour, un lyrisme décoratif » que l'on peut attribuer à l'influence de Gonzalez » mais c'est à leur rudesse impatiente, à leur crudité d'exécution qu'elles doivent leur apparence de fétiches et l'on retrouve la même saveur, la même spontanéité d'artisan primitif, le même pouvoir de tirer de rien une image hallucinante dans ces figures filiformes taillées au couteau dans des châssis de cadre que l'on a parfois comparées aux silhouettes étrusques.

En 1932, Picasso travaille de plus en plus activement à la sculpture dans le vaste atelier qu'il a installé au château de Boisgeloup, près de Gisors, acquis par lui en 1930. La comparaison entre les quatre têtes féminines de 1931-1932 montre avec quelle rapidité il est passé d'une conception assez traditionnelle et superficiellement classique du portrait aux plus impressionnantes et monumentales effigies. L'une d'entre elles, avec son énorme nez érectile, présente un profil de hache; une autre, bru-

144. L'atelier de Picasso à Boisgeloup en 1933. *Ph. Brassaï.*

talement dressée sur un long cou, rappelle les « Jeannette » de Matisse (*La Femme allongée* n'est pas non plus très loin de *La Serpentine*) par l'accent mis sur le volume du nez et les protubérances du visage, les yeux, les joues, traitées en saillies comme des bulbes. Les sculptures

145

postérieures à 1932-1933 sont de moins grande ambition : animaux rapidement modelés dans le plâtre *(Le Coq, La Tête de génisse)*, silhouettes fantasques ou précieuses *(La Tête casquée, La Femme au feuillage)* dont nous retrouverons l'esprit d'alerte invention dans les personnages

145. Tête de femme. 1931-1932. *Bronze. 50 × 31 × 27. Ph. Brassaï.* –
146. Tête de femme. 1932. *Bronze. 85 × 37 × 45,5. Ph. Brassaï.* –
147. Matisse. Jeannette V (Jeanne Vaderin, 5ᵉ état). 1911. *Bronze. Ontario, Art Gallery. Ph. du musée.*

exécutés à Paris pendant l'Occupation. Rien de tout cela ne peut certes être comparé aux chefs-d'œuvre de 1944 et de l'après-guerre, mais pendant toutes les années qui nous séparent de *L'Homme au mouton,* Picasso ne cessera de jouer avec les objets que le hasard met à la

146

147

portée de sa main, de les animer, de dégager leur agressivité latente, comme pour cette tête de taureau, faite d'une selle et d'un guidon de bicyclette, qui étonnera tellement les visiteurs du Salon d'automne de la Libération.

Mais cette sculpture se situe dans une longue histoire et il nous faut revenir à cette année 1933 pendant laquelle les taureaux réapparaissent dans l'œuvre de Picasso pour y occuper longtemps la première place. Il ne s'agit plus de l'excellent animal, qui fait ses tours de piste et est sacrifié à grand renfort de rites et de bruits de foule dans les arènes d'Andalousie, même si Picasso semble avoir été fort impressionné par les corridas qu'il a vues lors de son voyage en Espagne de 1934 et dont quelques tableaux peints à Boisgeloup en 1934 et de très belles eaux-fortes exécutées la même année évoquent la violence presque hystérique. Il s'agit désormais

du monstre ravisseur de jeunes proies vraisemblablement elles-mêmes ravies et disposées à payer de leur vie la connaissance de plaisirs inconnus des mortels. De l'animal qui dissimule dans « tous les détours de sa vaste retraite » les tabous et les folles rêveries de la sexualité antique. En un mot et pour être plus simple, il s'agit du Minotaure que Picasso nous montre assis et brandissant un poignard, juvénile, dodu, voluptueusement musclé, très play-boy présocratique sur la couverture du premier numéro de la revue qui porte son nom, revue dont les éditeurs Skira et Tériade commencèrent la publication en 1933.

La série des *Minotauromachies* qui aboutit à la gravure célèbre de 1935 (et à *Guernica*) est d'une telle complexité qu'il serait bien présomptueux de vouloir en présenter une interprétation précise. L'iconographie de Picasso n'est jamais si déroutante que lorsqu'elle s'inspire de motifs traditionnels, et nous devons une fois de plus prendre à notre compte ces propos de l'artiste : « Comment quelqu'un peut-il pénétrer mes rêves, mes instincts, mes désirs, mes pensées qui ont mis assez longtemps à mûrir et à venir au jour et surtout en déduire ce que je me suis proposé de faire, peut-être contre ma volonté [39] ? » La légende crétoise n'a été en effet pour Picasso que le point de départ d'un récit, d'une succession d'images qui mêlent des souvenirs mythologiques à des allusions personnelles comme à des thèmes proprement hispaniques et taurins. Le Minotaure est d'ailleurs le plus ambigu des personnages du bestiaire fabuleux inventé par les Grecs. Le Centaure est le symbole de la force mise au service de la sagesse, le faune incarne la jovialité de la sensualité rustique. Le Minotaure est à la fois le plus cruel et le plus désirable des monstres ; il dévore les jeunes filles mais comble Pasiphaë et le tau-

148. Femme au feuillage. 1934. *Bronze. 38 × 20 × 27. Ph. Brassaï.*

149

reau est un des déguisements de Jupiter les plus appréciés de ses conquêtes féminines. Il est en somme le séducteur même, « brillant objet des vœux de toutes les génisses », nous dit André Chénier, lorsqu'il évoque l'enlèvement d'Europe, de la « vierge tyrienne » qui « imprudente le flatte... et ose asseoir sur son flanc cette charge adorée ». Mais l'ardeur sensuelle et libertine de Chénier n'est pas du tout le fait de Picasso (en tout cas, pas à cette époque), qui n'est pas espagnol pour rien, et pour lequel le plaisir, comme pour don Juan, ne va pas sans quelque remords, intention de blasphème ou promesse inconsciente de contrition que Molière et Mozart ont oubliée mais que le véritable don Juan exécute scrupuleusement. Gardons-nous du ridicule qu'il y aurait à interpréter de façon trop précise les « désirs » et les « rêves » de l'artiste mais son Minotaure n'est pas du tout l'image d'une sexualité innocente. Parfois juvénile d'aspect et presque charmant, il est toujours brutal, maladroit, extraordinairement inexpérimenté, et d'un

149. Minotaure. 1933. *Fusain. 34 × 50,5. Paris, Musée Picasso.* – 150. Couverture du n° 1 du Minotaure. 1933. *Collage. 48,5 × 41. New York, The Museum of Modern Art. Ph. Denise Bellon, Images et Textes.*

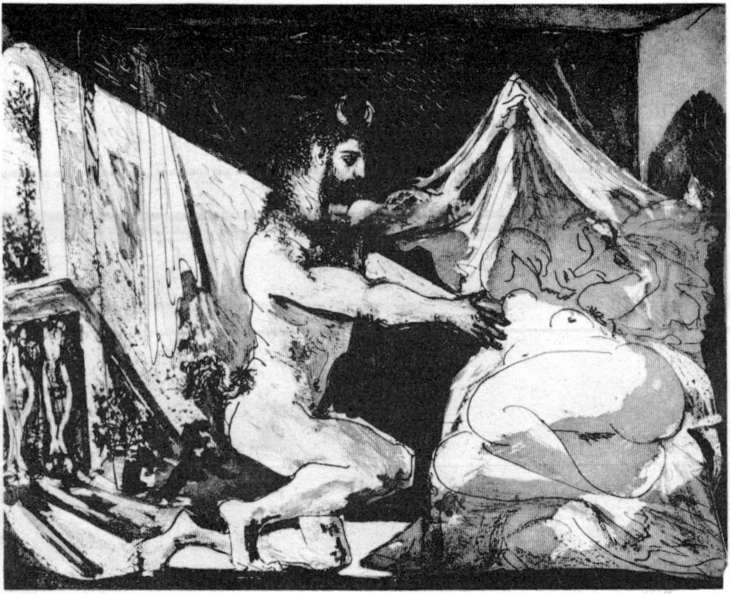

151

152

érotisme si peu raffiné qu'il s'empêtre de façon consternante dans le corps de ses conquêtes qui ne paraissent répondre à ses ardeurs qu'en poussant des cris affreux ou par le silence de la plus altière frigidité. Les centaures de 1920 s'y prenaient beaucoup mieux et quelle différence entre ce gros balourd et le faune, merveilleusement savant, grave et pervers qui, dans une aquatinte de 1936, dévoile le corps d'une jeune femme endormie ! 151

On a parfois dit que le Minotaure, c'était Picasso lui-même. C'est bien possible et dans un dessin de 1936, le visage de la jeune femme qui subit avec une totale indifférence les assauts du monstre semble bien être celui de Dora Maar dont il venait de faire la connaissance et qui allait vivre près de lui pendant de longues années. 152
Un autre dessin de 1936 nous montre en tout cas que les hommes et les femmes peuvent avoir sur le plan de l'intimité des aspirations sévèrement contradictoires et que les scènes de ménage ne sont pas le triste privilège du commun des mortels. Les bêtes ne gagnent rien à se glisser dans la peau des hommes et le Minotaure retrouve sa véritable nature (et Picasso sa manière la plus impressionnante) lorsqu'il est simplement taureau, monstre furieux qui piétine l'arène, symbole du mal et de la cruauté primitive de l'instinct. Tableaux et dessins nous le montrent, avec un réalisme atroce, éventrant et piétinant un cheval sur le dos duquel s'est effondrée une 153
jeune femme vêtue d'un costume de matador. L'abdomen béant, les hennissements du cheval agonisant semblent avoir particulièrement impressionné Picasso, lors de son voyage en Espagne de 1934 et nous verrons que le couple du cheval et du taureau constitue le thème central de *Guernica*. Mais Wilhelm Boeck, à partir d'une eau-forte de 1927 et d'un dessin de 1942, a fort justement 154
montré que « ce cheval est une jument » et que « l'accent

---

151. Faune dévoilant une femme. 1936. *Aquatinte. 31,7 × 41,7. Ph. Bibliothèque nationale.* − 152. Minotaure et femme. 1936. *Encre de Chine et crayons de couleur. 42 × 70. (Z.VIII.296).*

porte ici sur le contraste entre la fougue, la fanfaronnade, la brutalité d'une part et la grâce, la sensibilité, la douceur d'autre part, soit une projection des caractères spécifiques du masculin et du féminin. Ce n'est plus la lutte à la vie et à la mort mais la lutte des sexes [40] ». Lutte également meurtrière mais dont la femme, et son double, le cheval, ne sont pas les seules victimes.

Car le Minotaure, incarnation inconsciente et presque innocente du mal, est à son tour, comme le veut la légende, frappé par le destin et Picasso nous le montre prosterné dans l'arène, mourant, aveugle, dans quelques eaux-fortes de 1933 et 1934 qui sont incluses dans la « suite Vollard ». Cette « suite » est d'une telle importance dans l'œuvre gravé de Picasso, et par sa richesse iconographique et par sa virtuosité technique, qu'il vaut la peine de la feuilleter à loisir [41]. Ainsi nommée parce qu'elle est tirée à partir de cuivres achetés par Vollard et se termine sur trois portraits de lui, elle comprend cent planches divisées, de façon d'ailleurs assez arbitraire et sans ordre chronologique, en sept séries : 27 planches libres qui traitent de sujets très divers (tauromachies, scènes de cirque, scènes d'idylle, nus, femmes à la toilette); 46 planches consacrées au thème de l'atelier du sculpteur; 11 planches évoquant les plaisirs du Minotaure; 5 planches reprenant le thème du « Rapt »; 4 planches où apparaît le visage de Rembrandt; 4 planches nous montrent le Minotaure aveugle et enfin les trois portraits de Vollard. Le tout gravé entre 1936 et 1937. Nous n'insisterons pas sur les planches du « Rapt » qui ne sont pas à notre goût les meilleures ni sur les planches libres qui sont en général de la plus haute qualité mais introduisent des sujets trop divers pour que nous puissions les commenter tous. En dehors de celles déjà citées (la *Tauromachie* de 1934, le *Faune dévoilant*

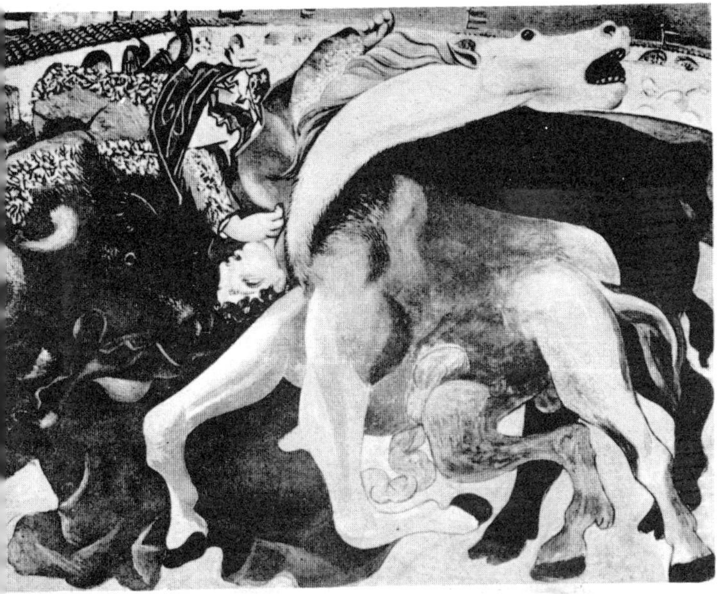

153

154

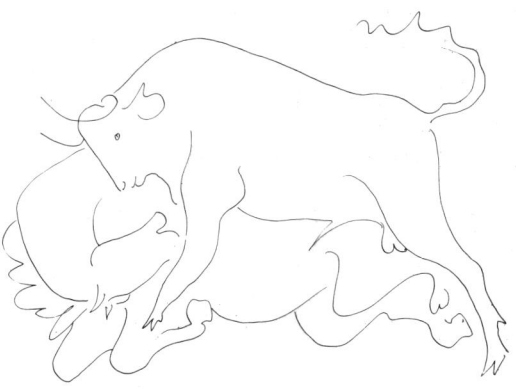

153. Course de taureaux. 1934. *Huile sur bois. Paris, Musée Picasso.* – 154. Taureau et cheval. 1942. *Dessin à la plume. 30 × 40,5. Ph. galerie Louise Leiris, Paris.*

une femme de 1936) signalons cependant quatre planches admirables : l'*Enfant assis devant une femme endormie,* les *Deux Buveurs,* les *Trois Porteurs de masques* et le *Monstre contemplé par quatre enfants,* ces deux dernières évoquant le Minotaure, avec un incomparable sens du

155

mystère, sous la forme d'un personnage masqué et d'un monstre ailé et hermaphrodite. Quant aux planches consacrées à Rembrandt (auxquelles on peut rattacher, pour l'homme barbu assis à gauche, celle des « Buveurs »), elles ne semblent pas être nées d'une intention précise

155. Monstre contemplé par quatre enfants. 1934. *Eau-forte. 23,8 × 29,8.*
Ph. *Bibliothèque nationale.*

de l'artiste mais de son désir de rivaliser avec le plus grand graveur de tous les temps ou tout au moins de lui rendre une sorte d'hommage alors qu'il employait une technique comparable à la sienne. Ou tout simplement du hasard, comme Picasso l'a dit lui-même à Kahnweiler : « Imaginez-vous que j'ai fait un portrait de Rembrandt. C'est encore cette histoire de vernis qui saute. J'avais une planche à qui cet accident est arrivé; je me suis dit : elle est abîmée, je vais faire n'importe quoi dessus. J'ai commencé à griffonner. C'est devenu Rembrandt... j'en ai même fait une autre ensuite avec son turban, ses fourrures, et son œil, son œil d'éléphant, vous savez bien. Je suis en train de continuer cette planche pour avoir des noirs comme lui; ça ne s'obtient pas en une seule fois [42]. »

Il n'y a en fait que peu de « noirs » dans cette série et les planches de *L'Atelier du sculpteur* sont dessinées au trait dans un style et une atmosphère de sérénité classique qui rappellent les illustrations pour le *Chef-d'œuvre inconnu* et les *Métamorphoses* d'Ovide. Le sujet est le même que celui des tableaux et des gravures de 1927 évoquant le peintre et son modèle; mais le peintre ici est devenu sculpteur, comme Picasso l'était à l'époque, et nous le voyons, toujours accompagné de son modèle, une jeune femme nue ou voluptueusement allongée près de lui, en train de contempler ou de scruter l'œuvre qu'il vient d'achever, parfois un groupe de chevaux, de cavaliers, de bacchantes, le plus souvent un buste qui est très proche des « Têtes » exécutées à Boisgeloup l'année précédente. Tout suggère dans ces planches le repos du créateur, l'alternance entre le travail créateur et le plaisir sensuel, le dialogue paisible et scrupuleux de l'artiste avec son œuvre, bien que son visage manifeste parfois un détachement si lointain que le groupe sculpté paraît

156

plus vivant que lui et sa compagne. La série a été exécutée presque d'une traite : quarante planches entre le 20 mars et le 5 mai (les six dernières, qui sont d'ailleurs moins heureuses, datent des premiers mois de 1934) et lorsque le sujet lui paraît épuisé, Picasso presque aussitôt se remet au travail, trouve un autre thème et commence le 17 mai la série du Minotaure qu'il achève le 18 juin.

La sensualité sereine et presque repue du sculpteur et de son modèle semble se communiquer à notre personnage et apaiser pour un temps ses maladroites ardeurs. Nous le voyons tranquillement étendu auprès d'une jeune femme qui accepte sans effroi sa présence, en caresser une autre sous les yeux d'un joueur de flûte, participer à une orgie très classique au cours de laquelle il se montre si bon compagnon qu'il brandit à bout de bras une coupe de champagne et paraît porter un toast à ses invités. Mais ces plaisirs n'ont qu'un temps et les planches sui-

156. Sculpteur et Modèle admirant une tête sculptée. 1933. *Eau-forte.* *26,7 × 19,4. Ph. Bibliothèque nationale.* — 157. Le Repos du sculpteur, III. 1933. *Eau-forte. 19,3 × 26,7. Ph. Bibliothèque nationale.*

vantes nous montrent le Minotaure vaincu, transpercé
par l'épée d'un jeune homme, traînant misérablement
dans l'arène son agonie que contemplent de belles jeunes
femmes dont le visage hésite encore entre l'hostilité et
la compassion. Le drame s'achève avec les quatre gravures du Minotaure aveugle, une des visions les plus
cruelles et les plus douloureuses qui soient nées de l'imagination de Picasso. Le monstre est devenu un roi de
tragédie, un Œdipe qui passe dans la nuit, hurlant sa
douleur, devant un paysage de mer et de barques. Les
hommes paraissent se détourner de lui mais une petite
fille guide sa marche, qui tient dans ses bras une colombe
aux ailes déployées [43].

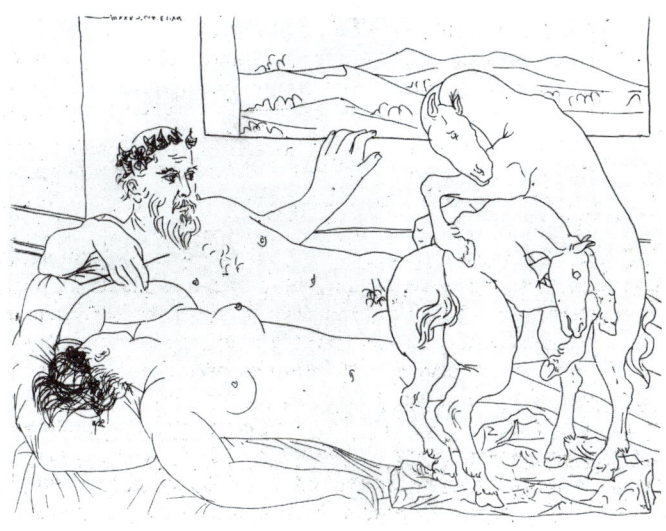

160

158. Scène bachique au Minotaure. 1933. *Eau-forte. 29,7 × 36,6. Ph. Bibliothèque nationale.* – 159. Le Minotaure vaincu. 1933. *Eau-forte. 19,3 × 26,9. Ph. Bibliothèque nationale.* – 160. Le Minotaure aveugle guidé par une fillette dans la nuit. 1934. *Aquatinte. 24,7 × 34,7. Ph. Bibliothèque nationale.*

Nous retrouverons cette petite fille, symbole d'innocence et de paix, dans la *Minotauromachie* de 1935 qui résume et confronte les principaux thèmes de la « suite Vollard ». Plus terrifiant que jamais, le monstre, surgi de la mer, avance un bras menaçant vers l'enfant qui, tranquille et coiffée d'un curieux petit bonnet, le regarde une bougie à la main. Au centre de la composition, entre le bien et le mal, le corps d'une jeune femme habillée en costume de torero est jeté sur le dos d'un cheval éventré. A gauche, un homme au visage barbu s'enfuit en grimpant les barreaux d'une échelle, se retourne un instant pour contempler la scène qu'observent d'un balcon où se sont posées des colombes deux jeunes femmes aux visages indifférents. L'enfant, avec sa bougie, son bouquet, son petit chapeau, est seule pour affronter le monstre. Elle dit ce que *Guernica* ne dira plus : que les femmes sont belles et douces comme des colombes mais incapables de tendresse et de pitié, que les hommes sont lâches surtout lorsqu'ils sont barbus, se disent sages et expérimentés, que le deuil est le lot des faibles, des imprudents, des pauvres chevaux morts, que les forces du mal paraissent irrésistibles, mais qu'il suffit, pour les faire reculer, d'un peu de lumière, du courage d'une enfant, d'une petite pensionnaire aux pieds joints, au profil soucieux d'écolière appliquée et vaillante. Inutile d'ajouter que cette gravure a été l'objet d'infinis commentaires et que les amateurs de psychanalyse en particulier ont trouvé là une occasion de s'en donner à cœur joie. Faut-il croire Wilhelm Boeck lorsqu'il voit dans la bougie « le symbole de l'Éros supérieur qui éclaire les ténèbres », Curt G. Seckel pour lequel la « complexe grandeur » de cette œuvre est de manifester « l'acte créateur du mariage éternel de la lumière et des ténèbres dans l'âme humaine [44] » ? Pourquoi pas ? Et pourquoi ne pas penser aussi à David et à Goliath, et même, pendant que nous y sommes, à Jeanne d'Arc et à toutes ces jeunes filles, à tous ces enfants devant lesquels se sont apaisés et couchés les monstres de la fable? Répétons seulement, avec Éluard, que Picasso a dit là « ce qui est bien », que la

161

161. La Minotauromachie. 1935. *Eau-forte. 49,8 × 69,3. New York, The Museum of Modern Art. Ph. du musée.*

Minotauromachie est le plus inespéré, le plus beau symbole moral de l'art du XXe siècle et qu'aucun artiste européen depuis Hugo n'avait su s'élever de façon aussi convaincante jusqu'au niveau, toujours salubre et consolant, de la légende.

Ce n'est cependant pas sur le ton euphorique qui est de rigueur dans les péroraisons que nous terminerons ce chapitre. En 1935-1936, l'art de Picasso est visiblement arrivé à une impasse et le peintre vit de façon dramatique, le témoignage de ses familiers nous le dit, une crise dont l'origine est peut-être personnelle mais qui est à l'époque celle de toute la peinture et de la civilisation européenne. Ces années (les années du *Voyage au bout de la nuit,* du *Temps du mépris,* bientôt de *La Nausée*) sont les plus sinistres, les plus décourageantes, les plus chargées d'orage et d'ennui que le siècle ait connues. Partout l'on entend dire que le vieux monde est mort, que ce que l'on avait cru voir « renaître » en 1920 a misérablement avorté et que c'en est fini de l'Occident. Que faire? Et même que peindre? Puisque la critique de l'époque (celle de 1960 n'a rien inventé) ne cesse d'annoncer l'« agonie de la peinture », qui ne pourrait se survivre, selon Élie Faure, qu'en renonçant « au rôle d'art impérial qu'elle joue depuis trois cents ans et surtout un siècle » pour se fondre dans des entreprises collectives, devenir « un graphisme courant, à la portée de tous, une sorte d'écriture » ou même de « peinture en bâtiment [45] ». La révolution cubiste achevée et se concluant, comme la plupart des révolutions, par le plus morne académisme, Picasso découvre les musées, leurs plâtres et leurs légendes, l'intemporalité bovine du monde des statues, déroule le linceul de pourpre où dorment les dieux morts. Il en sort des maîtres nageurs, des maillots de bain, des danseuses, une charmante antiquité 1925 et tout le cortège de Cybèle. Puis c'est la descente aux enfers et Picasso pendant dix ans va décrire ces grimaces ridicules, ce paquet d'ossements et de rage, ce vilain cordon de songes et de nuit que nous sommes. Et ensuite? Un épisode sentimental qui ramène à la vie, mais Picasso semble s'être assez vite fatigué de la sérénité plastique que lui inspirait le personnage de Marie-Thérèse Walter et les dernières toiles où nous voyons celle-ci apparaître ne sont pas toutes dépourvues d'intention caricaturale. Peut-on d'ailleurs toujours parler de soi, tout construire, ou plutôt tout détruire, à partir de ses obsessions? Jamais on n'a autant souligné qu'à cette époque le caractère négatif, incomplet de l'œuvre de Picasso. Il étonne, séduit parfois, fascine mais ne convainc pas [46]. Il apparaît comme un destructeur de forces, un démon solitaire. Dès 1927, Maurice Raynal, qui avait pourtant été un de ses plus chaleureux défenseurs, avoue sa déception devant la conversion de l'artiste à « l'esthétique de la pathologie surréaliste ». « La nature psychologique de l'artiste lui permet-elle de créer un lyrisme vivant venu de son cœur égal en valeur authentique au lyrisme plastique inventé par son œil extraordinaire? » Mais puisque « Picasso est encore jeune et que l'humanité vient quelquefois avec l'âge », il faut souhaiter qu'il finisse par « se réconcilier » avec elle, « impose un frein à sa virtuosité et délaisse ces compositions extraordinaires qui sont des drames perpétuels pour demander à certaine sérénité faite de simplicité et d'affection de lui inspirer de ces bonnes tragi-comédies plastiques et bien humaines qu'aucun art n'a dépassées et dont l'on semble depuis Renoir avoir oublié le précieux et fécond exemple. Nous ne demandons plus à être étonnés (c'est chose faite) mais émus par quelque lyrisme authentiquement humain [47] ».

Le moins qu'on puisse dire est que la production des années 30 n'a pas comblé les vœux de Maurice Raynal. Picasso n'a pas cessé d'« étonner », de choquer par la brutalité d'inspiration et d'exécution de son œuvre ceux-là mêmes qui n'avaient parlé en 1932 ni de « débâcle » ni de « faillite [48] ». « Tu es Ulysse, lui dit Eugenio d'Ors en 1937, tu es de la famille de celui qui, tout en refusant de fermer ses oreilles, assurait pourtant les liens qui fixaient son corps au mât et trouvait ainsi le moyen de réunir aux sages certitudes de la bonne navigation l'ivresse délicieuse produite par le chant des sirènes. Mais il est temps de reprendre la barre, d'entreprendre une œuvre plus haute. N'oublie pas ce que tu disais dans ta jeunesse : *« Aut Caesar aut nihil. »* Tu as persisté dans l'intimité de ton cœur à invoquer Piero della Francesca comme je tutoyais Platon avec cette même mégalomanie barcelonaise, si « Quatre Gats. » Et Eugenio d'Ors termine en s'écriant, de plus en plus « Quatre Gats » : « Picasso, fais un chef-d'œuvre [49]. » Le chef-d'œuvre viendra, mais ne sera pas celui que souhaitait Eugenio d'Ors et tous ceux qui espéraient voir Picasso, lassé de la « pathologie surréaliste » comme il s'était lassé de l'analyse cubiste, se convertir une seconde fois à l'ordre monumental et au « lyrisme authentiquement humain » de la belle peinture.

NOTES

1. D'autres dessins de la même série donnent une impression de mouvement qui contraste avec le caractère statique des œuvres de la période précédente.
2. Pour l'analyse de *La Danse,* on pourra lire : *La Danse de Picasso et le surréalisme en 1925,* de Françoise Levaillant in *L'Information d'histoire de l'art,* n° 5, 1966.
3. Georges Charensol : « Pablo Picasso », article publié dans *La Renaissance,* juillet-septembre 1932.
4. Aragon : « La peinture au défi. » Préface d'une exposition de collages à la galerie Goemans, 1930. Repris dans : Aragon, *Les Collages,* Coll. « Miroir de l'Art », Hermann, 1965.
5. *Le Ciel découpé, op. cit.,* p. 133.
6. *La Peinture au défi, op. cit.* p. 43.
7. André Breton : « 80 carats... mais une ombre », 1961, repris dans *Le Surréalisme et la Peinture,* Gallimard, 1965.
8. Voir John Richardson, *Pablo Picasso : Aquarelles et gouaches,* Éditions Phoebus, Bâle, 1964, p. 60.
9. Voir Zervos, VIII, 116-119, 124, 171-180, etc.
10. Lettre d'André Breton à Tristan Tzara (12 juin 1919) citée dans : Michel Sanouillet, *Dada à Paris,* Pauvert, 1965, p. 446.
11. Breton : *Le Surréalisme et la Peinture,* 1928.
12. Georges Hugnet. Préface du catalogue de l'exposition organisée par Alfred Barr au musée d'Art moderne à New York : *Fantastic art, dada, surrealism,* 1936.
13. André Breton : *Genèse et perspective artistiques du surréalisme,* 1941.
14. André Breton, art. cité, 1961.
15. André Breton : *Le Surréalisme et la Peinture,* 1928.
16. Blaise Cendrars : « Picasso », *La Rose rouge,* n° 5.
17. Wilhelm Uhde, *op. cit.*
18. Roland Penrose : *La Vie et l'Œuvre de Picasso.* Trad. française. Grasset, 1961.
19. Sur les rapports de Picasso avec le surréalisme, voir l'article de Robert Rosenblum : « Picasso as a surrealist » dans le catalogue de l'exposition : *Picasso and man,* Art Gallery of Toronto, 1964.
20. C'est ainsi que la *Femme assise* de 1932 (reproduite dans Jacques Dupin : *Miró,* Flammarion, 1961, p. 319) fait penser à la *Femme dans un fauteuil* peinte par Picasso en 1929 (Z., VII, 263 voir ill. n° 123) et un pastel de 1934 *Femme (ibid.* p. 372) à la ter-

rifiante *Baigneuse assise au bord de la mer* de janvier 1930 (Z., VII, 306).
21. J.-E. Blanche: *Les Arts plastiques sous la IIIe République*, Les Éditions de France, 1931.
22. André Breton, art, cité, 1961
23. Georges Hugnet: « L'iconoclaste », *Cahiers d'art*, 7-10, 1935. Numéro spécial consacré à Picasso.
24. Les deux plus remarquables de ces natures mortes « cloisonnées » sont la *Nature morte sur un guéridon* et la *Nature morte au pichet et à la coupe de fruits* (Z., VII, 317 et 322). On raconte (Barr, *op. cit.*, p. 170) que lors du choix qu'on fit de ses toiles pour l'exposition du musée d'Art moderne de New York en 1939, Picasso, devant la première de ces toiles, s'exclama en insistant avec une emphase ironique sur le mot « morte » : « En voilà une nature morte ! »
25. André Breton : « Réponse à une enquête » *Le Figaro littéraire*, 11 juin 1955.
26. Cette analyse, qui est fort intéressante (sans doute parce qu'Éluard l'a rédigée), a été faite en mai 1942 par un graphologue qui ne connaissait pas Picasso. Voir le fac-similé du manuscrit d'Éluard dans : « Picasso », *Le Point*, Souillac, octobre 1952.
27. Robert Rosenblum, art. cité (v. note 19).
28. Christian Zervos : « Projets de Picasso pour un monument », *Cahiers d'art*, 8-9, 1929.
29. Roland Penrose, *op. cit.*
30. Germain Bazin : « Un bilan. L'exposition Picasso », *L'Amour de l'Art*, 7, 1932. Dans le numéro suivant de *L'Amour de l'Art*, Waldemar George évoque lui aussi « la débâcle de Picasso ». « En s'attaquant à l'homme, Picasso satisfait sa rage iconoclaste. Il tue comme un meurtrier, incapable d'étancher sa soif de possession. Picasso arrive au fond du gouffre. A vingt-sept ans, il traite la figure comme un prisme. A cinquante, il fait des calligrammes, des épures linéaires, des arabesques, des ornements graphiques et des anamorphoses. Il engendre des ectoplasmes. » Picasso témoigne à cet égard de la « démission de l'humain » qui caractérise l'époque (l'article s'intitule : « Genèse d'une crise ») : « L'homme a creusé sa tombe. L'homme veut finir. Il se mêle aux peuplades primitives. Il interroge les graffiti d'enfants et les dessins de fous, ces données immédiates. L'homme est damné. » On voit quelle agitation l'exposition de 1932 provoque dans la critique. On était alors en pleine « crise » économique et politique et on imagine, parallèlement, une « crise » artistique dont Picasso fut considéré comme responsable.

31. Jacques Guenne : *L'Art vivant*, juillet 1932.
32. Carl G. Jung : « Picasso », *Neue Zürcher Zeitung*, n° 13, 1932. L'article fut en partie traduit (avec des commentaires indignés de Zervos) dans les *Cahiers d'art*, 8-10, 1932.
33. Georges Charensol : « Pablo Picasso », *La Renaissance*, juillet-septembre 1932.
34. J.-E. Blanche : « Rétrospective Picasso », *L'Art vivant*, juillet 1932.
35. Le dégoût de la peinture est périodique chez Picasso. Selon Carlo Carrà, il serait à l'origine des « collages cubistes ». « Nous étions dans ces jours où Picasso se disait littéralement écœuré par la peinture et avait entrepris de faire des collages avec des morceaux de journaux et de papiers peints. » Carlo Carrà : « A Pariji con Picasso », *Milano Sera*, 26 février 1946.
36. Cette tapisserie fut tissée dans l'atelier de M™ Cattoli ainsi que celle des *Deux Femmes*, exécutée à partir d'un collage de 1934. Un autre collage *(Le Minotaure courant)* fut utilisé pour une tapisserie des Gobelins en 1936. Picasso composa avant la guerre un autre carton de tapisserie, l'immense collage des *Femmes à la toilette*, une des œuvres les plus impressionnantes des années 1937-1938. Le projet, à l'époque, n'aboutit pas, mais il est actuellement en cours d'exécution à la Manufacture des Gobelins.
37. Il recourt même à la poésie. Jaime Sabartès, qui nous a laissé dans son *Picasso* un curieux récit de la crise de 1935, nous dit qu'il écrivait sans arrêt. « Pour écrire, tous les endroits lui sont bons, un coin de table, le bord d'un meuble, un bras de fauteuil, son genou... pourvu qu'on ne bouge pas... Dès qu'il est seul... il sort son carnet pour écrire; si quelqu'un le dérange, il cache le carnet et fronce les sourcils : « Qu'est-ce que c'est? » Il s'enferme dans sa chambre ou aux cabinets pour être sûr que là, au moins, on ne viendra pas le chercher. » Les poèmes de Picasso ont été écrits en espagnol. Ils sont reproduits en traduction française dans le numéro 10 de 1935 des *Cahiers d'art* avec deux textes d'André Breton et de Jaime Sabartès. La poésie de Picasso hésite entre la préciosité espagnole et l'automatisme cruel mis à la mode par les surréalistes. « Jeune fille beau menuisier qui cloue les planches avec les épines des roses ne pleure pas une larme de voir saigner le bois »; ou bien : « Un torero avec l'aiguille la plus fine que la brume inventa coud son costume d'ampoules électriques le taureau. » Mais le fragment suivant donnera une idée de l'anxiété rageuse qui était celle de Picasso à l'époque : « Donne arrache tords et tue je traverse allume et brûle caresse et lèche embrasse

et regarde je sonne à toute volée les cloches jusqu'à ce qu'elles saignent d'épouvante les pigeons et les fais voler autour du colombier jusqu'à ce qu'ils tombent par terre déjà morts de fatigue je boucherai toutes les fenêtres et les portes avec de la terre et avec des cheveux je pendrai tous les oiseaux qui chantent et couperai toutes les fleurs je bercerai dans mes bras l'agneau et je lui donnerai à dévorer ma poitrine », etc. On lira d'autant plus volontiers ce numéro des *Cahiers d'art* qu'il contient un article de Salvador Dali : « Les Pantoufles de Picasso » qui est une des choses les plus amusantes qu'on ait écrites sur le peintre : « ...Quand Picasso, par hasard et très tard dans la nuit, apparaîtra un instant à son balcon drapé à la grecque, quand son superbe casque de travail laissera tomber sur la rue La Boétie les ondes lumineuses annonçant aux passants que son génie vient d'évoquer des figures d'une laideur accablante et d'une indignité surhumaine, Picasso entraînera à cet instant les cœurs et les reins flottants des noctambules comme aucun artiste ne l'a encore jamais fait. A ce moment, Picasso deviendra d'une beauté ignominieuse et on le croira sorti d'un lointain relief aztèque représentant un sacrificateur ensanglanté, terriblement civilisé, dégénéré et apothéotiquement gâteux. » On peut ajouter au dossier des rapports de Picasso avec la poésie et les poètes les trois eaux-fortes gravées en 1936 pour illustrer *La Barre d'appui* de Paul Éluard, qui témoignent de l'étroite amitié qui devait désormais lier les deux hommes. En 1936 également il grave trois planches pour *Les Yeux fertiles* et une décoration marginale pour la planche où Paul Éluard avait écrit le poème de *Grand Air*.

38. Andrew Carnduff Ritchie : *Julio Gonzalez*, Museum of Modern Art, New York, 1956.
39. Christian Zervos : « Conversation avec Picasso », *Cahiers d'art*, 7-10, 1935.
40. Jaime Sabartès et Wilhelm Boeck : *Picasso*, Flammarion, s.d. [1955].
41. Voir Hans Bollinger : *Picasso, suite Vollard*, Paris, 1956.
42. D. H. Kahnweiler. Huit entretiens avec Picasso (in « Picasso », *Le Point*, 1952). Inutile de souligner que certaines de ces gravures, et en particulier la *Minotauromachie*, sont d'intention nettement compétitive à l'égard du Rembrandt des *Trois Croix*.
43. A propos de la mort du Minotaure, voir aussi les trois dessins de mai 1935 (Z., VIII, 285, 286, 288) où nous voyons le monstre transpercé par le glaive d'une jeune femme et l'admirable projet de rideau de scène pour *Le 14 Juillet* de Romain Rolland (Z., VIII, 287), un des plus féroces « caprices » de Picasso, où le Minotaure

n'est plus qu'un mannequin sans vie traîné par un personnage à tête d'oiseau de proie.
44. Curt G. Seckel: *Picasso und die Insel des Minotaurus*, Das Kunstwerk, IV, 1950.
45. Elie Faure: « Agonie de la peinture », *L'Amour de l'Art*, 6, 1932. « On a comparé Braque à un peintre en bâtiment et cela me paraît juste. Mais n'est-ce pas le peintre en bâtiment qui demeure notre sauvegarde? »
46. Il y a aussi ceux qui avouent ingénument qu'ils ne comprennent pas. Ainsi Pierre du Colombier: « L'œuvre entière de Picasso est fondée sur ce postulat: que l'expression du génie, de quelque langue qu'il se serve, est forcément géniale. Or il est vrai que le plus magnifique discours prononcé en français devant des Papous ignorants de notre langue, demeure peut-être, en soi, magnifique, mais pour eux il reste lettre morte. Ou plutôt ils n'en ont que ce pouvoir personnel, cet influx humain, cette sorte d'électricité mystérieuse qui émane de l'orateur. Picasso a beaucoup compté sur cette puissance magique, incantatoire. » C'est un grand risque « de ne point se servir d'un langage élaboré par les hommes et qui leur est devenu commun, existe. On n'a point vu se former de langues nouvelles ». Pierre du Colombier et Roland Manuel: *Tableau du XXᵉ siècle. Les Arts,* Denoël et Steele, 1933.
47. Maurice Raynal: *Anthologie de la peinture en France de 1906 à nos jours,* Éditions Montaigne, 1927.
48. Voir par exemple dans *Peinture d'abord* (Denoël, 1942) d'André Lhote, l'article de 1935, où il est question « d'un art morbide, hérité de Gustave Moreau et envenimé par Picasso ». Opposant « la puissante malédiction de Picasso » à « la réserve, retenue pudeur, tendresse qui tempèrent les explosions du génie français », Lhote écrit avec plus de résignation que d'enthousiasme: « Picasso est bien le portraitiste de ces temps absurdes et fabuleux que nous vivons. Créateur, compilateur et dévastateur, son génie brasse et confond toutes les valeurs, bouleverse l'ordre normal des choses, bafoue la logique et dresse chaque jour un symbole nouveau de la décomposition universelle. »
49. Eugénio d'Ors: Lettre à Picasso, in: « Eugenio d'Ors et Jacques Lassaigne », *Almanach des Arts,* Arthème Fayard, 1937.

V
Guernica

Malgré l'anarchisme humanitaire de son œuvre de jeunesse, Picasso, jusqu'en 1936, ne semble guère avoir eu de préoccupations politiques. Comme le dit Kahnweiler dans les *Entretiens :* « Picasso était l'homme le plus apolitique que j'aie connu. Je me souviens qu'autrefois, il y a très longtemps, lui ayant demandé : « Au point « de vue politique, qu'est-ce que vous êtes ? » il m'a répondu : « Je suis royaliste. En Espagne, il y a un roi, « je suis royaliste. » Cet apolitisme lui fut parfois reproché à une époque où « l'engagement » paraissait inévitable à la plupart des intellectuels et des artistes. Georges Hugnet peut bien écrire en 1935 : « Picasso sait, nous savons que nous serions parmi les premières victimes du fascisme, de l'hitlérisme français, celui-ci ne nous sous-estime pas. Picasso continue, et c'est pourquoi nous l'admirons tout d'abord, à frapper les grands coups de la violence. Son comportement, la dignité imperturbablement agressive de son œuvre... font de lui à proprement parler un homme authentiquement révolutionnaire [1]*. » Mais il s'agit ici de révolution au sens poétique, surréaliste du terme, non de celle qu'attend l'intelligentsia progressiste qui, même lorsqu'elle n'est pas victime de l'esthétique stalinienne, ne conçoit plus guère l'art qu'au service du peuple et de la liberté. « On a dit en U.R.S.S. de l'œuvre de Picasso, écrit Zervos en 1935, qu'elle constituait la dernière étape des manifestations de l'art bourgeois... Force est à l'artiste de tenir l'art

---

* Voir notes p. 310.

pour un jeu supérieur de l'esprit où se joue tout ce qu'il y a de frémissant et de sublime en lui... Obnubilés par l'idée politique, les intellectuels militants voient en cette attitude de Picasso une volonté de destruction et de négation, et, ce qui est pis, une résignation devant la destinée humaine... Ils y voient un narcissisme esthétique qui se refuse à servir la révolution [2]. »

Mais, dit Zervos, « son œuvre n'est-elle pas l'image de la cruauté qui régit de nos jours la condition humaine ? ». L'argument n'était sans doute pas de nature à convaincre les « intellectuels militants » et moins encore ces lignes assez embarrassées où, pour défendre l'œuvre de Picasso, Zervos déclare « qu'elle prépare pour l'avenir la conception très élargie du social, intégré dans le moral et le spirituel, par là même une œuvre vivace, digne de l'homme, à l'échelle du nouvel esprit qui sortira peut-être du conflit social et psychologique actuel ». Sans doute on ne peut dire de Picasso « qu'il a moins conscience du social parce qu'il cherche des conquêtes sur l'inconscient » mais les « conquêtes sur l'inconscient » paraissent en 1936 un problème fort secondaire et c'est le soulèvement franquiste, la guerre d'Espagne, qui vont amener Picasso à sortir de « son narcissisme esthétique », et à donner, pour quelque temps, à son œuvre une tournure épique. A quel point il est demeuré espagnol, on peut le comprendre par la violence et la soudaineté de ses réactions devant la tragédie qui déchire son pays [3]. « Ce n'étaient pas les événements eux-mêmes qui se passaient en Espagne qui ont éveillé Picasso, écrit Gertrude Stein, mais le fait qu'ils se passaient en Espagne ; il avait perdu l'Espagne et voilà que l'Espagne n'était pas perdue, elle existait : l'existence de l'Espagne a réveillé Picasso, il existait lui aussi [4]. » Picasso soutient avec ardeur la cause des républicains, vend plusieurs de ses tableaux à leur profit, accepte le poste de directeur du musée du Prado. En janvier 1937, il grave deux planches, accompagnées d'un poème : *Sueño y Mentira de Franco* (« Songe et Mensonge de Franco ») où le dictateur espagnol nous est présenté comme une sorte de « Malbrough s'en va-t-en guerre » dont les aventures sont racontées dans des dessins rectangulaires qui font penser à une bande dessinée. Nous retrouvons dans ces gravures le cheval éventré, le taureau des « Minotauromachies », nous voyons apparaître les corps disloqués, les hurlements d'agonie des femmes de *Guernica* et le don caricatural de Picasso ne s'est peut-être jamais manifesté de façon aussi immédiate, presque journalistique, que dans l'image obscène et répugnante qu'il nous a laissée de Franco lui-même. Notons, comme un signe de l'extrême liberté de l'iconographie de l'artiste, que c'est le taureau qui est ici le justicier, et apparaît même comme un symbole rustique, tranquille et puissant, de l'héroïsme du peuple espagnol.

Au début de 1937, Picasso avait accepté la commande d'une grande composition destinée à décorer le pavillon espagnol de l'Exposition universelle de Paris. Les républicains espagnols souhaitaient évidemment que cette composition fût une œuvre engagée, politiquement efficace, à l'exemple du *Deux Mai* de Goya, comme le dit José Bergamin dans un article qui sonne un peu comme une mise en demeure : « Je considère la peinture de Picasso jusqu'à ce jour comme une introduction de son œuvre future. Je considère Picasso comme le véritable peintre espagnol, indépendant et révolutionnaire, de l'avenir. D'un avenir immédiat qui nous l'offre comme le peintre actuel de l'avenir le plus fécond... Comme notre peuple espagnol qui tient aujourd'hui entre ses mains l'avenir de l'homme... Notre actuelle guerre de l'indépendance donnera à Picasso, comme l'autre l'avait donnée à Goya, la plénitude consciente de son génie pictural, poétique, créateur [5]. » En fait, Picasso a été assez long à se mettre au travail et les œuvres qu'il exécute pendant les premiers mois de l'année ne manifestent aucune intention politique ni même aucune

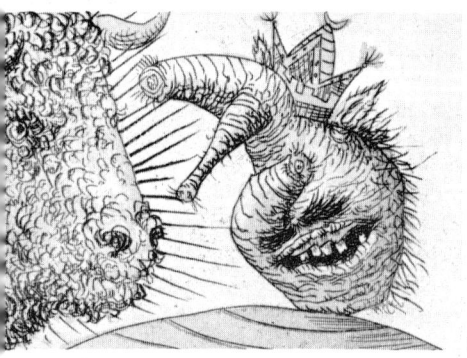

162

inquiétude particulière : portraits de Dora Maar, scènes de plage d'une curieuse géométrie surréaliste, natures mortes « à la bougie », « au pichet », « au compotier », presque toutes assez frustes et d'une grande sérénité malgré, parfois, la présence d'un objet insolite, comme dans la *Nature morte à la sculpture nègre*. Seul le motif de la *Cage d'oiseaux* trahit un certain malaise, bien que Picasso n'atteigne pas ici au naturalisme monumental, à l'humour endiablé de certaines des eaux-fortes destinées à illustrer l'*Histoire naturelle* de Buffon [6]. Mais en janvier 1937, Picasso peint encore le *Portrait de Marie-Thérèse*, qui est un des portraits les plus tendres et les plus gais que ses compagnes lui aient inspirés.

163
164

162. Songe et Mensonge de Franco. 1937. *Aquatinte. 31 × 42. Ph. Bibliothèque nationale.*

Le grand tableau, qui allait devenir l'œuvre la plus célèbre de Picasso, n'est donc pas né d'une élaboration rationnelle ni d'un changement d'humeur ou d'orientation artistique, comme *La Danse* et *Les Demoiselles d'Avignon*. Ce n'est pas davantage, malgré sa complexité, une œuvre à programme, mais une image, presque un instantané, née de la réaction de l'artiste à un des épisodes les plus dramatiques et cruels de la guerre civile. Image autour de laquelle se sont cristallisés quantité de thèmes et de motifs apparus depuis quelques années dans son œuvre. Le 26 avril 1937, des avions allemands bombardaient et incendiaient la petite ville basque de Guernica. L'émotion fut d'autant plus grande que Guernica ne présentait aucun intérêt stratégique et que les victimes se trouvèrent toutes parmi la population civile. « Avec une atroce férocité et une minutie scientifique, écrit le 29 avril le cor-

164

respondant du *New York Times,* les bombes incendiaires et explosives des avions Heinckel et Junker ont anéanti le centre de la culture et de la tradition politique basques [7]. » « Le bombardement, pouvait-on lire dans le *Times* du même jour, de cette ville ouverte qui se trouvait loin derrière les lignes a duré exactement trois heures un quart, pendant lesquelles une puissante escadrille d'avions allemands de bombardement et de chasse n'a cessé de déverser sur la ville des bombes pesant près de cinq cents kilos et plus de trois mille projectiles incendiaires. Les avions de chasse se sont lancés autour de la ville pour mitrailler ceux de ses habitants qui s'étaient réfugiés dans les champs. Tout Guernica fut bientôt en flammes

163. Illustration pour les *Histoires naturelles* de Buffon, 1937-1942. Le chat. *Eau-forte. Ph. Bibliothèque nationale.* – 164. Portrait de Marie-Thérèse. 1937. *Huile. 100 × 81. Paris, Musée Picasso. Ph. Chevojon.*

à l'exception de la Casa de Juntas, qui contient les archives du peuple basque, et du fameux chêne de Guernica où jadis les rois d'Espagne juraient de respecter les droits démocratiques de la Biscaye en échange du serment d'allégeance que leur rendaient ses habitants [8]. » Le passé de Guernica donna à sa destruction la valeur d'un symbole politique, d'un symbole moral aussi, tant les agresseurs mirent de cruauté gratuite à s'acharner sur la population qui fuyait l'incendie [9]. « Nous nous trouvions en ville, écrit une des rescapées, lorsque le bombardement commença. Pour fuir, nous avons essayé de gagner les hauteurs qui contournent Guernica. Les avions qui tournoyaient à faible altitude mitraillaient les issues et épuisaient leurs bombes sur les petits groupes de rescapés qui s'égaillaient dans la campagne. Les fermes isolées où cherchaient à s'abriter les fugitifs ont été systématiquement bombardées. A 19 heures, Guernica n'était plus qu'une immense torche qui flambait au crépuscule [10]. »

Le 1er mai, Picasso dessina les premières études pour Guernica. L'esquisse générale de la composition, datée du 9 mai, est reportée le 11 mai sur la toile qui comprendra huit états successifs et sera achevée au début de juin. Picasso a conservé et daté l'ensemble des études et des esquisses (elles se trouvent aujourd'hui au musée d'Art moderne de New York, avec le tableau, qui y fut déposé à l'occasion de l'exposition de 1939 mais est demeuré la propriété de la République espagnole) et les divers états du tableau nous sont connus par des photographies que prit Dora Maar dans l'atelier de la rue des Grands-Augustins, où il fut réalisé. Nous disposons donc d'un matériel incomparable pour l'étude d'un tableau dont l'analyse est fort délicate et a donné lieu aux interprétations les plus contradictoires. Mais avant d'analyser et d'interpréter, il convient de décrire et d'essayer de débrouiller cet écheveau de formes et de signes. La toile étant immense (3,51 × 7,82 m) et d'intention nettement murale, comme une sorte de fresque, Picasso a présenté la scène sous la forme très classique d'une composition à fronton. Le sommet du triangle est occupé par une lampe que brandit une femme au profil géant dont nous apercevons un bras et, dans l'embrasure d'une fenêtre, la main et les seins. La manière dont sont disposés les personnages et les éléments architecturaux donne l'impression d'un décor de théâtre : la scène, très resserrée, prend l'aspect à gauche d'un intérieur éclairé par une énorme lampe et dans lequel on distingue un carrelage et une table sur laquelle est posé un oiseau qui tend le cou, le bec grand ouvert. A droite une maison à toit de tuiles et une maison en flammes, d'une géométrie très cubiste, avec tout un ensemble de fenêtres et d'ouvertures. Dans la peinture classique, les scènes d'épouvante se déroulent en général sur les places publiques où l'on voit les innocents et les martyrs tenter de fuir en tous sens. Ici, pas de fuite possible : le village et ses habitants ont été écrasés sous les bombes et aux vastes perspectives de l'espace tragique, Picasso a préféré un décor modeste et clos qui lui permet de concentrer efficacement l'action, satisfait à la fois sa phobie de la profondeur et les exigences propres à ce drame rustique qu'est *Guernica*.

Huit personnages : au centre, un cheval percé d'une épée, agonisant. A gauche, un taureau, la tête tournée de côté, la queue dressée ; une femme au visage renversé qui hurle de douleur et tient un enfant mort dans ses bras. A droite, entourant le profil de la femme qui tient la lampe, une autre femme se soulève de terre en direction de la lumière, une troisième lève les bras au ciel et paraît brûler vive devant la maison incendiée. Au premier plan un personnage qui est, plutôt qu'un être humain, une statue dont les débris jonchent le sol. Il serre dans sa main un glaive brisé. Près du glaive, une fleur.

A l'exception de ceux du taureau et de l'enfant mort, tous les visages sont béants, expriment la terreur, la colère ou la douleur de l'agonie. La composition est statique, presque figée : aucune fuite n'est possible. (Un dessin préparatoire nous montre un personnage mon-

tant à une échelle comme dans la *Minotauromachie*, il n'a pas été retenu.) La scène est aperçue dans l'instant, les gestes paraissent suspendus, comme il convient à la représentation d'une scène d'épouvante. Tout le mouvement du tableau est obtenu par la dislocation des membres des personnages et la violence expressive avec laquelle sont traités certains détails : les narines, la langue, le sabot du cheval, la main du guerrier mort et le pied de la femme du premier plan à droite qui bouclent et assoient de façon particulièrement énergique l'ensemble de la composition. Bien que le bombardement de Guernica ait eu lieu en plein jour, Picasso, après quelques hésitations, a traité la scène comme un nocturne, tout en contraste de lumière et d'ombre, de blancs, de gris et de noirs que relèvent ici et là quelques demi-teintes jaunâtres ou bleutées. Les formes sont plates, sans modelé, de surfaces uniformes en dehors de quelques rapides indications graphiques (la queue

166

du taureau, les cheveux, la paume des mains). Seul le corps du cheval est moucheté et Picasso semble avoir pensé un moment à introduire quelques éléments de collages dans le tableau. Il y a renoncé et a préféré s'en remettre à la simplicité de moyens qu'exige la composition monumentale, surtout lorsqu'elle est aussi resserrée et tendue que celle de *Guernica*.

Nous retrouvons dans *Guernica* bien des éléments de l'œuvre antérieure du peintre. Sans parler même de

---

165. Guernica. 1937. *Huile. 351 × 782. Madrid, Museo Nacional Centro de Arte Reina Sofia. Ph. The Museum of Modern Art, New York.* – 166. P.P. Prud'hon. La Justice et la Vengeance divine poursuivant le crime. *Paris, musée du Louvre. Ph. Giraudon.* – 167 (p. 262-263). Détail de 165 (Guernica).

certains contours géométriques et des plans disloqués qui sont d'origine cubiste, le cheval et le taureau nous rappellent évidemment la *Minotauromachie* et les corridas de Boisgeloup. La tête, les membres disloqués du guerrier mort font penser à l'*Atelier* exécuté à Juan-les-Pins en 1925 et l'ouverture par laquelle pénètre la tête de la femme à la lampe est exactement celle que traverse le visiteur de *L'Atelier de la modiste* que *Guernica* rappelle d'ailleurs par d'autres détails (la manière dont est planté le décor, la table qui est aussi celle des *Trois Musiciens*). On peut encore rapprocher le geste de la porteuse de lumière d'un dessin de 1934 (*Le Meurtre*. Z., VIII, 216), les pieds et les mains des personnages de ceux des Géantes d'après-guerre. Picasso a étudié avec un soin particulier la tête du cheval, celles des femmes au cou renversé, au visage sillonné de larmes : ce dernier motif n'a pas été retenu dans le tableau mais nous le trouvons dans quelques dessins d'une extraordinaire férocité que Picasso a exécutés, une fois *Guernica* achevée. Le personnage le plus inattendu est celui de la porteuse de lumière : son geste a donné lieu à bien des rapprochements, depuis *L'Incendie du Bourg* de Raphaël jusqu'à la statue de la Liberté de Bartholdi. J'y verrais plutôt un souvenir du tableau de Prud'hon, *La Justice et la Vengeance divine poursuivant le crime*. D'autant plus que c'est bien de cela qu'il s'agit ici : tous les éléments et les personnages du tableau, à l'exception du taureau sur lequel nous reviendrons, expriment le deuil et l'horreur. Seule la porteuse de lumière fait irruption dans cette scène de carnage comme un symbole de liberté, une promesse de vengeance. Elle découvre le massacre, crie sa stupeur et son indignation. Elle n'arrive point de la gauche, comme le ferait l'ange de l'Annonciation, mais de la droite, comme il convient aux messagers de la tragédie et c'est pourtant bien d'une sorte d'annonciation qu'il s'agit ici. Car la porteuse de lumière est aussi la force, la justice et la vie. Sans elle, il n'y aurait plus d'espérance; sa présence éclaire tout le tableau et c'est vers la lumière qu'elle apporte que se dirige le regard de la femme qui essaie de se soulever de terre. Picasso qui ne se soucie guère de la noblesse des accessoires a remplacé le traditionnel flambeau par une pauvre lampe que l'apparition tient dans sa main aussi fermement que le guerrier vaincu son glaive brisé : les deux gestes constituent exactement le sommet et la base du milieu du tableau, ils apparaissent dès le premier état de l'exécution de l'œuvre et s'opposent comme la mort à la vie, la défaite à la promesse de la victoire. Sans aller jusqu'à dire que c'est elle qui fait se retourner le taureau, la porteuse de lumière équilibre les éléments verticaux du tableau, allège et unifie l'ensemble de la composition et, en l'entraînant de la gauche vers la droite, lui assure le rythme sans lequel *Guernica* ne serait que confusion, décombres et désespoir.

Et le taureau? Ah! le taureau! Ce taureau a fait couler beaucoup d'encre. Pour les uns (Vicente Marrero : *Picasso and the bull,* Chicago, 1956), il est le mal, la force brutale, le fascisme, Franco, etc.; pour les autres (Juan Larrea, *op. cit.*) il est « le symbole du peuple, le totem de la Péninsule », alors que le cheval est « ignoble », « représente sans aucun doute dans l'esprit du peintre l'Espagne nationaliste ». Rudolf Arnheim *(op. cit.)* voit dans le cheval, « victime passive des corridas », un symbole de douleur et d'agonie; l'oiseau « associé probablement à la colombe de la paix, est une image de la survie de l'âme », le taureau représente le « principe mâle... le courage, l'orgueil, la sensibilité » par rapport aux pleureuses et au cheval qui est « sexuellement neutre, la souffrance ne connaissant pas la distinction des sexes ».

Tout cela n'est pas très convaincant et il faut avouer que le rôle joué par le taureau dans l'ensemble de la composition s'analyse assez malaisément. Nous avons vu au chapitre précédent que le taureau et le cheval s'opposent en effet souvent comme le principe mâle et le principe femelle, que le Minotaure est une bien méchante bête, mais que Picasso lui prête volontiers des aventures flatteuses, en fait parfois son complice et son double, s'attendrit sur ses incartades, s'apitoie sur ses malheurs, nous le montre aveugle ou promis à une aussi triste fin que le cheval, sa victime. Et dans *Songe et Mensonge de Franco,* Franco est identifié au cheval, le taureau représentant la vaillance du peuple espagnol. L'attitude de Picasso à l'égard du taureau est donc parfaitement ambivalente, comme nous le confirme la série des études de *Guernica.* Regardons une des premières esquisses de l'ensemble de la composition : le décor est déjà planté avec les quatre personnages principaux, la porteuse de lumière, le guerrier mort, le cheval que nous voyons dès cette étape fort mal en point, et le taureau. Mais la scène se déroule à l'air libre et le taureau est charmant : bien qu'il semble avoir provoqué l'accident (ou bien c'est le cheval qui s'est stupidement effondré sur son cavalier), il nous apparaît d'une innocence exquise, juvénile, bucolique, paisible et surtout suprêmement indifférent, décidé à l'irresponsabilité absolue. L'attitude devient un peu moins engageante au moment où Picasso, dans le quatrième état du tableau, doit retourner le corps de l'animal pour dégager le centre de la composition; le mouvement de torsion qui est ainsi imposé au taureau accentue son détachement et l'étrangeté de sa présence. Il ne participe pas à la scène, ignore l'horreur du spectacle que nous contemplons, et peut ainsi apparaître comme un symbole nocturne et malin par rapport au symbole diurne et généreux que représente la porteuse de lumière.

Tout ce que l'on peut dire c'est que, lorsque Picasso a voulu non pas représenter, mais illustrer, rendre sensible la destruction de Guernica, il a pensé à plusieurs images: celle de l'incendie avec les cris et les gestes de l'agonie; celle du guerrier mort; celle de la femme à la lampe qui, jadis spectatrice du mystère dans les gravures de l'album Vollard et la *Minotauromachie,* va

désormais bondir au milieu de la scène; celle enfin, la plus obsédante, la plus cruelle, la plus archaïque, de la corrida, avec le taureau et le cheval agonisant. Il organisera ensuite ces quatre images et l'analyse des divers états du tableau nous montre qu'une fois le décor du drame planté et les personnages réunis, Picasso se préoccupe beaucoup plus de problèmes de composition que de signification symbolique ou morale. Il resserre la scène, la rend à chaque état plus abstraite et intem-

---

168. Étude pour Guernica. 1937. *Crayon sur panneau de bois. 53 × 64.* (Z.IX.10).

porelle, élimine les détails inutiles, isole les groupes, coordonne les éléments et les rythmes : c'est seulement dans le septième état qu'il détache et renverse la tête du guerrier afin de ne pas contrarier le mouvement ascendant que suggèrent les têtes renversées et béantes des personnages. Le cheval est la victime et occupe le centre du tableau parce que le mouvement d'un cheval qui s'écrase sur le sol en écartant les pattes est plus large, plus puissant, que la chute d'un taureau. Mais le taureau lui-même ne signifie rien. On peut même dire qu'à la limite il n'est rien, qu'il n'existe pas, mais qu'il est, subsiste par ipséité, insensibilité de rocher ou de plante, comme un arbre dans la forêt ou un animal dans une prairie. « Le cèdre ne sent pas une rose à sa base » et le taureau ne voit pas les cadavres à ses pieds. Si bien qu'il peut être tout ce que l'imagination du spectateur désire : le mal, la force, la brutalité, le bien, la vertu de résistance ou le bœuf dans l'étable [11]. Ou, si l'on y tient absolument, le destin.

Guernica est devenue aujourd'hui une œuvre si familière qu'elle ne déconcerte plus personne. Inutile de dire qu'il n'en fut pas de même à l'époque. Selon Juan Larrea, le tableau déplut tellement à « certaines autorités espagnoles » qui le jugèrent « antisocial, ridicule et tout à fait inadéquat à la saine mentalité du prolétariat » qu'il fut un moment question de le retirer du pavillon et que seule la crainte du scandale calma les autorités en question. L'œuvre parut à beaucoup obscure, bizarre, insuffisamment directe et efficace. « *Guernica* misses the masses but wins the critics *», pouvait-on lire dans le Digest du 20 mai 1939 au moment de l'exposition de New York et en 1944 encore une journaliste

---

* Guernica échoue auprès des masses, mais séduit les critiques.

américaine écrivait : « Le tableau parle à ceux dont les oreilles sont accoutumées à entendre le langage du peintre : une langue intellectuelle, sophistiquée, inaccessible à l'homme ordinaire. Picasso a voulu crier quelque chose que tout le monde pourrait comprendre. Au lieu de cela, il n'a parlé, quoique avec honnêteté et de façon poignante, qu'à l'intention de ceux auxquels des circonstances historiques ont appris à déchiffrer un idiome inintelligible aux oreilles populaires [12]. » Certains reprochèrent au contraire au tableau sa banalité et son caractère mélodramatique (la femme aux bras levés, etc.), le directeur du Metropolitan Museum de New York déclarait que *Guernica* relevait d'un « romantisme victorien », faisait penser à « *La Charge de la Brigade légère* de Tennyson » et que Picasso, au lieu d'évoquer l'héroïsme de Guernica, était seulement « passé de Gertrude Stein à Florence Nightingale [13] ». Herbert Read répliqua qu'il y avait peut-être une certaine banalité dans les symboles de Picasso, mais que c'était « la banalité d'Homère, de Dante et de Cervantès : c'est seulement lorsque les sujets les plus communs sont possédés de la passion la plus intense que naît une grande œuvre d'art qui dépasse toutes les écoles et toutes les catégories [14] ».

L'accueil de la critique parisienne fut dans l'ensemble chaleureux, tout au moins au niveau des « oreilles » érudites et amicales. « Les noms se pressent sur cette peinture, écrit Jean Cassou, qui jusqu'à cette heure s'était refusée à toute signification... A cette heure elle déborde de plénitude et de présence, de signes et de cris. Elle exprime notre tragédie la plus intime [15]. » Amédée Ozenfant, dont le « purisme » avait été quelque peu choqué par les incartades classiques de Picasso, rendit pleinement justice à l'œuvre du peintre : « Cet homme est toujours à la hauteur des circonstances. Nous avons connu des moments où le monde était à la facilité : tous s'en trouvèrent diminués. L'époque d'aujourd'hui est grande, dramatique, dangereuse. *Guernica* en est digne. Digne sans parade, sans sous-entendus ou jeux de mots réser-

vés à trois ou quatre artistes initiés. Sans concession au dangereux penchant des partis de gauche qui encouragent les platitudes pourvu qu'elles pensent bien et n'attachent trop souvent de valeur qu'au sujet [16]. » Et Michel Leiris concluait : « En un rectangle noir et blanc

---

169. La Femme en pleurs. 1937. *Huile sur toile. 60 × 49. Londres, Tate Gallery. Ph. R.B. Fleming.*

telle que nous apparaît l'antique tragédie, Picasso nous envoie notre lettre de deuil : tout ce que nous aimons va mourir. Et c'est pourquoi il était nécessaire que tout ce que nous aimons se résumât, comme l'effusion des grands adieux, en quelque chose d'inoubliablement beau. »

Pourtant le message que contenait cette « lettre de deuil » ne semble pas avoir atteint à l'époque un bien vaste public. C'est la guerre qui fera de Guernica un symbole et de Picasso non plus seulement un monstre sacré, mais une image héroïque, un « phare » et, le parti communiste aidant, un « humaniste », un peintre de « la condition humaine ». Il n'en est rien en 1937-1938 : Jean Cassou, nonobstant les lignes plus haut citées, intitule le premier chapitre de son *Picasso* : « Les Solitudes de Picasso. » Titre emprunté à Gongora *(« Soledades »)* qui nous vaut des comparaisons entre le génie de l'artiste, l'Escurial de Philippe II et les mystiques espagnols : la plus extraordinaire solitude de Picasso est celle de son œuvre, car il n'a cessé de détruire, au moment même où elles naissaient, les figures qui auraient pu la peupler et devenir ses compagnes; au lieu de chercher, comme les autres artistes, une formule, c'est-à-dire le contact avec les lois universelles, avec la raison et le cœur des hommes, Picasso n'a de cesse qu'il n'ait rompu ces contacts et ne soit revenu à son amère et haletante solitude [17]. Cette analyse est due à un homme qui est un fidèle entre les fidèles du peintre; elle n'est finalement pas très différente de celle que propose l'opinion académique en la personne de Louis Gillet dans un article publié en 1937 : « M. Picasso est double. D'une part il est l'antigrec, le briseur d'images, le négateur de toute forme; d'autre part il est peut-être le plus accompli des stylistes. Il repousse toute loi. Il prétend échapper à toute nécessité... Dans son œuvre se fait jour une espèce de désespoir et de malédiction, ce malheur qui n'était jamais arrivé à un artiste et qui est proprement la peine de l'enfer : le malheur de ne pas aimer et de peindre sans amour. La rencontre d'un génie plastique de premier ordre, de dons inouïs de virtuose et d'un nihilisme absolu, telle est la tragédie de M. Picasso... On hésite devant ce monstre d'égotisme, d'orgueil et d'impersonnalité. A l'antique notion méditerranéenne, humble, quasi maraîchère que nous nous faisions de l'artiste, attaché à un lieu et s'y mettant en espalier, M. Picasso a substitué la figure de l'aventurier [18]. »

L'écho de Guernica se prolonge dans quelques œuvres postérieures à juin 1937 : dessins de femmes sanglotant, criant, traînant des enfants morts et surtout dans la fameuse *Femme en pleurs,* peinte au mois d'octobre, qui est un des chefs-d'œuvre tragi-comiques de Picasso. Les mains sont ramenées vers la bouche qui déchire un mouchoir, le visage, labouré de larmes devenues solides et si énormes que les yeux en ont jailli des orbites, paraît convulsé, raidi en plans géométriques et simultanés, défiguré par la souffrance. Mais le coloris strident du tableau, l'absurde chapeau qui coiffe le personnage nous suggèrent qu'il s'agit là plus probablement de la représentation d'une crise de nerfs, au sens le plus efficacement féminin du terme, et que Picasso a voulu exprimer dans cette œuvre l'exaspération qu'inspire à tout homme normal le spectacle d'une femme en pleurs, surtout lorsque celle-ci est sa compagne ou son épouse. Cette pleureuse, c'est Dora Maar, une jeune photographe yougoslave, d'obédience surréaliste, que nous avons déjà évoquée et dont Picasso avait fait la connaissance en 1936 par l'intermédiaire d'Éluard. Belle, intelligente, un peu bizarre (elle est actuellement retirée dans une solitude mystique), elle vivra près de dix ans avec le peintre et sera son plus constant modèle. Son visage semble avoir littéralement fasciné Picasso, au point de faire de lui le portraitiste le plus fécond du XXe siècle et de porter à leur paroxysme ses dons d'investigateur cruel de la figure humaine.

« Je n'ai jamais pu la voir, l'imaginer qu'en train de pleurer », dira un jour Picasso, et, sans vouloir entrer dans les détails d'une intimité qui ne nous concerne pas, nous sommes bien en effet obligés de constater qu'il a dû s'agir là de rapports extraordinairement complexes et tumultueux. Pourtant les choses semblent avoir assez bien commencé et les premiers portraits de Dora Maar sont d'une grâce, d'une sensibilité exquises, d'un charme même parfois presque mondain. D'autres saisissent par leur étrangeté, leur puissance sensuelle, telle cette toile du 19 avril 1938 où le visage, vu à la fois de face et de profil, est pourvu de narines lourdement ourlées, paraît déséquilibré par l'intensité du regard songeur et refermé sur soi. Nous retrouverons souvent ce regard, en particulier dans deux magnifiques gravures de 1939, mais il suffit d'un chapeau pour défigurer une femme et l'on pourrait écrire tout un chapitre des chapeaux dans l'œuvre de Picasso entre 1937 et 1944, en faisant d'ailleurs remarquer, pour excuser le peintre, que jamais les femmes ne portèrent de couvre-chefs aussi ridicules qu'à cette époque. Mais ce n'est là que le moindre des maux infligés à l'infortunée Dora Maar, Picasso cherchant par tous les moyens à renouveler l'art, devenu fort conventionnel et limité, du portrait. Non seulement le visage est vu à la fois de face et de profil, mais il est l'objet des distorsions les plus incroyables jusqu'à se présenter de face, de trois quarts et de profil en même temps, ou à se réduire à un paquet de cordages et de nœuds ou à se figer en une géométrie surréaliste du plus

170. Portrait de femme. 1936. *Huile. 65 × 54. (Z.VII.303).* – 171. Portrait de femme. 1938. *(Huile. 65 × 54. (Z.IX.128).* – 172. Tête de femme au collier. 1939. *Aquatinte en couleurs. 30 × 23,8. Paris, collection Berggruen.* – 173. Femme au chapeau. 1938. *Huile. 54 × 46. (Z.IX.228).* – 174. Trois têtes de femmes. 1939. *Crayon. 29 × 43. (Z.IX.256).*

singulier effet. On est surtout frappé par la bizarrerie de l'appendice nasal qui se détache parfois du visage de Dora Maar : c'est celui d'un chien, Kasbek, le lévrier afghan de Picasso, son principal modèle à cette époque, de l'aveu même du peintre, avec Dora Maar bien entendu [19]. D'où toutes ces femmes chiens qui peuvent devenir aussi des femmes juments à moins que Picasso, ce jour-là d'humeur plus aimable et poétique, ne les métamorphose en oiseaux (à cornes).

D'autres visages : celui de Nush Éluard, de Sabartès, dans un irrésistible portrait à l'espagnole (peint à Royan en octobre 1939), de Maïa, la fille de Marie-Thérèse Walter qu'un tableau de 1938 nous montre tenant dans ses bras une poupée et un cheval, elle aussi avec un curieux strabisme et le nez de Kasbek, mais tout de même bien gentille. D'autres personnages encore : des marins ou des pêcheurs, aperçus à Mougins pendant

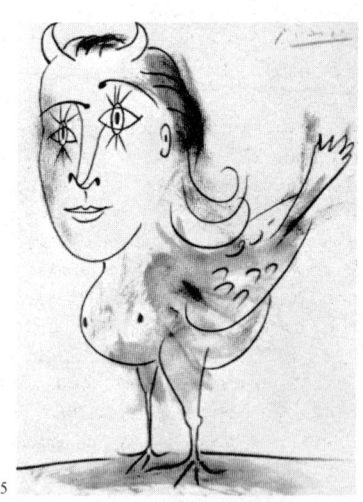

175

les vacances de 1938 et que nous voyons férocement
occupés à lécher une sucette ou un cornet de glace. 176
Quelques baigneuses, Picasso lui-même déguisé en petit
marin et tenant à la main un filet à papillons. Et surtout, très supérieure à cette tératologie parfois un peu
trop organisée, la monumentale et féroce *Femme au coq,*
où un banal souvenir d'arrière-cuisine s'élève à la dignité
d'une scène de sacrifice (ou à l'horreur d'un cauchemar
de castration): le cou de l'officiante est si mince qu'il
pourrait à son tour être tranché par le couteau qui traîne
à terre et son visage hagard exprime à la fois l'attente
d'un ordre, la peur d'être surprise et la stupéfaction
d'Abraham au moment où l'ange arrête son bras. Dans
le monde de Picasso, les animaux ne sont d'ailleurs pas
plus tendres que les hommes et voici un bien méchant 178
coq, un chat qui dévore un oiseau avec des grimaces et 177
une rapacité de fauve. Comparé à son double du Buffon,
ce chat nous montre à quel point l'humeur de Picasso
a changé depuis 1936, à quel point il ne rêve plus que
plaies et massacre (nous sommes dans les mois qui pré-

175. Femme-oiseau. 1941. *Mine de plomb et encre de Chine. 31 × 24. Ph.
galerie Berggruen, Paris.* – 176. Homme au cornet de glace. 1938. *Huile.
61 × 50. (Z.IX.206).*

cèdent la guerre), à quel point aussi il tend vers une création de plus en plus brutale et sommaire, presque « mexicaine », pourrait-on dire, très efficace sans doute mais artistiquement moins satisfaisante.

177

Pendant l'été de 1938, Picasso semble avoir pensé à une grande composition, crucifixion, scène de plage ou femmes dans un intérieur, comme le montre une série de dessins dont le trait en stries et en écheveaux fait penser à une toile d'araignée (Zervos, IX, 192, 195, 198, 200, 227) et se retrouve dans quelques toiles peintes la même année *(La Femme au jardin).* Ces projets n'eurent

177. Chat dévorant un oiseau. 1939. *Huile. 97 × 130. New York, collection Mrs. Victor W. Ganz.* – 178. Coq. 1938. *Fusain. 76 × 55. (Z.IX.114).*

pas de suite et Picasso attendit encore un an avant d'exécuter une grande scène à plusieurs personnages intégrés dans un décor complexe, la *Pêche de nuit*, son œuvre la plus importante, du moins au point de vue de la dimension (2,06 × 3,45 m), depuis *Guernica*. Comme presque toujours chez Picasso, cette toile est née de manière soudaine et imprévue des circonstances, du besoin qu'il éprouve à certains moments d'extérioriser son inquiétude et d'échapper à son ennui. Très affecté par la mort récente de sa mère, il était parti au début de juillet pour Antibes où Man Ray avait mis un appartement à sa disposition et où Sabartès vint le rejoindre. « L'appartement, raconte ce dernier [20], comporte deux pièces, une cuisine et une salle de bains. Dans la grande pièce qui est plus grande et mieux éclairée, il veut faire un atelier. Au début il n'a fait que s'habituer au milieu, se solidariser avec l'atmosphère, se familiariser avec la maison, tour-

ner dans sa cage comme un chat qui entre dans un lieu nouveau... Il profite du voyage à Nice pour acheter un rouleau de toile à peindre; au bout de quelques jours nous commençons à débarrasser la grande pièce en entassant les meubles dans l'autre pour enlever à l'atelier cet aspect de studio à la mode qui convient mieux aux *tea parties* qu'à une activité profitable. » Toujours cette « horreur du luxe professée comme un culte ! » « Nous prenons alors, continue Sabartès, la mesure des murs, que nous recouvrons ensuite de la toile divisée en trois parties inégales. C'est l'occupation de toute une soirée. Picasso veut peindre tout ce qui lui passera par la tête, sans avoir à se limiter aux dimensions d'un châssis; il séparera les sujets par quatre lignes et il se servira des ciseaux et du couteau quand il lui semblera bon. »

Le matin, les amis se baignent. Picasso montre à Sabartès la petite ville. Le soir, on va au café. Le reste du temps, Picasso travaille. « Il s'enferme dans son appartement et commence à couvrir la toile du plus grand panneau... Ce morceau de toile est si grand qu'il faut des heures pour le remplir, même à Picasso qui travaille comme quatre quand il s'y met, son pinceau et son âme engagés partout à la fois sur la toile. On peut l'égaler en rapidité, mais pas un artiste ne le dépassera pour remplir une surface au pinceau. C'est que ses gestes sont soutenus par une émotion intense et qu'il ne pense qu'à ce qu'il fait... Il entame une lutte avec lui-même en s'obstinant à ne pas abandonner le thème primitif; mais celui-ci reste irrémédiablement perdu et finit par fermer le passage aux autres. Un tel phénomène ne se produirait pas si Picasso imitait, copiait simplement ce qu'il voit; mais quand il crée, il est comme un somnambule soumis à l'impérieuse intuition qui le gouverne. »

Le point de départ du tableau est une scène de pêche nocturne aperçue dans un coin du port, dont on reconnaît tous les éléments. « Il y a la mer, un couple de jeunes filles debout avec leurs bicyclettes, quelques pêcheurs avec leur trident pêchent à la lueur d'une lanterne; au ciel et dans l'eau, la lune et les étoiles; partout, la nuit. Quand Picasso se promenait après le dîner, le port offrait un aspect semblable; il y ajoute d'anciennes impressions. Autrement dit, il a saisi une scène et, en cours d'exécution, la nécessité de construire et d'ordonner l'a conduit à y ajouter. » La description est exacte (bien que le trident soit plutôt un harpon) et la scène donne bien l'impression d'une chose vue, d'un de ces souvenirs insignifiants en eux-mêmes mais qui, pour des raisons qui ne sont pas nécessairement proustiennes, demeurent inaltérables et nous donnent l'impression que nous avons écouté pour un instant une parole aussi essentielle qu'inintelligible. Picasso a été si fidèle à ce souvenir que l'une des jeunes filles à bicyclette (c'est Dora Maar-Kasbek) tend une langue pointue vers un cornet de glaces (double), car « il faisait chaud ce soir où nous avons fait le tour du port, rappelle Dora Maar, et nous avons acheté des cornets de glace ». Les jeunes filles regardent un pêcheur au maillot rayé qui harponne un poisson et occupe le centre de la composition, cependant qu'un autre pêcheur se penche hors de la barque au point de sembler disparaître dans l'eau. Quelques poissons, une lune, des étoiles qui ressemblent à des coquillages, au loin les tours du château Grimaldi. Le ciel et la mer paraissent se confondre, tout (en dehors des deux idiotes à bicyclette) devient transparence, lumière de lune et fonds sous-marins. L'effet poétique obtenu est très troublant, déconcertant aussi dans la mesure où les événements, la nécessité de ren-

trer à Paris ne semblent pas avoir laissé à Picasso le temps d'équilibrer parfaitement la composition. En effet, écrit encore Sabartès, « on commence à placarder les affiches officielles portant les ordres de mobilisation. Si Picasso n'a pas beaucoup travaillé jusque-là, il le fera encore moins maintenant... L'élément visionnaire qu'il met dans cette toile où les pêcheurs luttent pour leur vie, le trident en main, le distrait encore. La lanterne dont la clarté se reflète dans l'eau est à peine indiquée, il y ajoute la lueur des astres qui se mirent aussitôt dans ce cristal, puis recueille les gestes fantasmagoriques de personnages à peine suggérés par quelque couleur dans les lignes. Si Picasso se mettait à peindre, il transformerait certainement le thème du tableau et rendrait plus sombre encore cette lutte dans les ténèbres. Il ne s'empêcherait pas d'exprimer les lourdes émotions et les pressentiments chaque jour plus funestes de l'actualité. Déjà

179. La pêche de nuit à Antibes. 1939. *Huile. 206 × 345. New York, The Museum of Modern Art. Ph. du musée.*

la lanterne sourde paraît absorber la lumière au lieu de la répandre. »

A peine rentré à Paris, Picasso part pour Royan où il va passer la première année de la guerre. Les conditions du séjour sont assez difficiles, et Picasso peint très peu pendant ces mois d'hiver et d'ennui. Mais il ne cesse de dessiner sur des carnets (l'un d'entre eux, le plus beau, a été publié par les *Cahiers d'art*) où reviennent régulièrement les mêmes thèmes : portraits de Dora Maar, de plus en plus caricaturaux, crânes de moutons, nus féminins debout, chevaux, parce qu'il en a vu beaucoup lorsqu'on les réquisitionnait à la déclaration de guerre, selon une vieille et parfaitement inutile habitude de l'armée française, femmes dans un fauteuil (ce fauteuil, acheté à l'hôtel des ventes de Royan, semble devenir pour lui un objet obsédant que nous retrouverons dans certaines des œuvres les plus remarquables exécutées à Paris un peu plus tard). Parmi les tableaux, nous retrouvons bien sûr le visage de Dora Maar, traité dans un style plastique et sculptural qui rappelle les figures de Cannes, et Picasso exécute au mois de mars quelques amusantes natures mortes de coquillages et de poissons *(Les Soles)*. Mais pour une fois le folklore marin et balnéaire ne semble guère l'avoir inspiré, à moins qu'il ne faille interpréter comme un souvenir de Royan et d'une époque que faisaient regretter les menus ascétiques de l'Occupation, le vilain gnome égrillard qui brandit une langouste dans un tableau peint à Paris en juin 1941 *(L'Enfant à la langouste)*. La période de Royan nous vaut cependant un chef-d'œuvre, la *Femme qui se coiffe,* une de ces saisissantes effigies féminines dans lesquelles Picasso dépasse le niveau de ses humeurs et de ses obsessions et mérite d'être comparé à tous les peintres qui, de Michel-Ange à Rouault, ont élevé le nu à la dignité d'un symbole historique ou d'une image de la condition humaine.

Bien que le tableau porte la date du 6 mars 1940, Roland Penrose, en le rapprochant de quelques dessins plus tardifs, propose de le reporter au début du mois de juin, si bien qu'il exprimerait « le désarroi et l'angoisse de Picasso au moment de l'arrivée des troupes allemandes sur la côte atlantique. L'insolence et l'étroitesse du regard, le ventre distendu, le balancement agressif des seins qui rappelle une croix gammée, l'horreur de ces jambes carrées finissant en pieds énormes et déformés font de cette terrifiante femelle une image d'angoisse

180

née d'événements catastrophiques [21] ». Sans aucun doute (bien que la croix gammée aperçue par Penrose ne soit pas d'une lecture évidente), et l'on peut voir à travers de telles œuvres que le nu n'est presque jamais pour Picasso une fin en soi, sauf dans ses dessins et ses gra-

180. L'Enfant à la langouste. 1941. *Huile. 130 × 97. Paris, Musée Picasso. Ph. Chevojon.* – 181. Femme qui se coiffe. 1940. *Huile. 130 × 97. New York, The Museum of Modern Art (promised gift of Mrs. Bertram Smith). Ph. Chevojon.*

182

vures où il peut être aussi attentif que Matisse à saisir les rythmes de l'énergie et du repos, la plénitude vivante d'une forme, la particularité exquise d'un corps, le regard étant d'ailleurs en général un peu moins caressant et le résultat de l'investigation moins enchanteur. Mais rien ne lui est plus étranger que la conception idéaliste du nu qui a dominé l'art antique et la peinture européenne jusqu'à la fin du XIXe siècle : celle d'une perfection abstraite, impersonnelle, détachée aussi bien de l'humeur du peintre que de la réalité du modèle, obtenue par la réflexion et la recherche de proportions plus justes que celles qui nous sont offertes par l'expérience. A cet égard Picasso serait même le contraire d'Ingres ; il est

182. Femme assise. 1941. *Gouache et encre de Chine. 41 × 30. Collection particulière. Ph. galerie Rosengart, Lucerne.*

parfaitement capable de dessiner un « beau » nu, mais cette beauté dépasse rarement le niveau de la pratique académique, la facilité un peu superficielle d'un dessinateur du XVIIIe siècle. Le nu est pour Picasso un moyen d'expression « autobiographique », il faut le dire encore, et c'est à travers le corps de la femme qu'il a décrit sa sensibilité, raconté l'histoire de son temps. La *Femme qui se coiffe* est enfermée dans une sorte de cellule, son corps défait, ballonné, aux extrémités monstrueuses est déjà celui des victimes du « temps du mépris » et les plus beaux nus de Picasso sont peut-être les nus tragiques qu'il a peints pendant l'Occupation, le *Portrait de Nush Éluard*, la *Femme assise* de 1941.

Tout cela contrevient évidemment aux règles du genre et a longtemps passé pour un attentat intolérable à l'intégrité de la figure humaine. Rendant compte de la salle Picasso à l'exposition de peinture française organisée en 1937 au Petit Palais, Louis Gillet écrit : « Certaines idées féroces comme celle de représenter une gorge de femme où les seins sont deux poches clouées à la poitrine par des dentelles font frémir comme des actes de barbarisme, de véritables attentats : on pense à un tableau de martyres, telles que sainte Agathe, d'une barbarie presque sadique... Il y a du Néron dans l'être capable d'un tel crime [22]. » Qu'aurait dit l'excellent académicien devant la *Femme qui se coiffe?* On aurait peut-être pu apaiser son indignation en lui montrant que Picasso n'était pas le premier peintre à s'être rendu coupable de ce genre de crimes. Lautrec, Rouault, Rodin *(La Belle Heaulmière),* Michel-Ange même dans les figures féminines de la chapelle Médicis, ont plutôt fait pire et les nus de Cézanne ne sont pas particulièrement attirants. Pourtant, malgré leur caractère sculptural, les nus de Picasso font moins penser à Cézanne qu'à une certaine tradition septentrionale. Dans son beau livre sur *Le Nu,* Kenneth Clark a montré que trois conventions sont apparues dans l'histoire du genre : la « Vénus céleste », celle de Botticelli et de Raphaël, la « Vénus naturalis », dont Titien, Rubens et Renoir ont été les plus glorieux interprètes, et enfin l'Ève gothique aux seins flasques, au ventre ballonné, à la nudité honteuse et dérisoire [23]. Picasso a plus d'une fois sacrifié à la tradition méditerranéenne et sa conception du nu doit beaucoup à l'art primitif, à la sculpture africaine mais elle n'est pas non plus très éloignée de celle qu'expriment certaines figures de Rembrandt, les mégères de Dürer et des peintres suisses du début du XVIᵉ siècle, les Vénus de Cranach surtout, qu'il a interprétées dans une fort amusante gouache de 1957 *(Vénus et l'Amour).*

Ne quittons pas Royan sans évoquer le paysage que Picasso y a peint à la fin de son séjour *(Café à Royan).* Nous avons jusqu'à présent peu parlé des paysages de Picasso qui sont d'ailleurs fort peu nombreux, et nous ne nous étendrons pas davantage sur ceux que Vallauris et la baie de Cannes lui ont inspirés. Comme Braque, Picasso est un peintre de figures et de natures mortes avec, en outre, un sens de la scène, une fécondité dramatique et narrative, une capacité de créer des images de portée générale que ne possédait certainement pas l'auteur des « Ateliers ». Mais le paysage est le seul genre dans lequel Picasso n'a pas excellé. Il est même sur ce point inférieur à Braque dont les falaises et les barques ne manquent pas d'un petit charme japonais, manifestent un certain désir d'explorer l'espace, sans aventures inutiles, cela va de soi. Rien de tel chez Picasso : la nature, les lointains, les vibrations de la lumière ne l'intéressent pas. Il n'aime les fleurs qu'en pot ou séchées et il n'a jamais pu dessiner un arbre. La plupart de ses

183. Vénus et l'amour. 1957. *Encre et gouache.* 65,5 × 50,5. *Ph. H. Mardyks.*

184

185

187

186

paysages sont de petites dimensions, malingres, rabougris, presque pétrifiés. Les paysages précubistes sont des constructions architecturales, la *Pluie à Boisgeloup* une vignette d'une touchante timidité et le *Café à Royan* ne dépasse pas le niveau d'une gentille anecdote racontée sans conviction ni effet. On peut trouver plus d'intérêt aux vues de la Seine peintes entre 1943 et 1945 : complètement dépourvues de prétention, combinant plusieurs points de vue, comme pour décanter le souvenir, elles essaient de capter le désordre de la perspective dans un réseau de lignes où sont sertis les maisons et les ponts (*Notre-Dame,* 1945). Technique d'émailleur, d'orfèvre un peu barbare, qui s'assouplit dans *Le Vert Galant* où nous voyons que Picasso traite de la façon la plus cavalière les paysages historiques et, en nous montrant les arbres de la Seine comme de gros balais bien piquants, la statue d'Henri IV comme un minuscule soldat de plomb, parvient à donner la verdeur d'une peinture naïve au sujet le plus rebattu du monde. Mais le paysage qui convient le mieux à Picasso est celui qu'on aperçoit, sans trop le regarder, à travers la fenêtre d'une chambre ou d'un atelier : ouverte en 1918 sur les brises marines après la claustration cubiste, la fenêtre est fermée à l'époque de *La Danse* par une grosse poignée menaçante et catégorique. Nous la retrouvons en 1943 ouverte sur un paysage de lucarnes et de toits *(La Fenêtre).* Mais les toits importent moins que le radiateur qui occupe le premier plan du tableau, énorme, aussi monumental qu'inutile. C'est la guerre, « Paris tremble, ô douleur ô misère », et le radiateur ne marche plus, ne marchera jamais plus et sa poignée nous regarde d'un œil aussi fixe que celui d'une grosse bête[24].

    Picasso va rester à Paris pendant les quatres années

---

184. Café à Royan. 1940. *Huile et ripolin sur toile. 97 × 130. Paris, Musée Picasso. Ph. Chevojon.* – 185. La Pluie à Boisgeloup. 1932. *Huile sur tissu. 47 × 82,5 (ovale). Paris, Musée Picasso. Ph. H. Mardyks.* – 186. Le Vert-Galant. 1943. *Huile. 65 × 92. Paris, Musée Picasso. Ph. H. Mardyks.* – 187. La Fenêtre (vue de l'intérieur de l'atelier de Picasso rue des Grands-Augustins). 1943. *Huile. 130 × 97. Ph. Marc Vaux.*

que dure l'Occupation. Plus de voyages, les distractions sont rares, il n'y a rien d'autre à faire que travailler et la production de l'artiste est pendant cette période trop abondante pour que nous puissions l'évoquer dans sa totalité. Disons qu'elle se compose essentiellement de

189

190

figures et de natures mortes, s'enrichit de deux thèmes que Picasso a explorés avec une particulière insistance : celui du nu allongé et du nu debout, auquel on peut rattacher le grand tableau de *L'Aubade,* celui de *L'Homme à l'agneau* dont l'artiste confiera l'expression définitive à la sculpture, qui occupe à nouveau une place importante dans son œuvre à partir de 1941.

Les figures sont d'abord des visages : ceux d'Inès, une jeune femme qui s'occupait de l'appartement de la rue des Grands-Augustins, de Nush Éluard, de femmes inconnues et bien sûr de Dora Maar. Le tableau peint le 9 octobre 1942 est sans doute le plus beau, le plus émouvant que Picasso ait consacré à sa

188. Portrait de femme. 1942. *Huile. 92 × 73. Ph. Raymond Laniepce.* – 189. Buste de femme. 1943. *Huile. 100 × 81. Ph. galerie Louise Leiris, Paris.* – 190. Femme au chapeau en forme de poisson. 1942. *Huile. 100 × 81. Amsterdam, Stedelijk Museum. Ph. du musée.*

compagne. Le visage, intact et pourtant plus intense qu'un masque, l'admirable profondeur du regard, la position du personnage, décentré, aperçu dans une attitude à la fois naturelle et hiératique, donnent à l'œuvre un caractère halluciné qui la rend peut-être plus convaincante que les ténébreux desseins dont témoignent tant d'autres portraits d'une uniformité dans l'horreur parfois un peu lassante. On retrouve le meilleur Picasso dans les tableaux comiques, ou tragi-comiques, comme on voudra : le *Buste de femme* du 27 mai 1943, dont le visage, qui fait penser à une sculpture d'assemblage, est contrarié par la virgule d'un appendice nasal du plus curieux effet et surtout la *Femme assise* de 1942, dont le grotesque chapeau en forme de poisson avec couvert et tranche de citron évoque les tristes repas de l'époque. Il y a

191. Femme dans un fauteuil. 1941. *Huile. 139 × 97. Ph. Chevojon.* –
192. Femme dans un fauteuil. 1941-1942. *Huile. 130 × 97. Bâle, musée des Beaux Arts.*

d'autres chapeaux, gentils ou ridicules, dans les portraits de cette période, mais le chapeau de ses compagnes intéresse désormais beaucoup moins Picasso que le fauteuil à accoudoirs terminés par de grosses boules dans lequel il les assied afin de les observer et de les dépecer bien à son aise.

Le thème de la femme au fauteuil se retrouve dans toute une série de tableaux spectaculaires peints entre 1940 et 1943. Les boules du fauteuil y prennent une apparence d'objet magique, aussi obsédante que celle des clés des cabines de bains de Cannes et de Dinard, ou des poignées des fenêtres de 1925. Comme dans certains portraits baroques, elles rythment la composition et lui assurent une assise monumentale. Le fauteuil est poussé contre le mur qui emprisonne le personnage dans

193. Femme assise au fauteuil de canne. 1944. *Huile. 100 × 81. (Z.XIII.328).* – 194. Le Rocking-chair. 1943. *Huile. 162 × 130. Paris, Musée national d'Art moderne, Centre Georges Pompidou. Ph. Musées nationaux.*

une sorte de cellule, nous donne l'impression que celui-ci apparaît de façon absurde dans un lieu aussi imaginaire et inquiétant qu'un tribunal de Kafka ou le décor de « Huis Clos ». « Ces femmes assises et ces bustes de femmes qui foisonnent sous l'Occupation, écrit Maurice Jardot, doivent leur indiscutable agressivité au fait que, dans les meilleurs exemples, une tête prodigieusement réinventée, parfois subtilement colorée et modelée, apparaît sur un corps « signifié » de façon admissible pour

195

tous. Et l'agressivité est d'autant plus forte que ce décalage est plus grand[25]. » Ainsi dans le tableau de l'hiver 1941-1942, où la tête est plantée sur le cou comme sur une pique, les cheveux gravés à la pointe dans l'épaisseur de la pâte et où le nez est représenté comme un phallus. L'importance de ce fauteuil est telle qu'il peut communiquer au personnage sa nature et même son humeur : ainsi dans la *Femme au fauteuil de canne,* dont le corps paraît lui aussi tressé de joncs, ou dans le charmant *Rocking-chair,* où le visage de la femme, comme le carrelage de la pièce, paraît emporté dans le mouvement de bascule du fauteuil.

C'est peut-être dans les natures mortes que l'on sent le mieux l'atmosphère des années de la guerre. Petits déjeuners misérables, casseroles vides, cafetières où il n'y a sans doute pas de café et auprès desquelles un bougeoir organise une sorte de veillée funèbre. Et n'oublions pas ce *Plant de tomates* que les épouses des malheureux affamés de 1944 faisaient pousser, entretenaient avec amour sur le rebord de leurs fenêtres. Ni davantage cet artichaut qu'une jeune fille brandit triomphalement,

195. Le Plant de tomates. 1944. *Huile. 73 × 92. (Z.XIV.27).* – 196. Femme à l'artichaut. 1942. *Huile. 195 × 130. Ph. Chevojon.*

comme un sceptre, dans une toile de 1942. Mais le tableau le plus significatif que la guerre ait inspiré à Picasso est cette *Nature morte au crâne de bœuf,* peinte une semaine après la mort de Julio Gonzalès. Le crâne de l'animal, posé sur une table, les cornes brandies comme une pince, se détache sur une fenêtre fermée, un fond violet de vitrail. Voilà la plus belle « vanité » de la peinture moderne, le triomphe du tragique à l'espagnole, austère et macabre, mais sans le pathos un peu inutilement grandiloquent et morbide que celui-ci comporte quelquefois. C'est à propos de telles œuvres que Picasso a pu légitimement dire : « Je n'ai pas peint la guerre parce que je ne suis pas ce genre de peintres qui va, comme un photographe, à la quête d'un sujet. Mais il n'y a pas de doute que la guerre existe dans les tableaux que j'ai faits alors. Plus tard, peut-être, un historien démontrera que ma peinture a changé sous l'influence de la guerre. Moi-même, je ne le sais pas [26]. »

L'atmosphère cependant n'est pas toujours aussi sombre. Nous voyons Picasso s'attendrir devant les enfants, peindre leurs *Premiers pas* sur une toile qui évoque de manière charmante la sollicitude et l'anxiété maternelles. Dans quelques dessins de 1942 apparaissent des pigeons et une colombe, qui deviendra un jour la fameuse colombe de la paix. Et surtout Picasso a su rassembler en une image saisissante et entièrement originale, celle de *L'Homme au mouton,* tout ce que la guerre éveillait en chacun d'angoisse et d'espérance, de pitié pour la misère des hommes, de besoin de solidarité et de douceur. Il est peu d'œuvres que Picasso ait travaillées avec autant de soin, comme le montre l'ensemble des dessins à l'encre de Chine exécutés entre août 1942 et mars 1943. Aperçue d'abord comme une scène rustique, l'image devient de plus en plus symbolique et intem-

197. Nature morte au crâne de bœuf. 1942. *Huile. 130 × 97. Dusseldorf, Kunstmuseum. Ph. du musée.*

porelle, à mesure que la tête du mouton exprime un plus pathétique appel, que le berger se dépouille de ses vêtements, devient une sorte de prophète, à la démarche incertaine, plus harassé et hagard que la jeune bête qu'il tient dans ses bras. Il y a dans cette figure certains élé-

ments qui rappellent les mendiants, les aveugles et les fous de l'époque bleue et l'esprit de *L'Homme au mouton,* c'est bien toujours le : *D'où venons-nous? Que sommes-nous? Où allons-nous?* de Gauguin. Mais c'est au niveau d'un plus noble mystère et de moyens plastiques moins attendus. On se dit parfois devant un tableau que cela pourrait être une sculpture et inversement. Ici non. Il fallait que ce fût une sculpture, pour le caractère frémissant du modelé, la magnifique éloquence avec laquelle la tête du mouton se détache du berger, et cette impression surtout de passage, d'apparition, de route sans but,

---

198. Étude de mouton. 1942. *Encre de Chine. 33,3 × 21,3. (Z.XII.132).* –
199. L'Homme au mouton. 1944. *Bronze. H : 206 cm. Ph. Loïc Jahan.*

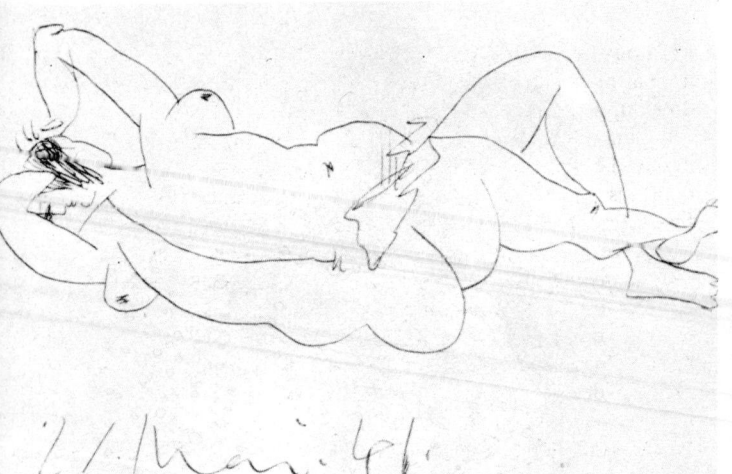

de mouvement que rien ne peut arrêter parce que rien ne l'a provoqué. Si *L'Homme au mouton* n'est pas un tableau, c'est peut-être aussi que Picasso a retrouvé en 1941 un intérêt à la sculpture qu'il avait un peu perdu depuis l'époque de Boisgeloup. Sculpture d'assemblage, figurines composées à partir d'éléments de rebut *(Le Faucheur, La Femme à la pomme, La Taulière)*. Mais aussi sculpture en pleine, ronde, pesante et superbe bosse : la *Tête de femme*, qui orne aujourd'hui le square Guillaume-Apollinaire, et le *Crâne* en bronze de 1941 qui est vraiment ce que l'on peut faire de mieux dans le genre totem, caillou maléfique, pierre hantée et Yorik précolombien.

Un dernier thème nous reste à examiner : celui du nu double, l'un étant debout, l'autre allongé et entretenant entre eux les plus mystérieux rapports. Après avoir au printemps de 1940 consacré sa plus charitable attention au corps de la femme en position verticale (voir la *Femme qui se coiffe*), Picasso exécute du 19 au 21 mai 1941 une série de dessins (Zervos, XI, 123-142) qui nous montrent une femme allongée, endormie, plus ou moins nue. Une nouvelle série qui date du mois d'août *(id.,* 238, 240-265) lui ajoute une compagne qui paraît entrer dans la pièce, observe la dormeuse dans un fouillis de coups de crayon qui font penser à Giacometti (à moins que ce ne soit Giacometti qui nous fasse penser à ces dessins-là). La rencontre étant assez embarrassante, le thème dévie en septembre et devient celui du peintre et de son modèle, l'un et l'autre féminins. Puis, peut-être parce que la peinture est un type d'activité qui éveille plutôt des images masculines et que la musique adoucit les mœurs, la femme peintre devient une joueuse de guitare et c'est le grand tableau de *L'Aubade,* daté du 4 mai 1942, où le cadre tombé à terre est d'ailleurs un souvenir des dessins de septembre. Toile

---

200. Femme nue allongée (étude pour « L'Aubade »). 1941. *Encre. 21 × 27. Paris, Musée Picasso.* – 201. Deux femmes dans un intérieur (étude pour « L'Aubade »). 1941. *Mine de plomb. 21 × 27. Paris, Musée Picasso.*

204

205

202. Le miroir (étude pour « L'Aubade »). 1941. *Encre. 21 × 27. Paris, Musée Picasso.* – 203. L'Aubade. 1942. *Huile. 195 × 265. Paris, Musée national d'Art moderne, Centre Georges Pompidou. Ph. Musées nationaux.* – 204. Homme couché et femme assise. 1943. *Encre de Chine. 50 × 65. Paris, Musée Picasso.* – 205. Deux nus assis. 1943. *Encre de Chine. 50 × 65. Paris, Musée Picasso. Ph. Chevojon.*

fort bizarre toute en pointes, triangles, cocottes en papier et rayures de vilain divan. Que signifie la scène? Le sommeil de la beauté? Les « Vénus au joueur d'orgue » de Titien? Un petit concert champêtre dans une morgue? « Elles », genre Lautrec? L'« Odalisque à l'esclave »? Les agrégées? Il y a sans doute au point de départ de ce tableau une image romantique, presque baudelairienne, mais traitée de manière si abstraite et parodique que c'est assurément une des œuvres les plus déroutantes

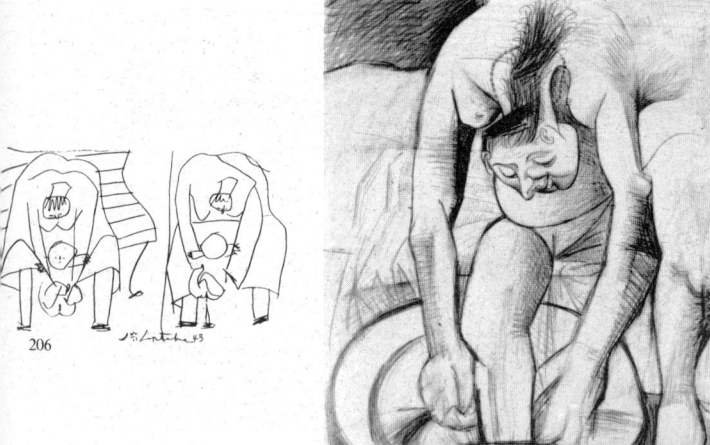

206

207

que Picasso nous ait laissées. Passons donc et constatons que le thème prend ensuite une autre direction et devient, ou à peu près, celui de Cupidon et de Psyché : une jeune femme, assise, observe avec tendresse, mais aussi avec un certain air d'impatience et de déception, un homme endormi. Puis nous retrouvons en 1943 les deux jeunes femmes engagées dans de moins mystérieuses aventures, occupées à des soins de toilette et de conversation. Et nous les retrouverons encore dans une série de litho-

206. Femmes et enfants. 1943. *Mine de plomb. 14 × 22 (Z.XIII.112).* — 207. Femme se lavant les pieds. 1944. *Mine de plomb. 50 × 38. Chicago, Art Institute. Ph. du musée.* — 208. Nu couché et femme se lavant les pieds. 1944. *Huile. 97 × 130. Worcester, Art Museum. Ph. Chevojon.*

graphies exécutées pendant l'hiver de 1945-1946, où nos charmantes amies se réduisent progressivement à un ensemble de signes fort rébarbatifs et d'intérêt purement plastique. Si bien que nous ne saurons jamais le vrai de l'histoire.

Signalons toutefois qu'au cours de ses vicissitudes le thème s'est enrichi en 1943 d'un élément nouveau, celui-là beaucoup plus humain et identifiable. Picasso s'est, comme tout le monde, beaucoup promené pen-

209. La Bacchanale. 1944. *Aquarelle et gouache. 30,5 × 40,5.* Héritiers de l'artiste. Ph. Marc Vaux.

dant la guerre dans les squares, où l'on pouvait respirer tout ce qui restait de nature dans une ville isolée de son arrière-pays et, comme il a finalement très bon cœur, il a noté avec beaucoup de sympathie le geste qui constitue l'occupation principale des mères de famille lorsqu'elles se penchent vers les enfants pour les aider, les encourager préventivement à ne pas salir leur culotte. Le geste n'a pas été retenu et s'est transformé en celui d'une femme qui se lave les pieds dans une bassine. Geste que nous retrouverons dans un grand beau tableau un peu postérieur, superbement contrasté et rythmé qui est comme un double rassurant et familier de notre énigmatique *Aubade*.

Ce tableau a été exécuté le 18 août, dans les jours qui précèdent la libération de Paris, et comme, dans les circonstances historiques, c'est toujours au nu qu'il faut s'en remettre, Picasso entre le 24 et le 29 août exécute d'après la *Bacchanale* de Poussin qui est au Louvre une aquarelle pleine d'allusions malicieuses où se mêlent dans un mouvement frénétique boucs, satyres, ménades et jeunes pâtres entreprenants. Une page est tournée. Celle d'Antipolis et de la « Joie de vivre » commence [27].

210. Détail de 209.

NOTES

1. Georges Hugnet: « L'Iconoclaste », *Cahiers d'art,* 10, 7-10, 1935.
2. Christian Zervos: « Fait social et vision comique », *Cahiers d'art,* 10, 7-10, 1935.
3. « Soudaineté » c'est peut-être trop dire. Zervos écrit en effet : « Longtemps Picasso s'était demandé s'il allait porter son attention sur les événements d'Espagne, s'il devait s'y attacher de toute son ardeur, s'y mêler intimement ou bien les ignorer autant que leurs vicissitudes le lui permettaient. » (Christian Zervos : « Histoire d'un tableau de Picasso », *Cahiers d'art,* 12, 4-5, 1937).
4. Gertrude Stein: *Picasso.* Floury 1938. Gertrude Stein ne perd pas une occasion de répéter que Picasso est un peintre strictement espagnol et que « si la peinture mondiale se fit au XIXe siècle en France par des Français, elle s'y fait au XXe par un Espagnol, Picasso », affirmation qu'André Lhote qualifie « d'impertinence incroyable ». Gertrude Stein semble n'avoir considéré la France que comme un pays de bonne cuisine, jusqu'au jour où le régime du maréchal Pétain lui en révéla les profondes vertus. Toujours est-il que la guerre de 1914-1918, peut-être parce que l'Espagne n'y participait pas, semble avoir laissé Picasso indifférent. Mais l'« engagement » de 1937 n'est pas seulement national; c'est à ce moment que Picasso, peut-être sous l'influence de ses amis surréalistes (d'Éluard en particulier), est devenu un « homme de gauche », un « combattant de la liberté ».
5. José Bergamin: « Tout et rien de la peinture », *Cahiers d'art,* 12, 1-3, 1937.
6. Ces eaux-fortes (et aquatintes) sont datées par certains de 1936, par d'autres de 1937 et même 1938. Il s'agissait encore d'une commande de Vollard, mais, par suite de la mort de ce dernier, le livre ne fut publié qu'en 1942. Les planches sont d'une inégalité surprenante; certaines sont franchement médiocres et le lion, le chardonneret, le cheval, la vache ne semblent guère avoir inspiré Picasso. Mais l'âne et le crapaud sont d'une tendresse, d'une drôlerie dignes de Bonnard et le coq, le bélier, le chat littéralement « époustouflants ».
7. Sur le bombardement de Guernica et les réactions de l'opinion internationale, voir Paul Vovard : « Le Martyre de Guernika », *La Jeune République,* Paris, 1938. Et le catalogue de l'exposition Guernica organisée par le Musée national de Stockholm en 1958.

8. Article cité dans Rudolf Arnheim : *Picasso's Guernica. The Genesis of a painting*. Faber and Faber, 1967. Ce livre reproduit et commente l'ensemble des esquisses et des états du tableau. On trouvera la même documentation dans Juan Larrea : *Guernica* (préface d'Alfred Barr), Curt Valentin, New York, 1947.
9. Cette cruauté n'était pas tout à fait gratuite dans la mesure où l'armée franquiste, qui piétinait devant Bilbao, voulut faire un exemple et lancer un avertissement aux défenseurs de la ville. Mais la réaction de l'opinion mondiale fut telle que les franquistes nièrent avoir bombardé Guernica et prétendirent que l'incendie avait été allumé par une partie de la population.
10. Reproduit dans Georges Joly : *Ce que fut le massacre de Guernica*, L'Œuvre, 22 mai 1937.
11. Bien que les créateurs n'aient aucun droit spécial à l'interprétation de leur œuvre, signalons ces quelques lignes d'une interview donnée par Picasso à un journaliste américain : « No the bull is not fascism, but it is brutality and darkness... the horse represents the people... the Guernica mural is symbolic... allegoric. That's the reason I used the horse, the bull, and so on. The mural is for the definite expression and solution of a problem and that is why I used symbolism. » (« Non, le taureau n'est pas le fascisme, mais la brutalité et l'obscurité... le cheval représente le peuple... Guernica est symbolique... allégorique. C'est la raison pour laquelle j'ai utilisé le cheval, le taureau, etc. La grande composition est pour mettre en forme définitive l'expression et la solution d'un problème, c'est ce pourquoi j'ai eu recours au symbolisme. ») [Jerome Seakler : *Picasso explains*, New Masses, mars 1945].
12. Elisabeth MacCausland : *Picasso*, A.C.A. Gallery, New York, 1944.
13. F. H. Taylor : *Babel's Tower*, New York, 1945.
14. Herbert Read : *Picasso's Guernica*, London Bulletin, oct. 1938.
15. Les citations de Jean Cassou et Michel Leiris sont tirées du numéro des *Cahiers d'art* consacré à Guernica (12, 4-5, 1937).
16. Amédée Ozenfant : « Notes d'un touriste à l'exposition », *Cahiers d'art*, 12, 8-10, 1937. Voir aussi les *Mémoires* d'Ozenfant, Seghers, 1968.
17. Jean Cassou : *Picasso*, Hypérion, 1940.
18. Louis Gillet : « Un Peintre espagnol à Paris », *La Revue des Deux Mondes*, 1ᵉʳ août 1937.
19. Voir Penrose *(op. cit.)* et Richardson. Aquarelles et dessins de Picasso *(op. cit.)*.
20. Jaime Sabartès, *op. cit.*

21. Roland Penrose : *Catalogue de l'exposition Picasso,* n° 162, Tate Gallery, Londres, 1960.
22. Louis Gillet : « Un Peintre espagnol à Paris », *La Revue des Deux Mondes,* 1ᵉʳ août 1937.
23. Kenneth Clark : *The Nude,* John Murray, Londres, 1956. Traduction française : Le Livre de Poche, Paris, 1969. La distinction entre la « Venus cœlestis » et la « Venus naturalis » correspond aux deux types d'amour évoqués par Platon dans un discours du *Banquet.*
24. Le tableau a été peint au mois de juillet. Le radiateur en paraît d'autant plus inutile, mais il ne servira pas davantage lorsque l'hiver viendra, puisqu'il n'y a pas de chauffage. Rien n'était plus exaspérant pendant l'Occupation que le spectacle de ces radiateurs toujours froids.
25. Maurice Jardot : *Catalogue de l'exposition Picasso,* n° 89, musée des Arts décoratifs, Paris, 1955.
26. Voir Antonina Vallentin, *op. cit.,* p. 355.
27. Pour être complet (au moins dans les grandes lignes) sur cette période, il faut mentionner la pièce écrite par Picasso en janvier 1941 : *Le Désir attrapé par la queue,* Gallimard édit., 1945. Cette pièce, malgré le nom des personnages (L'Oignon, Le Bout rond, l'Angoisse maigre, l'Angoisse grasse, la Tarte et sa cousine) n'est pas particulièrement drôle, sinon dans les scènes qui évoquent les préoccupations alimentaires et les petites misères physiques de l'époque : la scène I de l'acte II nous montre un couloir dans le Sordid's Hôtel, où « les deux pieds de chaque convive sont devant la porte de leur chambre, se tordant de douleur » et où tous les acteurs hurlent : « Mes engelures, mes engelures, mes engelures. » La pièce fut représentée en mars 1943 devant un petit cercle amical dans une mise en scène d'Albert Camus et avec une distribution comprenant Raymond Queneau (L'Oignon), Michel Leiris (Le Gros Pied), Zanie Aubier et Simone de Beauvoir (la Tarte et sa cousine), Jean-Paul Sartre (le Bout rond). Louise Leiris était les deux Toutous et le rôle de l'Angoisse maigre échut à Dora Maar.

VI
La Gloire de Picasso

Au cours de l'été de 1944, les premières nouvelles artistiques qui parvinrent de France aux lecteurs de *Time* concernaient la cathédrale de Chartres, épargnée par les bombardements, et Picasso dont on apprenait qu'il était « en bonne santé », « avait les cheveux presque blancs, une nouvelle salle de bains et un bébé de six mois » et « avait refusé de vendre ses œuvres à des personnalités allemandes [1*] ». Pour l'intelligentsia américaine, Picasso en effet ne représentait pas seulement ce que l'Europe pouvait offrir de plus exotique et de plus stimulant. Il était aussi, comme pour l'ensemble des intellectuels et des artistes français qui avaient refusé la collaboration, l'homme de Guernica. Il était resté à Paris pendant les quatre années de guerre, préférant le risque à l'exil, avait eu des liens avec la Résistance, et les Allemands, pour lesquels il ne pouvait être qu'un peintre « dégénéré », lui avaient interdit d'exposer. On connaissait sa haine pour Franco, dont chacun pensait que la libération de l'Europe provoquerait la chute. On vit tout naturellement en lui le symbole de la liberté périlleuse de l'art moderne et de la liberté tout court : on l'identifia à Paris libéré.

« S'il est un homme, écrivait Louis Parrot dans un article intitulé *Hommage à Pablo Picasso qui vécut toujours de la vie de France* [2], dont les récents événements ont ravivé les souvenirs les plus chers, c'est bien le peintre Pablo Picasso qui a retrouvé dans l'insurrection

---

* *Voir notes p. 376.*

de Paris toutes les images populaires et héroïques de la vieille Espagne... Alors qu'il lui était si facile d'abandonner l'Europe, Picasso refusait d'abandonner la ville où il avait connu la misère et la gloire, qui avait consacré son nom et reçu tant de lui en échange... Sur la place de l'Hôtel-de-Ville un des premiers chars qui stoppèrent au milieu des femmes en pleurs portait en grosses lettres blanches le nom de *Guernica*. L'officier qui en descendit était Espagnol. » Et sur un mode moins lyrique, un témoin dont nous n'avons pas de raison de suspecter en toutes circonstances l'objectivité, déclare[3] : « Pendant les semaines qui suivirent la Libération, Picasso devint l'homme du jour... On ne pouvait traverser son atelier sans trébucher sur le corps allongé de quelque jeune G.I. Au début, c'était surtout de jeunes écrivains, des artistes, des intellectuels : après ce furent des touristes. Tout en haut de leur liste, en même temps que la tour Eiffel, il devait y avoir l'atelier de Picasso. Dès lors, Picasso cesse simplement d'être un grand peintre pour devenir une vedette. »

Deux événements attirèrent en outre sur l'artiste l'attention de la grande presse et du public : son adhésion au parti communiste et le scandale du Salon d'Automne. Désireux de rendre hommage à la « peinture libérée[4] » et convaincu, comme beaucoup l'étaient à l'époque, que la fin de l'obscurantisme politique et le triomphe de l'art moderne devaient aller de pair, le comité du Salon avait réservé à Picasso une salle entière où devait être exposé un ensemble important de peintures et de sculptures exécutées par l'artiste pendant la guerre : « Il est juste que les artistes de Paris qui ont aidé à la libération de la capitale aient songé à rendre hommage au peintre qui a le plus efficacement symbolisé l'esprit de la Résistance », pouvait-on lire sous la plume de Louis Parrot dans *Les Lettres françaises* du 7 octobre, et la veille de l'ouverture du Salon, Picasso annonça qu'il venait de s'inscrire au parti communiste. Le correspondant de *Time,* auquel cette nouvelle semble avoir fait perdre son enthousiasme des jours chauds de l'été [5], écrit : « Picasso is obviously following a mass trend... His formal party entry was long planned and delayed till the eve of the opening of the Salon d'Automne in order to make the maximum eclat [6]. » Le « maximum eclat » fut en tout cas atteint : les visiteurs, stupéfaits ou enthousiastes, mais tous fort animés, échangèrent quantité d'injures et propos diffamatoires, se distribuèrent quelques horions, et le dernier dimanche d'octobre un groupe de jeunes gens entreprit de décrocher les toiles [7]. « By four p.m. Sunday, écrit encore notre critique, a thousand gaping people had passed through the salle Picasso and some three hundred were in the room, when from one corner arose repeated shouts of : « Décrochez ! » (« Take'em down ! »), answered by shouts from another corner : « Expliquez ! » (« Explain ! ») and from a third quarter : « Remboursez ! » (« Money back ! »). Numerous youngmen began carefully and nondestructively taking down the pictures from the wall. » S'agissait-il d'une manifestation politique, comme le prétendit la presse de gauche [8] ? Ou artistique ? Plus probablement de la réaction naïve du grand public au « sérieux coup de poing dans l'estomac [9] », pour parler comme André Lhote, qu'il avait reçu lors de ce premier contact avec une peinture qu'il n'était pas préparé à comprendre et qui se présentait à lui sans concession aucune, tant Picasso avait mis de soin à ne présenter que les plus violentes et les plus provocantes de ses œuvres.

    Donc Picasso était « engagé ». Évoquant son adhésion au « parti des fusillés », Louis Parrot écrit : « Voici quelques jours, cet homme que Jean Cassou décrit dans son livre sur l'auteur de *Guernica* comme un artiste « affamé de solitude » décidait de participer plus étroitement à la vie des autres hommes... Son art gagnera sans doute en profondeur au contact d'une réalité dans laquelle il trouvera, s'il en était besoin pour lui, d'inépuisables sujets d'inspiration [10]. » Les œuvres récentes de Picasso (portraits aux visages convulsés, natures mortes austères, faméliques, pourrait-on dire, ou d'un hispanisme funèbre, comme la fameuse *Nature morte au crâne de bœuf,* de 1942), pouvaient être interprétées comme « tragiques », dans le sens où l'on entendait alors cet adjectif, et semblaient indiquer de la part du peintre une volonté qui ne s'était jusqu'alors manifestée que dans *Guernica,* de rejoindre son époque, d'en exprimer les souffrances et les peurs [11]. Cet engagement, Picasso lui-même le revendiquait dans une déclaration faite à Simone Téry, déclaration trop connue pour que nous la citions intégralement : « La peinture n'est pas faite pour décorer les appartements. C'est un instrument de guerre offensive et défensive contre l'ennemi [12]. » Mais quel ennemi ? Quel allait être l'effet pour cet « être affamé de solitude », pour l'individualiste le plus impénitent, l'humeur la plus farouche et la plus vagabonde du siècle, de ce contact avec une « réalité » qu'il avait jusqu'alors fort maltraitée, avec ces « autres hommes » dont il ne s'était guère jusqu'à présent soucié ? Dans quel sens les obsessions et les impératifs artistiques de l'époque allaient-ils incliner l'œuvre de Picasso [13] ? Certes, on pouvait se douter que Picasso serait communiste à sa manière et qu'il continuerait à s'intéresser à lui-même plus qu'à son époque. Néanmoins, le milieu dans lequel vit Picasso au lendemain de la guerre, l'amitié étroite qu'il entretient avec des intellectuels et des artistes communistes, Paul Éluard en particulier, permettent d'envisager sous

cet angle une partie au moins de l'œuvre de Picasso de 1944 à 1953.

Il serait bien long et fastidieux de raconter ici le détail des rapports de Picasso avec le parti communiste [14]. Disons que dans l'ensemble il ne s'en est pas trop mal tiré, surtout lorsqu'on pense aux mésaventures que d'autres artistes ont connues dans ce domaine, et que son appartenance au parti a largement contribué à enrichir sa personnalité mythique et sa légende, à rendre son visage et son nom plus familiers au monde que ne le furent jamais et ne le seront sans doute jamais le visage et le nom d'un artiste. Pendant quelque temps, Picasso s'acquitte avec conscience de ses obligations d'intellectuel progressiste : il anime le comité France-Espagne, présente ses œuvres à la Maison de la Pensée

---

211. La Colombe de la paix. 1949. *Affiche. Ph. Cauvin.*

française [15], participe en février 1946 à l'exposition « Art et Résistance » organisée au musée d'Art Moderne et à l'inauguration de laquelle M. Laurent Casanova, ministre communiste des Anciens Combattants et chargé dans le parti des rapports avec les intellectuels, remercie « les grands artistes qui sont allés chercher dans le geste héroïque de nos frères les éléments d'un art moderne nouveau [16] ». En août 1948, Picasso assiste en compagnie d'Éluard au Congrès des intellectuels pour la paix qui se tient à Wroclaw et y prend même la parole [17]. En 1949, l'affiche du Congrès de la Paix, qui a lieu à Paris, reproduit une lithographie de Picasso, *Le Pigeon,* qui deviendra la fameuse Colombe de la paix. En octobre 1950, Picasso remet à la municipalité de Vallauris un exemplaire en bronze de *L'Homme au mouton.* Laurent Casanova déclare à cette occasion que « l'offrande de l'artiste restera sur la place publique (de Vallauris) une marque de l'alliance féconde que les hommes de l'art nouèrent un jour avec les prolétaires de leur pays » et conclut par ces mots un discours où il a soigneusement rappelé la politique artistique du parti telle qu'elle a été définie par Maurice Thorez au congrès de Gennevilliers : « Salut à Picasso, notre bon frère d'armes ! Vive l'alliance de combat entre le peuple et ses artistes [18]. » Le sommet de l'euphorie est atteint le mois suivant à Varsovie où Picasso reçoit le prix de la paix de peinture et où la colombe est l'objet de déclarations enflammées telle que celle de Pablo Neruda (prix de littérature, cette année-là) : « La colombe de Picasso survole le monde... Elle a pris son vol autour du monde et nul criminel oiseleur ne saurait désormais l'arrêter dans son essor [19]. »

Une seule ombre au tableau : l'affaire du portrait de Staline, en 1953, au moment de la mort de ce dernier.

Le portrait, publié en première page dans le numéro des *Lettres françaises* du 12 mars, suscita de telles protestations de la part des lecteurs et de certains responsables du parti qu'Aragon essaya d'arranger l'affaire dans un article du 9 avril intitulé « A Haute Voix » qui semble n'avoir satisfait personne [20]. Ce fut le seul moment où Picasso eut à souffrir du jdanovisme et de l'agressive intolérance du réalisme socialiste, tel qu'il se manifeste en France autour de 1950 [21]. On ne perdit pas une occasion de rappeler ses origines supposées populaires, sa sympathie pour les masses, d'interpréter son œuvre comme une réaction aux drames de son époque, de vanter sa générosité, sa bonté, d'insister sur la simplicité de sa vie et de son accueil, etc. Les peintres réalistes italiens furent particulièrement ardents à mettre en valeur l'humanisme de son inspiration et de son œuvre [22]. Mais dans l'ensemble on laissa Picasso tranquille. Évidemment les intellectuels communistes étaient parfois un peu embarrassés pour « expliquer » l'œuvre de Picasso aux « masses » sans contrevenir à la doctrine officielle du parti. Les ressources de la dialectique ne manquèrent pas de leur fournir tous les arguments nécessaires, le plus remarquable étant sans doute celui-ci, que nous avons relevé dans *Le Patriote de Nice et du Sud-Est* du 26 octobre 1951, sous la signature de Georges Tabaraud : « Lorsqu'il est valablement admis dans le monde que Picasso est le maître qui devance son temps, il était tout naturel que celui qui chaque année nouvelle de sa vie est tourné vers l'avenir vienne au parti communiste qui lui aussi dépasse son temps pour préparer l'avenir des hommes. »

Si résolu qu'ait été Picasso à préserver son indépendance, certaines des œuvres les plus importantes, au moins par leur propos et leurs dimensions, qu'il a exécutées au lendemain de la guerre, sont des œuvres engagées, illustratives, où se manifestent directement les préoccupations politiques et artistiques de l'intelligentsia progressiste de l'époque. Il s'agit du *Charnier* (1944-1948), des *Massacres de Corée* (1951) et des deux panneaux en contre-plaqué, *La Guerre* et *La Paix* (1952), qui se trouvent aujourd'hui dans une chapelle désaffectée de Vallauris rebaptisée à cette occasion « Temple de la Paix ». Nos intentions n'étant point normatives, nous ne porterons pas de jugement sur ces œuvres. Mais tout le monde sera sans doute d'accord pour reconnaître que Picasso n'est pas parvenu à refaire *Guernica*. On le vit bien en 1953 à l'exposition de Milan (la meilleure, selon nous, de celles qui ont été consacrées à Picasso depuis la guerre) lorsqu'on pénétrait dans la grande salle du Palazzo Reale où *La Guerre* et *La Paix* étaient confron-

212   213

212. Le Charnier. 1944-1945. *Huile. 200 × 250. New York, The Museum of Modern Art. Ph. Chevojon.* – 213. La Guerre. 1952. *Huile sur bois. 470 × 1 020. Vallauris, Temple de la Paix. Ph. Chevojon.*

tées avec le seul grand tableau historique et l'œuvre la plus dramatique du siècle. L'histoire s'était révélée plus cruelle encore que ne le disait *Guernica,* mais le cœur n'y était plus. C'est que Picasso est désormais et pour assez longtemps un homme heureux. On ne retrouve rien dans les œuvres de cette époque de l'humeur sombre et amère qui caractérise la période 1936-1945, celle du « Picasso furioso », pour reprendre une expression de Roland Penrose dans le catalogue de l'exposition organisée à Londres en 1960. D'abord parce que les temps ont changé et que Picasso réagit toujours plus au présent qu'au souvenir et au récit. Et peut-être aussi parce que la fin de la guerre coïncide à peu près pour lui avec la fin de sa liaison avec Dora Maar, dont les charmes cruels sont à l'origine de certaines de ses œuvres les plus crispées, les plus intensément comiques et bizarres. Picasso

214

a rencontré une belle et très jeune femme, Françoise Gilot, qui sera sa compagne jusqu'en 1953 et lui donnera deux enfants, Claude et Paloma. Il serait excessif d'interpréter l'œuvre de Picasso uniquement à partir de ses amours et de ses passions. Mais de même qu'il y a eu avant la guerre une « période Olga », une « période Dora Maar », un « cycle Marie-Thérèse Walter », on peut retrouver dans les œuvres des années 1945-1950 un reflet de la personnalité de Françoise Gilot ou tout au moins du type de rapports que Picasso entretient avec elle : « Françoise, écrit Pierre Daix, est le nouveau banc d'essai de toutes les ruses, de tous les thèmes plastiques qui viennent à l'esprit de Picasso. Double arc noir des sourcils,

215

parfaite régularité de la courbe du visage, gros seins ronds, tels sont les signes de Françoise dans le langage de Picasso, à quoi s'ajoute la finesse de la taille. Picasso fera de sa tête un cercle, un ovale aplati, il le gravera sur des galets, sur un morceau d'os, ou le dessinera avec toute la souplesse de la pierre lithographique, il l'arrondira comme un soleil, se plaira à l'encadrer des volutes d'une longue chevelure [23]. » Ce soleil, ces volutes, ce galet gravé, nous les trouvons en effet dans le célèbre tableau du 5 mai 1946, *La Femme fleur* où le visage de la jeune femme fait aussi un peu penser à un plat de Vallauris, tandis que le corps, malgré une certaine apparence de signal, de sculpture métallique, est entièrement

214

214. La Femme fleur. 1946. *Huile. 146 × 81. New York, collection particulière. Ph. galerie Louis Carré, Paris.* – 215. Maternité à l'orange. 1951. *Huile sur contre-plaqué. 115 × 88. Héritiers de l'artiste. Ph. Chevojon.*

interprété comme un motif végétal : une tige très mince à laquelle les seins s'accrochent comme des fruits non sans quelques allusions érotiques sur lesquelles il est inutile d'insister. Même lorsqu'elle deviendra une mère veillant jalousement sur ses enfants (*Maternité à l'orange*, 1951), la « femme fleur » gardera toujours ce visage un peu dur, au rayonnement impassible, ce corps de plante flexible que nous voyons dans la grande pastorale exécutée à Antibes en 1946 *(La Joie de vivre)* danser au milieu de satyres et de chevreaux hilares « à qui l'une et l'autre corne sortent du front nouvelet ». *L'Enlèvement d'Europe*, peint la même année, nous la montre trônant sur le Minotaure de jadis qu'elle empoigne par une corne et qui s'en trouve réduit à l'état d'un pauvre animal de carton louchant de façon grotesque et complètement soumis à la puissance altière de sa compagne. Finie la peur, finies les ombres et les femmes en pleurs au visage torturé. Pour citer encore Pierre Daix : « Françoise, soleil et fleur, telle une déesse de la fécondité, entièrement reconstruite, recréée, récrite... catalyse le monde païen qui va paraître, dont elle sera reine. » Une reine dont la toute-puissance inquiétera assez vite l'artiste, mais en 1946, malgré *L'Enlèvement d'Europe*, le ciel est encore sans nuages ; tout est jeux, musique, baignades, plaisir de commencer une vie nouvelle.

Physiquement d'ailleurs, Picasso change. Il accepte bravement la calvitie qu'il cherchait jusque-là à dissimuler ; il se promène, reçoit ses amis, se laisse photographier, en short, en espadrilles, en maillot de bain, donne partout l'image d'une verte et triomphante vieillesse, celle d'un père de famille bienveillant et comblé, d'une sorte de patriarche allègre de la peinture, de faune sarcastique et jovial que l'âge n'atteint pas. Il s'établit définitivement au bord de la Méditerranée [24], découvre le soleil, les plaisirs de la plage et de la nudité. Comme tous les Français d'ailleurs à la même époque et rien n'a sans doute plus contribué que cette rencontre à rendre l'image de Picasso plus humaine, plus familière au grand public, à donner au mythe de Picasso la base populaire qui lui manquait jusqu'alors et que l'aspect « engagé » de son œuvre ne suffisait pas à constituer. Pour prendre un exemple parmi cent, voici comment le magazine *Arts,* dans sa rubrique « Vacances » du 31 juillet 1951, évoquait « Picasso sur la plage » : « Chaque matin à onze heures et demie, une grosse Hispano-Suiza noire et grise descend de Vallauris. Elle s'arrête devant une plage de Golfe-Juan, chez Nounou, bar-restaurant. Toute la famille Picasso en descend et va prendre son bain. » Picasso « dessine sur le sable » pour ses enfants, « des figures étranges, recrée le monde en une minute pour le faire éclater. Le bain quotidien (que d'ailleurs hiver comme été il ne manquerait pour rien au monde) représente à ses yeux moins un exercice physique ou une détente morale que le contact indispensable de la nature avec ses forces vives ». Le Minotaure était devenu citoyen d'Antibes et berger d'Arcadie, nabab méridional et en même temps, comme nous allons le voir bientôt, travailleur manuel.

Si nous feuilletons le volume XIV (1944-1946) du catalogue établi par Christian Zervos, nous constatons que la production picturale de ces années est assez mince en quantité et en qualité. Picasso, fatigué de la peinture, comme cela lui est déjà plus d'une fois arrivé, cherche visiblement de nouveaux moyens d'expression. Il pense à la sculpture, se remet avec passion à la lithographie et c'est là un des aspects essentiels de son œuvre d'après guerre.

Il dessine en effet, entre novembre 1945 et avril 1949,

216

près de 200 lithographies presque toutes de grand format et exécutées chez l'imprimeur Mourlot, dont il fréquente assidûment l'atelier. Ce goût pour la lithographie n'est d'ailleurs pas propre à Picasso et le développement de la lithographie, de la lithographie en couleurs surtout, est sans doute un des phénomènes qui après 1945 ont le plus contribué à élargir le public de la peinture moderne. Vendues alors à des prix relativement raisonnables, les lithos ont un peu joué le rôle de « multiples » avant la lettre et Picasso lui-même a déclaré : « Je voudrais bien que l'on tire mes gravures à un grand nombre d'exemplaires et qu'on les vende bon marché. Je vais bientôt en exécuter spécialement. » (Anatole Jakovski : « Midis

216. Femme au fauteuil n° 4. 1948. *Lithographie. 65 × 50. Ph. galerie Louise Leiris, Paris.*

avec Picasso. » *Arts de France,* n° 6, mai 1946.) L'inconvénient de cette conception de la lithographie est que celle-ci tend à n'être plus que la reproduction mécanique d'un tableau ou d'un pastel (c'est surtout vrai pour les lithos de Braque) ou d'un dessin, comme dans la série, d'ailleurs charmante, des portraits de Françoise, de juin 1946. Des œuvres comme *La Tête de jeune garçon* de novembre 1945, *Le Pichet noir et la Tête de mort* de février 1946, *Le Hibou à la chaise* de janvier 1947 nous montrent cependant que Picasso s'intéresse au procédé pour lui-même et sait en obtenir des effets très personnels, la perfection du genre étant peut-être atteinte avec le superbe ensemble des *Femmes au fauteuil* de décembre 1948-février 1949 : beaux visages, beaux regards, belles manches gonflées, beaux noirs, avec, parfois, dans l'attitude une dignité sévère de portrait d'infante. Bien qu'il soit traité dans un esprit tout différent, le motif est celui des *Femmes au fauteuil* peintes pendant la guerre et la lithographie est souvent pour Picasso un moyen de prolonger un tableau, d'aborder sous un autre angle un thème qui continue à l'intriguer : telles ces *Femme assise et dormeuse* de 1946 et 1947, qui sont un dernier écho des dessins et des tableaux que nous avons évoqués à la fin du chapitre précédent.

Les lithographies d'après guerre n'en abondent pas moins en images nouvelles : scènes antiques, faunes musiciens, bacchanales, « Faune et Centauresse », scènes de corridas, taureaux, portraits de Paloma (1952), natures mortes, vilaines bêtes *(Le Homard, Le Crapaud).* Et deux suites d'un intérêt exceptionnel : *David et Bethsabée* et *Le Chevalier et les pages.* La première suite a été inspirée à Picasso par un tableau de Cranach dont il avait vu la reproduction dans un catalogue du musée de Berlin. Nous avons déjà parlé de l'intérêt de Picasso pour Cranach mais il n'est pas facile de dire exactement ce qui l'a retenu dans cette œuvre en particulier. La masse sombre des vêtements, piquée par le blanc des visages, et qu'il accentuera jusqu'à exécuter entièrement en noir le troisième état? Le geste de la servante qui lave les pieds

de Bethsabée et rappelle certains personnages féminins de 1943? La manière dont Bethsabée est observée par un David haut perché que Picasso transforme en barbon ridicule? Le contraste entre le caractère artistique de l'activité qui règne au registre supérieur (David joue de la harpe, un jeune homme écoute avec abandon) et celle, plus prosaïque, du règne inférieur (on se lave les pieds)? Plus vraisemblablement: les chapeaux, immenses, posés de guingois, dont Picasso a tiré le parti décoratif

---

217. Lucas Cranach. David et Bethsabée. *Musée de Berlin. Ph. Haufstaengl-Giraudon.* — 218. David et Bethsabée. 1947. *Lithographie, 4ᵉ état. 64 × 49. Ph. Bibliothèque nationale.*

le plus savoureux et reproduit la forme dans les feuillages au milieu desquels apparaissent les personnages, lesquels ont d'ailleurs conservé tous les attributs et les ornements dont Cranach les avait parés. Quant à l'étonnante suite *Le Chevalier et les pages* (1951), dont le thème se retrouve dans un tableau et quelques dessins, elle est évidemment d'intention caricaturale et se rattache au thème de la paix et de la guerre, aux *Massacres de Corée* peints la même année : un chevalier s'en va-t-en guerre sur un cheval superbement caparaçonné, le visage enfermé dans un casque plus grotesque que tous les chapeaux de Dora Maar. Des pages au visage goguenard conduisent ce grand invalide. Sur certains états une femme observe la scène à laquelle un moine apporte l'approbation et le concours de la religion. Dans les dessins liés à ces lithographies apparaissent toute une série de personnages, femmes nues, dames en grands atours et hennins qui nous montrent que Picasso avait alors en tête tout un roman médiéval, chevalerie burlesque ou satire de la vie militaire, dont il ne nous a malheureusement raconté que quelques épisodes.

Les eaux-fortes et les aquatintes n'occupent pas une place moins importante dans la production de ces vingt dernières années mais comme on ne peut tout dire, on me permettra de renvoyer sur ce point au catalogue récemment publié de Georges Bloch [25]. On aimerait

220

seulement mettre hors de pair les beaux visages fleuris et lointains qui illustrent le texte (gravé par l'artiste lui-même) des *Sonnets* de Gongora et les aquatintes de *Sable mouvant* de Pierre Reverdy où Picasso a scruté encore une fois, avec une anxiété presque poignante, le thème du peintre devant son modèle. Lorsque Picasso s'installa définitivement dans le Midi, l'exécution de ses lithographies devint difficile faute d'un atelier proche, mais l'habileté technique d'un jeune imprimeur de Vallauris lui permit de simplifier et d'exploiter à fond les ressources de la gravure sur linoléum, procédé dont il a tiré

---

219. Le Chevalier et les pages. 1951. *Lavis et gouache. 50,5 × 66. (Z.XV.183).* − 220. Nature morte sous la lampe. 1962. *Gravure sur linoléum. 53 × 64. Ph. galerie Louise Leiris, Paris.*

des effets spectaculaires sur le plan de l'expression de la couleur et des contrastes lumineux. Cette technique de formes souples et d'aplats affrontés, qui convient particulièrement bien aux scènes de mouvement, bacchanales, corridas, où la virtuosité, la « furia » de l'artiste font merveille, lui permet en même temps de manifester un sentiment dramatique de la lumière qui est dans son œuvre assez exceptionnel (*Nature morte sous la lampe*, 1962). Et c'est également à travers la gravure sur lino-

221. Picasso dans son atelier de céramiques à Vallauris, 1952. *Ph. Doisneau-Rapho.*

léum que Picasso a réalisé ses plus belles affiches [26].

Si populaires et recherchées que soient devenues ces affiches, certaines de ces gravures, elles n'ont contribué que d'une façon secondaire à la gloire et à la légende de Picasso. Celui-ci avait rejoint le peuple, présenté du monstre sacré une image accessible au grand public, lâché sur le monde la Colombe de la paix : surtout il était devenu potier à Vallauris, où vont bientôt affluer les touristes du monde entier et qui deviendra un de ces abominables « villages d'art » que l'après-guerre a vu proliférer dans le Midi de la France. Si charmantes et spirituelles que soient les œuvres réalisées par Picasso dans l'atelier Madoura, elles relèvent des aspects les plus précieux et sophistiqués du talent de l'artiste et apparaissent en tout cas très inférieures aux admirables sculptures que Picasso exécutait à peu près à la même époque à Vallauris *(La Femme enceinte, La Chèvre, La Guenon et son petit)* et où l'on retrouve toute la puissance d'invention plastique et poétique qui caractérise les œuvres de Boisgeloup. Pourtant le public et la critique dans son ensemble semblent avoir attaché beaucoup moins d'importance à ses sculptures qu'aux « femmes amphores » de Vallauris, sans doute parce que ces dernières avaient une apparence fort aimable, étaient aussi habiles d'exécution que faciles de lecture, et déconcertaient moins que ces féroces assemblages de détritus que sont *La Chèvre* et *La Guenon* [27]. Surtout parce que l'on crut voir réalisées dans les poteries de Vallauris ces exigences d'un grand art populaire et simple, de compréhension aisée et de prix abordable, ce retour à la grande tradition artisanale (et française) qui sont parmi les obsessions les plus souvent exprimées de l'époque (renouveau de la tapisserie, Lurçat, art sacré, vitraux, etc).

Quoi qu'il en soit, l'expérience de Vallauris enrichit

le mythe Picasso des nuances les plus affectueuses et collectivement senties sur le plan rustique, artisanal et même parfois tellurien. « Picasso, ouvrier de la terre et du feu », s'écrie Léon Moussinac dans *Les Lettres françaises* (2 décembre 1948) à propos de l'exposition de poteries et céramiques présentée à la Maison de la Pensée française. Il faut voir dans cette expression « l'annonce du rôle social que l'artiste jouera dans la société de demain... Les potiers de demain auront pour maîtres les peuples. Et c'est dans ce sens que l'œuvre de Picasso, somptueuse et magnifique, annonce l'avenir... La terre et le feu, dans les mains de Picasso, c'est pour nous la figuration vivante de la matière et de l'esprit, de leur combat et de leur victoire ». Picasso en nous sauvant se sauve... Finie l'obscure tragédie ! « Picasso domine cet avant-goût de la mort, ce « nadisme » dont Unamuno prétendait qu'il était inséparable de la qualité d'espagnol ! Picasso dépasse aussi cet amour « désespéré » de la vie qui caractérisait Lorca. » « Les œuvres d'Antibes, écrit René Renne dans *Arts* (27 décembre 1946)... peuvent... être considérées comme des anti-*Guernica*. Le ciel lumineux de la Méditerranée a remplacé le ciel noir de l'Espagne en guerre... Picasso découvre le message du soleil. » « Picasso peint d'après nature », s'écrie, stupéfiée et ravie, Mlle Renée Davis dans *La Liberté de Nice et du Sud-Est* (11 octobre 1946). En pétrissant l'argile de ses mains, Picasso avait en somme retrouvé la joie, la fraternité humaine [28], le moyen de toucher simplement les cœurs. « La tentative de Picasso nous émeut, écrit Jean Bouret dans *Arts* (26 novembre 1948)... surtout parce qu'il a éprouvé le besoin de remonter aux sources, de prendre contact avec le côté manuel de cet art, de le fabriquer. On dirait qu'il a eu besoin d'une force nouvelle et que seule la terre pouvait la lui donner. Le

---

222. La Guenon et son petit. 1952. *Bronze. H : 55. Ph. Chevojon.*

222

courant de l'*homo faber,* qui est le grand courant de la pensée créatrice actuelle, a été assez fort pour l'entraîner... et c'est peut-être la meilleure source de délectation en plus de la joie qu'on éprouve à retrouver dans ces poteries les « formes mères » de notre civilisation. »

En fait, notre nouvel Antée ne se souciait guère des « formes mères » ni même sans doute tellement des potiers de Vallauris [29]. Picasso est un homme de très grande sensibilité et ingéniosité manuelles qui de temps à autre, dans les moments de détente et de loisir à jouer avec des matériaux nouveaux, plier à sa fantaisie les lois d'une technique qu'il ne connaît pas encore, utilise avec passion mais abandonne assez vite. Les poteries et les céramiques de Vallauris ne représentent dans son œuvre qu'un intermède décoratif et c'est du même point de vue qu'il faut interpréter les tableaux, les dessins et les lithographies de la période d'Antibes. On sait qu'à l'automne de 1946, Picasso, qui voulait réaliser des œuvres de très vastes dimensions, se plaignait de ne pas trouver de murs et d'atelier assez vastes pour les concevoir et les accueillir, que le conservateur du musée d'Antibes, Dor de la Souchère, mit à sa disposition le palais Grimaldi, que Picasso y travailla quatre mois, y exécuta un ensemble d'œuvres qui se trouvent aujourd'hui encore au musée (devenu dans l'intervalle musée Picasso) bien qu'elles soient demeurées la propriété personnelle de l'artiste. Le fait que ces œuvres n'étaient pas destinées à être vendues a souvent été relevé et mis au compte des intentions « populaires » de l'artiste [30]. Elles évoquent les plaisirs de la Méditerranée et d'« Antipolis » *(Les Oursins, La Seiche, Le Pêcheur assis, Le Pêcheur oisif)* ou nous présentent des nymphes, des centaures et des « satyreaux » musiciens dans une charmante atmosphère d'idylle sensuelle et d'Arcadie humoristique. Cette Arcadie faunesque et intemporelle a valu à Picasso les plus sévères commentaires de la part de John Berger dans un livre récent consacré à l'artiste : *Success and failure of Picasso* [31]. Elle prouverait l'impossibilité de Picasso à sortir de son orgueilleuse solitude, de ses obsessions culturelles, à rejoindre son temps, à s'intéresser aux autres. Les dernières œuvres de Léger sont, elles aussi, consacrées à la joie, à la fête, aux loisirs; mais il s'agit de loisirs réels, éprouvés par des personnages contemporains et réellement populaires, d'un vrai bonheur, d'une authentique invitation à la joie, d'un acte de foi à l'égard d'une société nouvelle. Alors que Picasso, éternel exilé, « peintre du XIXe siècle », s'en remet au mythe du « bon sauvage », « idéalise la nature primitive de son génie afin de condamner la société corrompue dans laquelle il vit », est incapable d'appréhender la peinture de façon véritablement sociale et contemporaine.

C'est bien possible, et évidemment inexpiable, quoique cette atmosphère de vacances folâtres rende après tout assez bien compte des désirs nautiques et balnéaires des Français d'après guerre, des grandes migrations méditerranéennes et de l'obsession de l'ensoleillement qui allait s'ensuivre. Ne négligeons pas non plus le côté « fête de l'Huma » du cycle d'Antibes, même s'il apparaît moins nettement que chez Léger *(La Belle Équipe, La Partie de campagne)*. Mais notons surtout que les dimensions de certaines de ces œuvres *(Le Triptyque des Faunes et du Centaure, La Joie de vivre)*, la nature des matériaux employés (plaques de fibrociment et de contre-plaqué), l'extrême rapidité de l'exécution révèlent chez le peintre des intentions décoratives (au sens des « tableaux » des fêtes de la Renaissance ou des panneaux exécutés par Lautrec pour la baraque de la Goulue) qui le situent

---

223. (p. 338-339). Salle d'honneur du musée Picasso à Antibes. *Ph. Marianne Greenwood, éditions Lund Humphries.*

fort exactement dans le climat artistique de l'époque. Car l'époque est tout entière à la décoration (sauf bien sûr dans le milieu de la peinture abstraite où le mot est évoqué avec horreur). Fini le tableau de chevalet ! Des murs ! Réintégrons la peinture dans le cycle des grandes réalisations collectives ! Dans le premier numéro d'*Arts de France*, Jean Cassou déclarait : « L'artiste dont la production indépendante, souvent solitaire, scandaleuse, n'accédait au marché que par le biais du snobisme et de la spéculation va retrouver sa vraie fonction des époques de grande civilisation qui est d'être le maître d'œuvre, l'organisateur du décor et de l'habitat, etc. » et Jean Lurçat : « Cette sourde inquiétude qui couvait dans l'esprit de tant de peintres sur le rôle, sur la « consommation » (ou plus exactement sur la « distribu-

224

224. Triptyque : Satyre, faune et centaure. 1946. *Huile sur fibrociment. 250 × 360. Antibes, Musée Picasso.* – 225. Femme endormie et faune barbu assis. 1946. *Mine de plomb. 50 × 65. (Z.XIV.259).*

tion » de l'œuvre dite de chevalet), cette inquiétude n'était point un phénomène gratuit ou fortuit. Il y a bien des années que la « marche vers le mur » a été exprimée et pressentie par les plus grands de nos peintres. »

Il faut noter cependant que dans le cas de Picasso, la « marche vers le mur » fut rapidement arrêtée. Picasso demeure un peintre de chevalet, de natures mortes ou de portraits, qu'ils lui soient inspirés par sa vie familiale ou par des réminiscences culturelles *(Le Portrait d'un peintre d'après le Greco)*. Il peindra encore des assiettes pour les fours de Vallauris, il continuera à combattre pour la paix, à recevoir des témoignages d'amitié du parti et des intellectuels communistes. Mais son œuvre va évoluer en d'autres directions et, avec elle, l'attitude du public à son égard.

225

A la fin de 1953, Françoise Gilot et Picasso se séparent. Nous avions déjà mal auguré de *L'Enlèvement d'Europe* et *La Femme au chien* annonce de terribles orages : comme l'écrit Evan H. Turner[72]. « On peut présumer que l'artiste s'est identifié dans cette œuvre

226

226. Femme et chien jouant. 1953. *Ripolin sur contre-plaqué. 81 × 100. Lucerne, galerie Rosengart.*

avec l'animal désarmé, terrifié, exsangue qui est pris dans les griffes d'une femme aux vêtements couleur de paon », d'autant plus que l'amour de Picasso pour les chiens est « thoroughly established », depuis l'époque où Kasbek, le lévrier afghan, a projeté son ombre sur le visage de Dora Maar. Mais ici c'est la femme qui est la plus forte ou la plus dure et c'est pour Picasso le début d'une crise morale dont on a souvent vu l'expression dans une suite de dessins exécutés entre novembre 1953 et février 1954, dessins d'interprétation malaisée, mais presque tous de la plus haute qualité et qui sont avec *Le Romancero du Picador* un des plus remarquables témoignages que l'artiste nous ait laissés de son talent narratif, de son goût pour le conte à l'espagnole, absurde et comique, inquiétant, indéchiffrable.

L'idée générale serait : elle est jeune, je suis vieux. Elle est là, enivrée d'elle-même, indifférente, intangible, l'amour la courtise : Je sais tout et que faire sinon loucher vers sa beauté? Elle me quitte, elle ne me voit pas. Qu'est-ce qui vaut mieux, de l'art ou de la vie? Échangeons nos masques. La peinture m'ennuie. Oh! la peinture! Et les amateurs de peinture! Les amateurs d'art (certains dessins reprennent le thème traditionnel de la visite à l'atelier) sont des importuns, des absurdes, des voyeurs, des gagas à lunettes. Je suis peintre et le peintre est un singe, Chardin l'avait bien dit. La peinture est comme un cirque; nous faisons des tours, il y a toujours des imbéciles pour nous applaudir. D'ailleurs les femmes préfèrent les singes et il faut être comme ce vieil homme obèse et nu qui, dans une aquarelle du 26 janvier 1954, regarde une adorable enfant, une divine Lolita à chaussettes courtes et chapeau de pensionnaire, tendant une pomme, la pomme, à un jeune singe fort indiscrètement répandu entre ses cuisses.

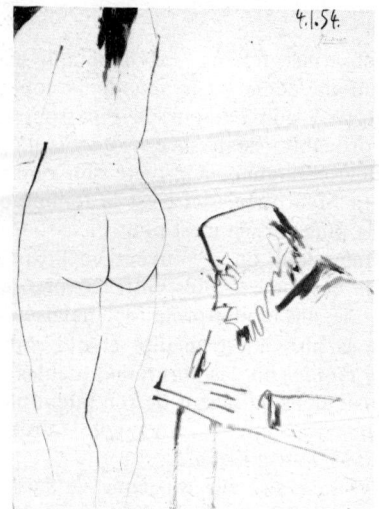

227. Dessinateur et modèle. 1954. *Encre de Chine. 32 × 24. Ph. galerie Louise Leiris, Paris.* — 228. Dans l'atelier. 1954. *Encre de Chine. 24 × 32. Ph. galerie Louise Leiris, Paris.*

229. Les Masques. 1954. *Lavis. 24 × 32. Ph. galerie Louise Leiris, Paris.* –
230. Le Singe et la pomme. 1954. *Gouache. 24 × 32. Ph. galerie Louise Leiris, Paris.*

231

231. Jacqueline dans un fauteuil à bascule. 1954. *Huile. 146 × 114.*
New York, collection particulière. Ph. H. Mardyks.

Au printemps de 1954, Picasso fait la connaissance à Vallauris d'une jeune fille, Sylvette David, ce qui nous vaut une série de portraits fort amusants et gracieux. L'épisode est sans lendemain et c'est alors que Picasso rencontre Jacqueline Roque qui deviendra son épouse après la mort d'Olga Koklova (février 1958) et lui inspirera les plus beaux portraits qu'il ait réalisés depuis l'époque de Dora Maar *(Jacqueline aux mains croisées, Jacqueline en costume turc, Jacqueline en Lola de Valence, Jacqueline dans un fauteuil à bascule,* etc.). Même si le style en est assez différent et si Picasso semble avoir manifesté pour le visage de sa seconde femme un respect dont n'ont pas bénéficié ses autres compagnes (à l'exception d'Olga).

Inutile de dire que ces péripéties sentimentales stimulèrent fort le zèle des chroniqueurs et attirèrent plus que jamais sur Picasso l'attention de la presse et des magazines à grand tirage. Picasso fait en 1955 son entrée dans la presse du cœur avec un reportage paru dans *Elle* et intitulé « Picasso et les femmes », où son œuvre est classée et répartie en fonction de ses diverses liaisons; Éva se voyant attribuer le cubisme, Françoise Gilot « l'expressionnisme » et Sylvette David « le retour au figuratif ». (« La blonde jeune fille à la queue de cheval calme les couleurs de sa palette. ») La femme sera dès lors un élément essentiel du mythe Picasso, le peintre étant à la fois don Juan et Barbe-Bleue, héros romantique et souffrant aussi bien que profanateur sacrilège de la beauté féminine et du « mundus muliebris ». Il faut d'ailleurs reconnaître que cette image n'est pas seulement assez exacte en elle-même, mais qu'elle rend parfaitement compte d'un des aspects essentiels de l'œuvre de Picasso après 1953. Nous ne pensons pas seulement aux très nombreux tableaux et lithographies que lui a inspirés Jacqueline ni au thème du *Peintre et son modèle* qu'il n'a cessé de reprendre depuis les dessins de Vallauris dont nous parlions à l'instant, en particulier dans une série de toiles exécutées entre février et juin 1963, ni enfin à tous ces visages féminins que l'on peut compter

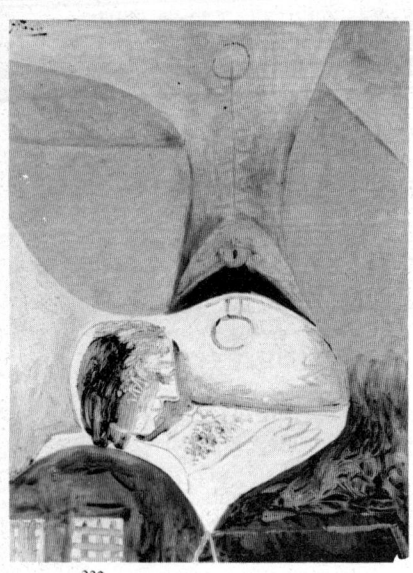

232

parmi les plus belles œuvres de sa vieillesse : *La Femme lisant sous la lampe* d'avril 1962, scène d'intimité qu'il transforme en un nocturne, d'une solennité admirable, *La Femme assise* exécutée en noir et blanc peu de temps après, une des plus puissantes effigies « primitives » de sa dernière période, ou cette *Jeune Femme dans un fau-*

232. Femme lisant sous la lampe. 1962. *Huile.* 116 × 89. Ph. galerie Louise Leiris, Paris. − 233. Femme assise (en noir et blanc). 1962. *Huile.* 146 × 114. Ph. galerie Louise Leiris, Paris.

teuil qui fut exposée au Salon d'Automne de 1965, tableau qui est celui-là un véritable portrait, un de ces portraits si présents et attirants qu'on a envie de demander à leur propos : « Qui est-ce [33] ? » Lorsqu'il est à Vauvenargues, dans ce lugubre château qui lui fera retrouver les plus sombres et les plus austères de ses humeurs espagnoles, il explore les lieux, jette un coup d'œil sur le paysage, cherche partout un objet, un détail autour duquel inventer de nouveaux thèmes, mais en dehors du fameux *Buffet de Vauvenargues* et de quelques natures mortes où apparaissent à nouveau les guitares de jadis, c'est au visage de sa femme qu'il s'en remet pour exprimer cette Espagne resurgie du passé autrement que dans le pittoresque de la corrida *(La Femme à la mantille, La Femme au miroir [34])*.

Nous devons aussi remarquer que les fameuses variations des *Femmes d'Alger,* des *Ménines* (et, quoique de façon moins nette, du *Déjeuner sur l'herbe*) portent sur des sujets et des personnages féminins, et surtout que Picasso n'a probablement jamais peint autant de nus qu'au cours de ces dix dernières années. Certains de ses nus sont d'une extraordinaire puissance plastique et monumentale : ainsi les *Deux Femmes nues* de 1956, toile où revit le meilleur du cubisme (l'élément central du visage de la femme assise est celui d'une des *Demoiselles d'Avignon*) et où Picasso manifeste de façon éblouissante son habileté à réinventer les formes, à rythmer leur pesanteur et leur élan, à donner au geste d'une femme qui se peigne la dignité, la tension architecturale d'un motif de haute époque.

D'autres nus sont moins convaincants, et d'une laideur qu'il est difficile de mettre au bénéfice d'une quelconque intention poétique *(La Femme couchée au chat).* Tous nous présentent une image singulièrement peu flatteuse du corps féminin, sur lequel Picasso semble

---

234. Deux femmes nues. 1956. *Huile sur toile. 195 × 130. Paris, Musée Picasso. Ph. H. Mardyks.*

s'être acharné avec la même fureur qu'il avait mise à disloquer le visage de Dora Maar à la veille de la guerre. Nous nous garderons bien de proposer une interprétation de ce que de tels tableaux peuvent révéler de l'attitude, consciente ou inconsciente, à l'égard des femmes, de l'homme très âgé qu'est tout de même Picasso mais nous devons bien reconnaître que le *Grand Nu* de 1964 n'ajoute rien à sa gloire et que *La Femme au bord de la mer* de 1965 ne dépasse pas le niveau d'une assez sommaire obscénité. Pourtant la rêverie érotique inspirera encore à Picasso des accents d'une agressivité étonnante, comme dans la série de gravures et d'aquatintes de 1968, série qui est un peu comme son *Bain Turc*. C'est d'ailleurs en feuilletant le catalogue de l'exposition Ingres, qui avait eu lieu à la fin de 1967, que Picasso a trouvé le sujet de certaines de ces gravures (le béret du peintre dérive du petit tableau représentant *Raphaël et La Fornarina*) et dans les plus licencieuses d'entre elles, le thème du peintre et son modèle trouve une conclusion imprévue et qui n'a rien de métaphysique. Plutôt que peindre les femmes, il vaut peut-être mieux les aimer, et de la façon la plus leste.

L'année 1954 peut être également considérée comme une année de rupture, dans la mesure où l'attitude de Picasso à l'égard du public et de son époque va se transformer, comme va se transformer le rôle qu'il a joué dans la vie artistique de son temps. Depuis le cubisme Picasso était demeuré la personnalité majeure de la peinture du XXe siècle, l'« empereur de l'art moderne », comme dit John Berger, et n'avait cessé de tenir le devant de la scène et d'organiser le spectacle. Très sensible à l'évolution du goût, aux variations du climat culturel de son époque, il avait su plus d'une fois devancer cette évolution, par exemple, revenir à

Ingres avant tout le monde, ou prendre appui sur ce que cette évolution lui apportait de plus fécond et de plus neuf : quelques mois après la publication du premier manifeste du surréalisme, il abandonne arlequins et canéphores pour peindre *La Danse,* tant il a aussitôt senti tout ce que le surréalisme pouvait signifier pour la peinture sur le plan de l'exploration de l'imaginaire, de la vie organique et des phantasmes de l'inconscient.

Au lendemain de la guerre, *Guernica,* les œuvres de Vallauris et d'Antibes, l'intimité des rapports que Picasso entretient avec un parti politique qui est au centre de la vie intellectuelle de l'époque font de lui un personnage public, généreux, bienveillant, « combattant de la paix », etc., une sorte d'Homère céramiste et révolutionnaire, interprète majeur de la souffrance humaine et symbole de la réconciliation inespérée jusqu'à lui de l'art moderne et des « masses ». Personne n'était moins fait que Picasso pour incarner longtemps ce genre de symbole, d'autant plus que les principaux mouvements artistiques de l'après-guerre échappent à son influence, se situent en dehors de son emprise. Picasso avait tout annexé en son temps, même Matisse, mais le langage de l'abstraction qui devient, dans les années cinquante, un style international et pour quelque temps incontesté, lui demeure absolument étranger (d'où l'insistance des critiques progressistes à rappeler son attachement à la « réalité »). Et n'oublions pas l'affaire du portrait de Staline, tout cela permettant peut-être d'envisager sous un autre plan que celui du vagabondage domestique ou de la péripétie sentimentale la retraite californienne de 1955.

Cette année-là, en effet, Picasso s'installe dans une villa de Cannes, « La Californie », où il exécutera en octobre-novembre 1955, puis en mars et avril 1956, la fameuse série des *Ateliers* que l'on a parfois interprétés comme une réponse aux « Ateliers » de Braque mais qui sont plutôt par l'exubérance capricieuse de leurs rythmes et de leurs palmes, leurs fenêtres ouvertes sur un jardin ensoleillé, leurs allusions exotiques et leur atmosphère « niçoise » comme un dernier hommage du peintre à Matisse [35]. Le style très oriental, presque mauresque de ces *Ateliers* rappelle également certaines des variations sur les *Femmes d'Alger*, exécutées quelques mois auparavant, le lien entre ces deux œuvres étant assuré

235. L'Atelier de Cannes. 1956. *Huile sur toile. 114 × 146. Paris, Musée Picasso. Ph. H. Mardyks.*

par le personnage de Jacqueline qui domine la dernière version des *Femmes d'Alger* (elle ressemble d'ailleurs de façon curieuse à la femme accroupie dans la partie droite du tableau de Delacroix) et que nous retrouvons dans quelques tableaux de décembre 1955 superbement costumée « alla turca ». Les *Ateliers* sont des œuvres de pur loisir et de délectation, où l'on sent Picasso tout à la joie de peindre, de proclamer les droits de la peinture, de montrer sa palette, son chevalet, son désordre familier, « de façon si persuasive, écrit John Richardson, que nous

236. Les Femmes d'Alger. 1955. *Huile. 114 × 146. New York, collection Mrs. Victor W. Ganz. Ph. Giraudon.*

237

238

nous sentons transportés au centre de son monde personnel, centre dont Picasso est convaincu qu'il est le foyer central de tout l'univers artistique ». Interrompu en novembre 1955, le thème des *Ateliers* est repris à Pâques 1956 : c'est toujours la même palme, la même fenêtre « modern style » dont les ramages ont visiblement enchanté l'artiste; Jacqueline est encore là, cette fois dans un fauteuil à bascule qui constituera le motif principal d'un très beau portrait peint au mois de juin. Mais ces *Ateliers* sont beaucoup moins ensoleillés et joyeux que ceux de l'hiver précédent; tout y est noir, brun et blanc, la pièce paraît presque vide. C'est, nous dit J. Richardson, qu'il a fait mauvais temps à Pâques cette année-là. Il pleut, il n'y a pas de corridas et « comme Picasso se sentait d'humeur espagnole, il a transformé sa chambre en un atelier de Greco ou de Zurbaran » pour compenser sa déception.

    Jamais en effet Picasso ne s'est autant intéressé aux corridas qu'à cette époque. Les courses de taureaux qui se multiplient en France au lendemain de la guerre font de lui un « aficionado » passionné, que les reporters de la grande presse ont inlassablement photographié, et renouvellent sa verve romanesque et hispanique, mais cette fois-ci sans nulle tragédie, sur le mode purement décoratif, dans un style d'ombres chinoises et une atmosphère très méridionale de vacances joyeuses, pittoresques et bruyantes. Plus de Minotaure, ni de chevaux éventrés, ni de toreros agonisants; les drames de l'arène laissent désormais Picasso tout à fait indifférent. Ce ne sont plus que gentilles bêtes et gentils cavaliers, mouvements de capes, beaux chapeaux et gestes gracieux qu'il note sur une assiette, dans un dessin, sur une gravure, la perfection du genre se manifestant dans les aquatintes destinées à illustrer la *Tauromaquia o Arte de torear* de José Delgado, [237]

---

237. Illustration pour La Tauromaquia de José Delgado : Citando a banderillas. 1957. *Aquatinte.* 20 × 30. *Ph. Bibliothèque nationale.* —
238. Les Trois Femmes et le torero. 1954. *Lithographie.* 50 × 65. *Ph. galerie Louis Leiris, Paris.*

alias « Pepe Illo » (1957-1959). Mais plus encore qu'aux taureaux, Picasso s'intéresse à ce qui se passe en dehors de l'arène, aux prolongements de la mythologie taurine, à l'existence des personnages, une fois la course terminée. Une série de lithographies de 1954 développe le thème, bizarre et charmant, du « jeu du taureau » : une jeune fille nue plante des banderilles sur le masque d'un taureau que tient un personnage d'idylle antique. Un joueur de tambourin, une vieille femme, un singe, une petite fille portant une cruche observent la scène. Ici des jeunes filles s'enfuient devant le même personnage masqué. Là, le torero est mêlé à une troupe de saltimbanques et dans une autre gravure nous le voyons observer le « jeu du taureau » dans une compagnie plus étrange encore : trois femmes nues, chacune avec un peigne planté dans les cheveux, une religieuse, une vilaine vieille et un homme, très hidalgo d'opéra-comique, drapé dans une grande cape. Mais le personnage qui intéresse le plus Picasso c'est le picador, le pauvre picador dont il raconte les aventures et les plaisirs dans une suite de lavis de 1959-1960, où sont évoqués tous les personnages du roman picaresque et du folklore de l'Espagne romantique. La course finie, notre picador s'en va chez les filles, les regarde danser, rencontre une affreuse Célestine, des femmes en mantille. Voici qu'apparaissent des enfants, des mendiants. Un âne. Un nain. Un gros homme nu. Un moine qui s'enquiert auprès de la vieille femme du prix d'une fille. Nous revoyons le moine et la duègne arrêtés dans la campagne au pied d'un arbre et tout le monde se retrouve à la fin de la série, nu, derrière les persiennes d'une maison close. Voilà le plus déconcertant, le plus séduisant des « caprices » de Picasso, les plus beaux noirs aussi et le savoureux clair-obscur qui convenait au récit de cette ténébreuse affaire.

239. Picador et personnages. 1960. *Lavis. 50 × 65. Ph. galerie Louise Leiris, Paris.* − 240. Personnages. 1960. *Lavis. 51,5 × 66. Ph. galerie Louise Leiris, Paris.* − 241. Moine et vieille femme. 1960. *Lavis. 35 × 44. Ph. galerie Louise Leiris, Paris.*

239

240

241

La retraite californienne de 1955 est un peu moins ténébreuse mais elle marque tout de même le moment où Picasso commence à fermer sa porte au monde extérieur et à sortir de son temps. La villa était entourée de grands jardins où Picasso disposa ses sculptures et où il eut le loisir d'enfermer une humeur beaucoup moins communicative que celle des années précédentes. « La villa « La Californie » est pour Picasso la maison de la solitude, écrit *Paris-Match* (11 juin 1955). Il en garde toujours la clef sur lui... La solitude de Picasso c'est son instrument de travail. » Aux yeux de l'opinion, Picasso est à nouveau un homme seul, vivant dans les ténèbres d'une alchimie incompréhensible et ce n'est pas tout à fait par hasard que Georges-Henri Clouzot intitule le film qu'il réalise en 1954-1955 : *Le Mystère Picasso*. L'interprétation « tendre » et humaniste de l'œuvre de Picasso est arrivée à son terme, en partie peut-être à cause du choc que provoque l'excellente et assez féroce exposition présentée au musée des Arts décoratifs, à Paris, en 1955. L'exposition de Londres en 1960 fut essentiellement intérieure et « surréaliste ». Roland Penrose, qui organisa l'exposition, disait bien dans la préface du catalogue que l'œuvre de Picasso était née de « sa compréhension et de son amour de l'humanité, que son but était « the intensification of feeling and the education of the spirit ». Mais, le public et les amis anglais de Picasso n'ayant aucune raison spéciale de s'intéresser à l'aspect historique, engagé et tradition artisanale de son œuvre d'après guerre, cette « éducation de l'esprit » se situait à un niveau strictement intemporel : « The work of Picasso is more than a mirror of our times; it opens our eyes to the future. »

En fait, c'est surtout vers le passé que Picasso tourne les yeux, comme le montre ce curieux dialogue avec

« les maîtres d'autrefois » qu'il engage à l'occasion des *Femmes d'Alger* (14 tableaux, 13 décembre 1954-14 février 1955), des *Ménines* (44 tableaux, 17 août-30 décembre 1957), du *Déjeuner sur l'herbe* (27 tableaux, 27 février 1960-19 août 1961 [36]). Il ne s'agit pas de copies, au sens habituel du terme, ni même au sens où Van Gogh copiait Delacroix. Ces variations sont faites de mémoire et dans le cas des *Femmes d'Alger* dont il existe deux versions, l'une au Louvre et l'autre au musée de Montpellier, « Picasso, écrit Roland Penrose dans le catalogue de l'exposition de Londres, a affirmé qu'il n'avait vu ni l'une ni l'autre depuis de longues années. Sa mémoire visuelle lui a permis de travailler même sans l'aide d'une reproduction ». Le besoin de se mesurer avec un grand peintre du passé semble naître en effet d'une nécessité intérieure depuis longtemps éprouvée et méditée : un dessin du portrait de Delacroix précède de quelques mois *Les Femmes d'Alger* [37] et dès 1954 Picasso pense au *Déjeuner sur l'herbe* et à Manet, comme le montrent plusieurs dessins exécutés au mois d'août de cette année [38], deux projets plus élaborés [39] et les deux dessins consacrés à Jacqueline en Lola de Valence [40]. Ces variations, cet étrange dialogue culturel posent un problème d'interprétation au niveau de leur principe même, dans la mesure où ils ne relèvent pas de la veine antiquisante et « passéiste » que Picasso a souvent exploitée. Si fréquentes qu'aient été en effet au XXe siècle les transpositions dans un langage moderne d'œuvres ou de thèmes anciens (Stravinsky, Prokofiev, Cocteau, etc.), elles participent toutes d'une volonté de discipline classique ou néo-classique qui est évidemment tout à fait étrangère à Picasso. Les variations sur les *Ménines* ou *Le Déjeuner sur l'herbe* manifestent au contraire une agressivité ironique et presque sacrilège, dont les motifs demeurent

242. Les Ménines. 1957. *Huile. 194 × 260. Barcelone, Museu Picasso. Ph. Chevojon.* – 243. Les Ménines, *détail : L'infante Margarita.* 1957. *Huile. 100 × 81. Barcelone, Museu Picasso. Ph. galerie Louise Leiris. Paris.*

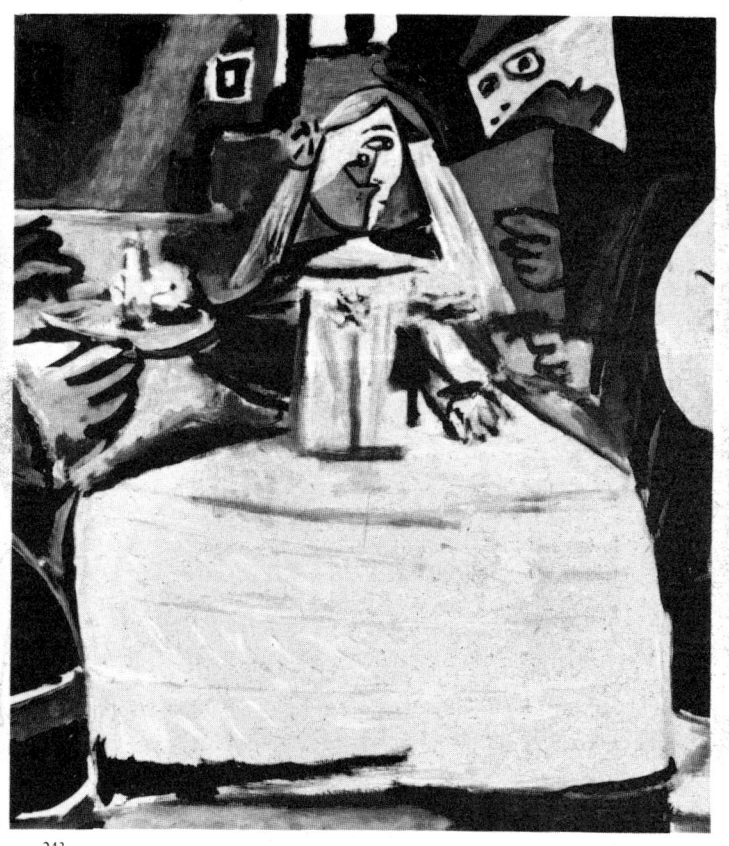

assez mystérieux même si les résultats en sont parfois relativement clairs, comme on peut le voir à travers l'interprétation inquiétante, très sensuelle et presque lubrique que l'artiste a donnée des *Femmes d'Alger*. Pour Douglas Cooper, les *Déjeuners* sont une sorte de défi lancé par Picasso à la peinture du XIXᵉ siècle. Manet s'inspirait de Giorgione mais « malgré sa manière différente de manier les moyens picturaux, malgré l'intérêt que revêtait pour lui la vie contemporaine, Manet niait l'existence d'un conflit fondamental entre la disposition d'esprit et les méthodes d'un maître ancien et celles d'un jeune peintre de 1860 ». Picasso, au contraire, « se mesure » à Manet et, par-delà Manet, « n'a pas hésité à défier tous ses devanciers du XIXᵉ siècle... et tous les peintres de l'École française depuis Poussin à nos jours » (le Cézanne des *Baigneuses* en particulier). Dans les limites étroites de cette série de variations, Picasso a embrassé l'ensemble de la peinture du XIXᵉ siècle. Et son grand triomphe c'est d'être allé au-delà de cette tradition picturale et d'avoir établi sa propre indépendance et sa suprématie. »

Mais pourquoi s'en être pris à Manet et à de tels « sujets »? C'est, dit Douglas Cooper, que « tout artiste moderne sérieux — ceux qui choisissent la non-figuration esquivent tous les problèmes — est à la merci de l'hétérodoxie et de la confusion idéologique de notre époque; Picasso comme tous les autres. Il est donc devant un dilemme en ce sens qu'il s'est forgé un nouveau langage formel et une technique qui conviennent parfaitement à la représentation picturale des grands sujets à signification générale alors que notre civilisation ne lui offre pas la possibilité de puiser l'inspiration dans les mythes communs ou des événements quotidiens. Puisque cette possibilité, essentielle pour un peintre, lui est refusée dans le monde actuel et que d'autre part, pour ne pas risquer d'étouffer sa peinture ou de la rendre ésotérique, il résiste à la tentation de se retirer dans un monde à lui, Picasso n'a pas hésité à s'emparer des œuvres artistiques les plus vivantes pour combler le vide ainsi créé dans ses besoins visuels et émotifs ». A une époque où « la confusion idéologique » était peut-être moins évidente que dans les années 60, Picasso, nous l'avons vu, avait sincèrement cherché à traiter « des grands sujets à signification générale », à trouver son inspiration dans « des mythes communs ou des événements quotidiens ». La tentative fut sans lendemain et il lui fallut bien « se retirer dans un monde à lui », revenir à la solitude et au mystère avec lesquels ses contemporains l'ont identifié. Douglas Cooper est ici très proche de John Berger, avec cette différence que pour ce dernier ce n'est pas l'époque qui est responsable de la solitude de Picasso et du caractère « ésotérique » de son œuvre, mais Picasso lui-même. « Imaginez un artiste qui est un exilé, qui appartient à un autre siècle, qui idéalise la nature primitive de son génie pour condamner la société corrompue dans laquelle il vit, qui devient par là même « self sufficient », mais doit travailler incessamment pour se prouver à lui-même sa propre existence. Quelles seront ses difficultés ? Humainement il ne peut être qu'un homme seul. Mais que signifie cette solitude sur le plan artistique ? Elle signifie qu'il ne sait pas quoi peindre, qu'il doit renoncer au sujet. Il ne renonce pas à l'émotion ou au sentiment mais il ne trouve pas de sujets à travers lesquels les exprimer. Telle fut la difficulté de Picasso. Avoir sans cesse à se poser la question : qu'est-ce que je vais peindre ? »

C'est là en effet une question bien cruelle mais nous osons espérer que l'exposition de 1966 lui aura apporté une réponse satisfaisante et aura, sur ce point, calmé

les appréhensions, les doutes de John Berger. Exposition qui en dépit d'un accrochage consternant et malgré quelques temps morts, redites ou omissions, présentait tant d'œuvres, parfois inédites ou d'un accès très difficile, qu'elle permettait d'envisager la totalité de la carrière de l'artiste, d'esquisser une sorte de bilan. Son principal inconvénient était de « tomber » sur une salle entièrement consacrée aux œuvres récentes de Picasso, salle assez morne, qui déséquilibrait l'ensemble de cet « Hommage à Picasso » alors que l'exposition de 1955 s'achevait sur *Les Femmes d'Alger* et celle de Londres en 1960 sur les charmantes et énigmatiques *Ménines*. Fort heureusement

245

245 et 244 (détail). Le Déjeuner sur l'herbe. 1960. *Huile. 130 × 195. Paris, Musée Picasso. Ph. H. Mardyks.*

l'exposition des sculptures, très vivante par ailleurs et beaucoup moins encombrée, se terminait de la façon la plus juvénile, grâce à l'ensemble des tôles découpées et peintes exécutées par l'artiste à Cannes et Mougins de 1961 à 1963.

Comment réagit le public? D'abord assez réticent, il se presse bientôt au Grand Palais en cohortes nombreuses et disciplinées : 800 000 visiteurs (dont une grande partie fut amenée par diverses organisations culturelles). Une foule silencieuse et calme. Personne ne cria « Décrochez! » ni « Remboursez! ». On était bien loin des tumultes de 1944 et l'on sait d'ailleurs que depuis quelques années le scandale sur le plan artistique n'est plus même concevable. Quant à la presse, elle fut dans son ensemble plutôt atone, polie, respectueuse et indifférente. Prenons un point de comparaison : l'enquête ouverte par *Combat* en 1953 : « Faut-il brûler ou adorer Picasso[41]? » En dehors de Jean de Panafieu qui déclara : « Il est le Socrate de la peinture moderne », tous les correspondants de *Combat* furent unanimes : Picasso était le diable. « L'ironie sceptique est à la base de l'œuvre de Picasso. Elle dénonce à merveille... les illusions, les égoïsmes, la satiété d'une société bourgeoise dont les jours sont condamnés... Sa danse du scalp dans les musées internationaux est en liaison certaine avec les fascicules de mobilisation que ces milliers de jeunes hommes ont reçus depuis 1914 » (René-Jean Clot). « Si Picasso est le diable? Ce n'est pas absolument sûr, toutefois c'est possible », déclarait Édouard Goerg. Diable ou non, il achevait, détruisait un monde. « Cette abondance brûlante, cette intelligence aiguë n'aura point engendré de postérité réelle... On peut pressentir qu'après lui tout sera consommé » (Chapelain-Midy).

Eh bien, en 1966, Picasso n'est plus le diable. Il y a

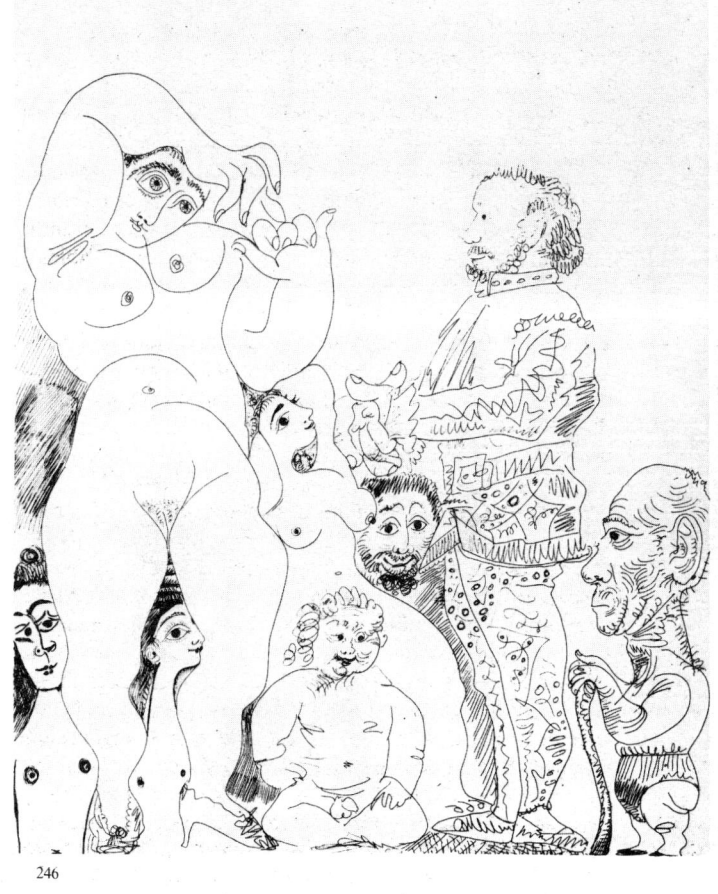

246. Eau-forte, 1968. 61 5 × 50. *Ph. galerie Louise Leiris, Paris.*

247. Eau-forte, 1968. 31,5 × 45. *Ph. galerie Louise Leiris, Paris.* –
248. Eau-forte, 1968. 31,5 × 45,5. *Ph. galerie Louise Leiris, Paris.* –
249. Eau-forte, 1968. 25 × 32,5. *Ph. galerie Louise Leiris, Paris.*

encore bien sûr quelques réactions assez agitées (« Un cannibale qui a dévoré son siècle »; « Il a assassiné lui-même son art »; « Il est de son siècle, celui de l'éclatement de la personne humaine, de son éparpillement »), mais nous avons été frappés par le nombre de titres négatifs que nous avons relevés dans la presse : « L'Échec de Picasso », peut-on lire en première page de *La Quinzaine* (qui reproduit quelques pages du livre de John Berger), « Solitude de Picasso » *(L'Événement)* et même « Picasso n'existe pas » *(Candide)*. Il semble en tout cas ne plus exister pour quelques jeunes peintres qui répondent à l'enquête d'*Arts* (23-29 novembre 1966) sur l'actualité de Picasso, enquête qu'un des rédacteurs de cette publication conclut en ces termes : « La terreur de l'avant-guerre s'était muée en une sorte de grand-père qui faisait de la peinture et des enfants sur la Côte-d'Azur, tandis que de petits jeunes gens irrespectueux giflaient à tour de bras sa statue. » Le grand homme de 1966 serait Marcel Duchamp : « Le rôle révolutionnaire de Picasso s'arrête à 1915. Kandinsky, Mondrian et Marcel Duchamp ont su proposer à une génération des dimensions expressives plus universelles et plus fécondes... Si Picasso par son extraordinaire vitalité est un phénomène organique, Marcel Duchamp est un héros moral. »

A un autre niveau, on peut relever dans la presse anglo-saxonne des réactions analogues. Ainsi, le critique de *Time* écrit dans un article intitulé « Quietly 85 » (4 novembre 1966) : « Some critics feel that Picasso in his later decades is painting mainly to amuse himself. » Parmi ces critiques Clement Greenberg : « Picasso's art has ceased being indispensable » *(Art forum,* novembre 1966) et John Russell qui admet dans le *Sunday Times* que Picasso est « the perpetual president of modern art » mais déclare : « This indisputably great artist has sacrified

250. Sculpteur et modèle. 965. *Aquatinte et burin. 39 × 28. Ph. Bibliothèque nationale.*

too much in recent years to immediacy, to the demands of a voracious and even childlike nature, and to the applause of people who are likely to seem, in the coll gaze of history, to have been to easily pleased. » Et le critique de *Time* enchérit dans le numéro du 2 décembre : « After 1914, modern art would have existed with or without Picasso... Picasso's work continues to evoke both anger and adulation from critics and the public alike. But it is the fact that he would still tries to comprehend, despite a sens of outrage and shock, that is the final gauge of Picasso's genius [42]. » *(The Minotaure and the Maze.)*

Il est certain que Picasso n'est plus aujourd'hui un peintre contemporain (et c'est peut-être tant pis pour les « contemporains »). Tout ce qui s'est fait en peinture depuis 1945 ne le concerne pas et ne peut en aucune manière se rattacher à son influence. Il a refusé l'art abstrait, et dans l'atmosphère d'illusions généreuses et confuses des années qui suivirent la guerre, il a pu être considéré comme une sorte de symbole d'un retour passionné à la réalité et à un art qui, après l'« angélisme » de l'entre-deux-guerres, trouverait son inspiration dans l'histoire, exprimerait des espérances, des besoins et des mythes collectifs. Il ne pouvait pas être ce symbole et depuis 1953 Picasso est redevenu l'homme seul qu'il a toujours été, même s'il y a moins de royauté dans cette solitude et si ses derniers jeux, bizarres, délicieux ou décevants, sont un peu ceux d'un prince en exil. « Il a très bien traduit l'esprit profond de son époque, écrit Claude Lévi-Strauss, et, si j'avais une réserve à faire, ce serait qu'il l'ait trop bien traduit et que son œuvre constitue un témoignage parmi d'autres de cette espèce d'emprisonnement que l'homme s'inflige chaque jour davantage au sein de sa propre humanité; enfin que

Picasso ait contribué à resserrer cette espèce de monde clos où l'homme en tête à tête avec ses œuvres s'imagine qu'il se suffit à lui-même. » Ce monde clos est celui de la peinture : « Son œuvre apporte moins un message original qu'elle ne se livre à une sorte de trituration du code de la peinture. Une interprétation au second degré; un admirable discours sur le monde[43]. » Soit, et « le paradoxe sans fin de l'artiste nous ramène à la peinture elle-même. Et c'est par là que, par opposition aux jeunes générations si impatientes de rompre avec lui, Picasso aura justement été le dernier rempart de l'art qu'il a semblé bouleverser à plaisir[44] ». L'homme que l'on a accusé de détruire la peinture est peut-être aujourd'hui le dernier peintre vivant et qui sans doute n'a pas dit son dernier mot. A propos de Picasso, il n'est pas temps de conclure et l'on a seulement voulu mettre en place son œuvre, dans l'essentiel de ses thèmes et de ses étapes, telle que les contemporains l'ont aperçue.

Septembre 1968.

NOTES

1. *Time*, 28 août et 14 septembre 1944.
2. *Les Lettres françaises*, 9 septembre 1944.
3. Françoise Gilot : *Vivre avec Picasso*, Calmann-Lévy, p. 54.
4. L'expression est d'André Lhote. *Cf.* André Lhote : *La peinture libérée*, Grasset, 1956 ; ensemble de textes écrits au moment de la Libération.
5. *Time* n'est pas un hebdomadaire particulièrement progressiste. Il a toujours rendu compte très objectivement de l'activité de Picasso et des principales expositions qui lui ont été consacrées, mais ne lui a jamais accordé les honneurs de la couverture. Deux artistes européens seulement en ont bénéficié jusqu'à présent : Le Corbusier (5 mai 1961) et Marc Chagall (30 juillet 1965), et, dans un domaine qui n'est pas limité aux arts plastiques, André Malraux (4 juillet 1955), Christian Dior (4 mars 1957) et Jeanne Moreau (5 mars 1965).
6. *Time* : « L'affaire Picasso » (en français dans le texte), 30 octobre 1944. « Il est évident que Picasso suit un mouvement de masse... Son entrée au parti était depuis longtemps décidée et l'annonce en a été retardée jusqu'à la veille du Salon d'Automne pour provoquer le « maximum éclat »... Vers quatre heures de l'après-midi, un millier de visiteurs ahuris étaient passés dans la salle Picasso ; trois cents personnes s'y trouvaient encore, quand s'élevèrent d'un coin de la salle des cris répétés de « Décrochez ! », auxquels firent échos des cris venus d'un autre coin : « Expliquez ! » et d'un troisième : « Remboursez ! » Plusieurs jeunes gens entreprirent de décrocher les tableaux avec beaucoup de soin et sans les endommager.
7. Il fallut, à la suite de cet incident, faire garder la salle par des gendarmes. Ce qui enchanta Picasso, si l'on en croit John Rothenstein (*Cornhill Magazine*, avril 1945) : « Just like Buckingham Palace, isn't it ? he said delightedly. »
8. Le C.N.E. (Comité national des écrivains), qui pratiquait à cette époque une vigoureuse politique d'épuration et entendait interdire aux écrivains et aux journalistes collaborateurs la possibilité de s'exprimer, publia le communiqué suivant : « Il est nécessaire pour la dignité et le prestige français de proclamer hautement que de telles manifestations ne peuvent être que le vestige de l'occupation allemande et qu'il est de l'intérêt national qu'elles

ne se reproduisent pas. Nous tenons à dire que, directement ou indirectement, nous les considérons comme le fait de l'ennemi. »
9. *Les Lettres françaises,* 23 septembre 1944.
10. Louis Parrot : « Picasso au Salon », *Les Lettres françaises,* 7 octobre 1944.
11. Ainsi André Lhote écrit dans *Les Lettres françaises* (23 sept. 1944) : « Le kaléidoscope flamboyant de Picasso ne célèbre plus le bonheur d'hier mais exprime fortement, à l'aide de moyens adéquats, la tragédie que nous vivons et dont, au fur et à mesure que se dérouleront les morts, les ruines et les supplices, l'horreur ne fera que s'accroître. »
12. « Que croyez-vous que soit un artiste ? Un imbécile qui n'a que des yeux s'il est peintre, des oreilles s'il est musicien et une lyre à tous les étages du cœur s'il est poète ?... » Simone Téry : « Picasso n'est pas officier dans l'armée française », *Les Lettres françaises,* 24 mars 1943.
13. Voir sur ce point le numéro spécial de *Confluences :* « Les problèmes de la peinture » et le compte rendu de ce numéro publié par Léon Degand dans *Les Lettres françaises* du 29 septembre 1945 : « Il serait absurde de nier qu'il existe une peinture française... L'obsession nouvelle consiste à *vouloir* un art français... Autre obsession, qui part de la meilleure intention du monde : celle de *vouloir* un art qui exprime notre époque. Enfin dernière obsession importante : l'art doit être accessible au grand public. »
14. Le meilleur exposé de la question se trouve dans un article de Jannet Flanner : « The surprise of the century », publié dans le *New Yorker* et repris dans : Jannet Flanner, *Men and Monuments,* Harper and Brothers, New York, 1957.
15. En 1948 (céramiques) et 1951 (sculptures et tableaux).
16. Cité dans *Arts de France,* n° 4, mars 1946.
17. Le 24 août, il avait reçu du ministre socialiste de l'Intérieur, Jules Moch, la médaille (d'argent) de la Reconnaissance française.
18. Cité dans *Arts de France,* n° 31, oct. 1950.
19. Cité dans *Arts de France,* n° 33, déc. 1950. Un article de ce numéro signé J.-F. Laglenne et intitulé : « L'art au congrès de la paix » donne une idée de l'exaltation iréniste et de la violence de langage qui caractérisent les années de la guerre froide : « La colombe de Picasso survole le monde. Le Département d'État la menace de ses flèches empoisonnées, les terroristes de Grèce et de Yougoslavie de leurs mains rouges de sang. Sur le peuple héroïque de Corée, MacArthur l'assassin lance sur elle ses bombes incendiaires au napalm. Les satrapes qui gouvernent la Colombie et

le Chili voudraient lui interdire l'entrée de ce pays. En vain la colombe de Picasso survole le monde, très blanche et lumineuse, portant aux mères de douces paroles d'espoir et éveillant du battement de ses ailes les masses pour leur rappeler qu'ils sont des hommes, des fils du peuple et que nous ne voulons pas qu'ils aillent à la mort. » On comprend que dans un tel climat Picasso se soit senti un peu obligé de peindre des œuvres comme *Les Massacres de Corée* (1951).

20. Picasso aurait déclaré : « Je croyais que le parti serait pour moi une grande famille. Eh bien ! maintenant je déteste ma famille. » Sur toute l'affaire, voir l'article de Jannet Flanner cité note 14.

21. Consulter à ce propos *Arts de France*. Cette revue, fondée en décembre 1945 par Georges Besson, Jean Cassou, Francis Jourdain, Léon Moussinac, fut d'abord l'organe, souvent excellent, de la gauche progressiste et éclairée, soucieuse à l'époque de défendre une peinture à contenu social et politique, et d'un style accessible au grand public. A partir de 1949, elle devient, avec Jean Milliau et Boris Taslitzky, l'organe du réalisme socialiste.

22. Voir dans le numéro spécial consacré à Picasso de *Realismo* (mars-avril 1953) le « Salut à Picasso » de Renato Guttuso : « Hai dato conto dell'uomo; del povero, del viandante, del pazzo, dell'eroe, del martire edanche del mostro, dell'autiuomo, dell'assassino... Quali altri esempi ci sono degli impressionisti a noi di une tale impresa?.. Nel regno del disprezzo dell'uomo, tu hai parlato di questo uomo. » (« Tu as rendu compte de l'homme : du pauvre, du vagabond, du fou, du héros, du martyr et aussi du monstre, de l'anti-homme, de l'assassin... Des impressionnistes à nous, quel autre exemple d'une telle entreprise?.. Dans le règne du mépris de l'homme, tu as parlé de cet homme. »)

23. Pierre Daix : *Picasso*, Ed. Somogy, 1964.

24. Pour être plus précis, disons que Picasso vit de plus en plus dans le Midi à partir de 1945 (sauf pendant la première moitié de 1947, où les nombreuses lithographies qu'il exécute le retiennent à Paris) et qu'il s'installe en 1948 à Vallauris, près de ses potiers, dans une maison assez modeste (« La Galloise »). En 1955, il émigre pour Cannes et la villa « La Californie » et en 1958 il achète, toujours en quête de vastes ateliers, le château de Vauvenargues près d'Aix-en-Provence où il réside et peint quelques toiles importantes *(Le Buffet de Vauvenargues)*. Depuis 1961 il vit près de Mougins au mas « Notre-Dame de Vie ».

25. Georges Bloch : *Picasso. Catalogue de l'œuvre gravé et lithographié*, Kornfeld et Klipstein, Berne, 1968.

26. Sur la technique de la gravure sur linoléum, voir la préface de Bernhard Geiser à l'exposition : *Picasso. 45 gravures sur linoléum*, Galerie Louise-Leiris, Paris, 1960.
27. On voudrait pouvoir parler plus longuement de ces sculptures de Vallauris, écrire tout un livre sur *La Chèvre* (pas celui de M. Verdet), exprimer aussi son regret qu'après *La Guenon et son petit* Picasso ait pratiquement abandonné la sculpture. L'exposition de Paris présentait cependant un ensemble de tôles découpées, mineures d'intention et d'« impact » mais d'une cocasserie souvent très réjouissante (voir catalogue, n°s 341-376).
28. Picasso rendit évidemment les plus grands services aux potiers de Vallauris, qui ne surent d'ailleurs pas en profiter mais lui manifestèrent souvent leur reconnaissance. Voici comment Georges Tabaraud évoque dans *Le Patriote de Nice et du Sud-Est* (27 octobre 1951) la manière dont ils fêtèrent le 70e anniversaire du peintre : « Pour lui, c'était apparemment un jour comme les autres. Il avait quitté son atelier quelques minutes auparavant, les mains encore rugueuses de la terre modelée pour *La Fille à la Corde*. Ceux qui l'entouraient et qui l'aimaient, les ouvriers potiers de Vallauris et leurs familles, étaient venus aussi tout naturellement vers leur grand ami. Pourtant, à voir l'émotion du grand Pablo, à voir ses yeux, on sentait bien toute sa joie d'être ainsi fêté par les siens, dont il a partagé la vie, les souffrances et les joies depuis que, jeune étudiant, il parcourait les rues de Barcelone, fixant les travailleurs et les humbles sur son carnet de croquis. (Pour les potiers de Vallauris) il est le peintre qui leur a apporté le travail et plus encore, qui leur a apporté la colombe, mélangeant ses armes de combattant de la paix à leurs armes à eux pour porter le combat plus loin. » Le « grand Pablo » fut fait citoyen d'honneur de Vallauris en février 1950.
29. A une journaliste de *Libération* qui lui demandait gentiment si les « potiers et les céramistes avaient quelque chose à lui apprendre », Picasso fit cette peu aimable réponse : « Que pouvaient-ils m'apprendre puisqu'ils ne savaient rien ? » (Simone Dubreuilh : « De Picasso à Charlie Chaplin », *Libération*, 19 sept. 1950.)
30. Voir à ce propos *Picasso à Antibes*. Photographies de Michel Sima commentées par Paul Éluard. Introduction de Jaime Sabartès. René Drouin édit., 1948. On retiendra en particulier ce passage : « J'ai fait ce que j'ai pu et je me suis mis à le faire avec plaisir parce que cette fois-ci au moins je savais que je travaillais pour le peuple; en outre...
   – En outre quoi ?

— Comme la question d'argent n'y est pour rien... C'est autant de gagné. » Voir aussi la lettre de Dor de la Souchère reproduite dans le numéro 1-1948 des *Cahiers d'art :* « Picasso le Méditerranéen a réalisé ce tour de force de rester pauvre en gagnant beaucoup d'argent... Il me disait un jour : Si je n'avais pas aimé toute la vie les plaisirs qui ne coûtent rien, il y a longtemps que je n'aurais plus le sou... Ce qui fait de la Méditerranée un lac de noblesse et de poésie, c'est sa stérilité. La richesse est dans votre Occident une invention nordique. »
31. John Berger : *Success and Failure of Picasso*, Penguin Books, 1965. Le livre est intéressant, personnel et tranche à cet égard sur la morne médiocrité de la bibliographie picassienne. Mais quel emploi intempérant du marxisme ! L'ouvrage est d'ailleurs dédié à Max Raphaël, auteur d'un essai sur Picasso paru avant la guerre (*Proudhon, Marx, Picasso*, trois études sur la sociologie de l'art, Éditions Excelsior, 1933), essai absolument terrifiant où toute l'œuvre de l'artiste est expliquée en fonction des « contradictions » du capitalisme de monopole et du retard de l'industrialisation en Espagne.
32. Evan H. Turner : « Picasso since 1937 », *Catalogue de l'exposition de Toronto*, 1964.
33. Pour les deux premiers de ces tableaux, voir le catalogue de l'exposition « Picasso. Peintures 1962-1963 » présentée chez Louise Leiris, en janvier 1964 (n°s 3 et 4), catalogue où est également reproduite la série du *Peintre et son modèle*.
34. Sur cet ensemble d'œuvres, voir le catalogue de l'exposition présentée chez Louise Leiris en janvier 1962 : « Peintures, Vauvenargues, 1959-1961 ».
35. Dans un article paru dans le *Burlington Magazine* de juin 1957, qui est consacré à ces « ateliers » (« Picasso's Ateliers and other recent works »), John Richardson remarque que le motif de la fenêtre et du palmier est un souvenir précis d'un tableau de Matisse (*Le Rideau égyptien*, 1948, Philipps collection).
36. La série des *Ménines* comporte, en dehors d'un portrait de Jacqueline et de quelques paysages, un ensemble de 9 toiles intitulées *Les Pigeons*, délicieuses fenêtres ouvertes sur la mer et la baie de Cannes, « motifs de nature », écrit Michel Leiris dans la préface du catalogue de l'exposition (Galerie Louise Leiris, mai-juin 1959), qui « prennent la relève du motif de culture que sont les illustres *Ménines* ».
37. Zervos, XVI, 320.
38. Zervos, XVI, 316-319, 326-329.

39. Reproduits (n°ˢ 7 et 10) dans : *Pablo Picasso. Les Déjeuners*. Texte de Douglas Cooper. Éditions Cercle d'Art, 1962.
40. Zervos, XVI, 478-479.
41. *Combat*, 9 juin 1953. L'enquête avait été ouverte à la suite de la publication d'un roman de René-Jean Clot, *Le Mât de Cocagne*, qui évoquait les milieux artistiques parisiens et dont le personnage principal était un peintre, Maguarigga, « en qui tout le monde a reconnu Picasso » et dont le romancier faisait l'incarnation du diable.
42. « Certains critiques ont l'impression que Picasso, dans ses dernières décennies, ne peint que pour s'amuser lui-même. » « L'art de Picasso a cessé d'être indispensable. » « Picasso est l'empereur à vie de l'art moderne... Cet artiste sans doute très grand a dans les dernières années trop sacrifié à l'œuvre immédiate, aux exigences d'une nature vorace et même enfantine et aux applaudissements de gens qui, dans la froide lumière de l'histoire, paraîtront avoir succombé à des charmes trop faciles. » « Après 1914, l'art moderne aurait pu exister avec ou sans Picasso... Sa venue continue à provoquer à la fois l'inquiétude et l'adulation du public aussi bien que des critiques. Mais c'est dans le fait que l'on cherche toujours à comprendre, bien que l'on se sente choqué et outragé, que réside le génie de Picasso. »
43. *Arts*, 16-22 nov. 1966.
44. *Le Monde* : « Un Hommage sans précédent », 20-21 nov. 1967.

Bibliographie

Une bibliographie complète de Picasso occuperait un volume entier du *Livre de Poche*. Je m'en suis donc tenu à ce qui m'a paru le meilleur ou le plus utile. Pour les ouvrages généraux sur la peinture contemporaine, où l'œuvre de Picasso est analysée de façon raisonnable et substantielle, ainsi que pour les articles de revues et de journaux, le lecteur voudra bien se reporter aux notes des différents chapitres.

Cette bibliographie a été complétée et enrichie par les principaux ouvrages parus depuis 1970.

Ouvrage de base

ALFRED H. BARR, JR. : *Picasso Fifty Years of his Art*, The Museum of Modern Art, New York, 1946. Ce livre, qui est un modèle de clarté, d'intelligence et de modestie, n'a pas été remplacé et ne le sera pas de sitôt. Il comprend en plus de l'analyse de l'œuvre (peintures, dessins, gravures, sculptures), de nombreux appendices : déclarations de Picasso, catalogue des expositions, chronologie, bibliographie, index, etc. Le seul défaut de cette étude est de s'arrêter à 1945.

Écrits de l'artiste

MARIO DE MICHELIS (éditeur) : *Scritti di Picasso*, Milan, Feltrinelli Editori, 1964.
DORE ASHTON (éditeur) : *Picasso on Art : A Selection of Views*, New York, Da Capo, 1972.
JUAN FLÓ (éditeur) : *Picasso, Pintura y Realidad : Textos, entrevistas y declaraciones*, Montevideo, Libros del Astillero, 1973.
MARIE-LAURE BERNADAC, CHRISTINE PIOT (éditeurs) : *Picasso : écrits*, Paris, Gallimard & Réunion des Musées nationaux, 1989.

Catalogues de l'œuvre

WILLIAM RUBIN : *Picasso in the Collection of the Museum of Modern Art*, New York, The Museum of Modern Art, 1972.

PIERRE DAIX, JOAN ROSSELET : *Le cubisme de Picasso, catalogue raisonné de l'œuvre 1907-1916*, Neuchâtel, Ides et Calendes, 1979.

DANIEL GERVIS : *Picasso, l'œuvre gravé, 1899-1972*, Paris, Daniel Gervis, 1984.

MARIE-LAURE BERNADAC, MICHÈLE RICHET, HÉLÈNE SECKEL : *Musée Picasso, catalogue des collections*, Paris, Éditions de la Réunion des Musées nationaux, 1985 (t. I : peintures, papiers collés, tableaux-reliefs, sculptures, céramiques) & 1987 (t. II : dessins, aquarelles, gouaches, pastels).

Catalogue général des peintures

CHRISTIAN ZERVOS : *Picasso*, Éditions des Cahiers d'art. Ce catalogue qui reproduit la quasi totalité des peintures, dessins, aquarelles et gouaches (certaines sculptures aussi) comporte aujourd'hui 19 volumes : de 1895 à 1961.

Catalogues d'expositions

Ils sont innombrables. Nous nous limitons à ceux des principales expositions organisées depuis la guerre, puisque c'est cet après-guerre qui a vu fleurir la passion des expositions massives et des catalogues-monuments, bien que Picasso n'ait pas été sur ce plan tellement gâté.

Pablo Picasso, Rome-Milan 1953. 329 numéros (peintures, sculptures et céramiques, gravures, livres illustrés) non commentés. Préface et catalogue de Franco Russoli. Choix excellent. Notice bibliographique et « bibliografia essenziale » mais un peu « magrotta ».

Picasso 1900-1955, musée des Arts décoratifs, Paris, juin-octobre 1955. 126 numéros (peintures seulement) tous commentés. Bibliographie, quelques documents, bonne chronologie. Le tout dû à Maurice Jardot.

Picasso, The Art Council of Great Britain, 1960. 280 numéros (peintures) commentés. Introduction et notices de Roland Penrose. Pas de bibliographie.

Picasso and man, The Art Gallery of Toronto, 1964. Catalogue de Jean Sutherland Boggs (« The early years »), John Golding (« The Demoiselles d'Avignon and cubism »), Robert Rosenblum (« Picasso as a surrealist »), Evan H. Turner (« Picasso since 1937 »), 273 peintures, dessins et sculptures, tous commentés. Excellent catalogue par le choix des œuvres, le caractère clair et personnel des analyses proposées.

Hommage à Pablo Picasso. Peintures, dessins, sculptures, céramiques. Petit et Grand Palais, ministère d'État aux Affaires culturelles, Ville de Paris. Paris, novembre 1966 - février 1967. 284 tableaux, 508 numéros pour le reste. Choix considérable, introduction et commentaires sous forme d'extraits poétiques. Chronologie et bibliographie très sommaires.

Pablo Picasso : A Retrospective, New York, The Museum of Modern Art, 1980.

Picasso : The Saltimbanques, Washington, National Gallery, 1980.

Der Junge Picasso, Frühwerk und Blaue Period, Berne, Kunstmuseum, 1984.

Picasso, the Last Years 1963-1973, New York, The Solomon R. Guggenheim Museum, 1985.

Je suis le cahier : The Sketchbooks of Picasso, New York, The Pace Gallery, 1986 (traduction française : *Je suis le cahier : les carnets de Picasso*, Paris, Grasset, 1986).

Les Demoiselles d'Avignon, Paris, Musée Picasso, 1988.

Le dernier Picasso, Paris, Musée national d'Art moderne, Centre Georges Pompidou, 1988.

Picassos Klassizismus, Bielefeld, Kunsthalle, 1988.

Picasso, une nouvelle dation, Paris, Galeries nationales du Grand Palais, 1990.

Picassos Surrealismus, Bielefeld, Kunsthalle, 1991.

Picasso 1905-1906, Barcelone, Museu Picasso, 1992.

Picasso et les choses, Paris, Galeries nationales du Grand Palais, 1992.

Picasso and the Age of Iron, New York, Solomon R. Guggenheim Museum, 1993.

Picasso Letzte Bilder, Bielefeld, Kunsthalle, 1994.

Picasso photographe 1901-1916, Paris, Musée Picasso, 1994.

Picasso Sculptor / Painter, Londres, Tate Gallery, 1994.

Études générales. Monographies

Les ouvrages publiés jusqu'au lendemain de cette guerre n'ont en général aucune intention critique. Nous les mentionnons soit pour l'intérêt des reproductions qu'ils contiennent soit pour leur valeur propre et l'évolution qu'ils permettent de tracer dans l'attitude de la critique à l'égard du peintre.

MAURICE RAYNAL : *Pablo Picasso*, Éditions de l'Effort moderne, Paris, 1921.

PIERRE REVERDY : *Pablo Picasso*, Éditions de la N.R.F., 1924.

CHRISTIAN ZERVOS : *Picasso*, Éditions Cahiers d'Art, 1927.

ANDRÉ LEVEL : *Picasso*, Crès, 1928.

WILHELM UHDE : *Picasso et la tradition française*, Éditions des Quatre-Chemins, Paris, 1928.

EUGENIO D'ORS : *Pablo Picasso*, Éditions des Chroniques du jour, Paris, 1930.

GERTRUDE STEIN : *Pablo Picasso*, Floury, 1938.

JEAN CASSOU : *Picasso*, Hypérion, 1940 (160 très bonnes illustrations en noir et en couleurs).

WILHELM BOECK ET JAIME SABARTÈS : *Picasso*, Flammarion, s.d. (1955). (L'analyse de l'œuvre, due à Wilhelm Boeck, est souvent stimulante. Catalogue sommaire, biographie et bibliographie. 596 bonnes reproductions en noir et en couleurs).

ROLAND PENROSE : *La Vie et l'Œuvre de Picasso*, traduction française, Grasset, 1961.

PIERRE DAIX : *Picasso*, Éditions Aimery Somogy, 1964 (intéressante étude, un peu trop engagée et «combattant de la paix» peut-être. 263 bonnes illustrations en noir et en couleurs. Pas de bibliographie).

JOHN BERGER : *Success and Failure of Picasso*, Penguin Books, 1965, traduction française, Les Lettres Nouvelles, 1968. (Ouvrage passablement irritant, mais qui a le mérite de présenter un point de vue personnel et de tenter une analyse globale de l'œuvre.)

ANDRÉ FERMIGIER : *Picasso*, Paris, Le Livre de Poche, 1968.

JUAN EDUARDO CIRLOT : *Pablo Picasso, naissance d'un génie*, Paris, Albin Michel, 1972.

JOHN GOLDING, ROLAND PENROSE (sous la direction de) : *Picasso in Retrospect*, New York, Praeger, 1973.

PIERRE CABANNE : *Le Siècle de Picasso*, Paris, Denoël, 1975.

Patrick O'Brian : *Pablo Ruiz Picasso*, Londres & New York, Collins, 1976.
Pierre Daix : *La Vie de peintre de Pablo Picasso*, Paris, Seuil, 1977.
Mary Mathews Gedo : *Picasso : Art as Autobiography*, Chicago, University of Chicago Press, 1980.
Marilyn McCully : *A Picasso Anthology : Documents, Criticism, Reminiscences*, Londres, The Art Council of Great Britain, 1981.
Roland Penrose : *Picasso*, Paris, Flammarion, 1982.
Pierre Daix : *Picasso créateur*, Paris, Seuil, 1987.
Peter Carsten Warncke : *Picasso*, Munich, Taschen, 1992.
Jean-Louis Ferrier : *Picasso, la déconstruction créatrice*, Paris, Terrail, 1993.
Pierre Daix : *Dictionnaire Picasso*, Paris, Robert Laffont, 1995.

Biographies. Livres de souvenirs

Fernande Olivier : *Picasso et ses amis*, Stock, 1933.
Gertrude Stein : *Autobiographie d'Alice Toklas*, Gallimard, 1934.
Jaime Sabartès : *Picasso. Portraits et souvenirs*, traduction française, Louis Carré et Maximilien Vox éditeurs, Paris, 1946.
Antonina Vallentin : *Picasso*, Albin Michel, 1957. (Ce livre contient quantité de renseignements et d'analyses utiles. Il est dommage que l'auteur ait adopté le ton de la biographie romancée et extatique, car l'ouvrage paraît reposer sur un travail d'information sérieux.)
D. H. Kahnweiler : *Mes Galeries et mes Peintres*. Entretiens avec Francis Crémieux. Gallimard, 1961.
Françoise Gilot et Carlton Lake : *Vivre avec Picasso*, édition française, Calmann-Lévy, 1965. (Cet ouvrage, dû à celle qui fut la compagne de Picasso au lendemain de la guerre, a provoqué la colère des amis du peintre. Peut-être indiscret parfois, il donne de Picasso une image très vivante, injuste sans doute, mais nullement antipathique. Je laisse au lecteur le soin de juger, étant bien entendu qu'il s'agit d'un ouvrage à « consulter avec précaution ». On ne prendra d'ailleurs pas moins de précautions pour « consulter » certaines biographies de Picasso, dont le point de vue hagiographique et « Vie de Saint-Louis » est parfois bien lassant.)
Brassaï : *Conversations avec Picasso*, Gallimard, 1964. (Brassaï a été, avec Henri Cartier-Bresson et Robert Capa, le meilleur photographe

de Picasso. Le livre contient quelques évocations très vivantes de l'atmosphère dans laquelle vit le peintre.)

HÉLÈNE PARMELIN : *Picasso dit*, Paris, Denoël, 1966.

PATRICK O'BRIAN : *Picasso : A Biography*, New York, G. P. Putnam Sons, 1975.

HÉLÈNE PARMELIN : *Voyage en Picasso*, Paris, Laffont, 1980.

JOHN RICHARDSON : *Vie de Picasso*, Paris, Éditions du Chêne, 1991 (t. I : 1881-1906).

FERNANDE OLIVIER : *Souvenirs intimes*, Paris, Calmann-Lévy, 1988.

PIERRE CAIZERGUES, HÉLÈNE SECKEL (éditeurs) : *Picasso / Apollinaire, correspondance*, Paris, Gallimard & Réunion des Musées nationaux, 1992.

JAMES LORD : *Picasso and Dora : A personal Memoir*, New York, Farrar, Straub & Giroux, 1993.

Iconographie

JAIME SABARTÈS : *Picasso*. Documents iconographiques. Pierre Cailler, éditeur, Genève, 1954.

ROLAND PENROSE : *Portrait of Picasso*, Museum of Modern Art, New York, 1954. (Remarquable ensemble de documents.)

Aspects particuliers de l'œuvre

Affiches

CHRISTOPHE CZWIKLITZER : *290 Affiches de Picasso*. Chez l'auteur, Paris, 1968.

Dessins, aquarelles, etc.

CHRISTIAN ZERVOS : *Dessins de Picasso, 1892-1948*, Éditions des Cahiers d'Art, Paris, 1949.

Picasso. Dessins, gouaches, aquarelles, 1898-1957. Catalogue d'une exposition présentée au musée Réattu d'Arles, juillet-septembre 1957.

JOHN RICHARDSON : *Picasso, aquarelles et gouaches*, Les Éditions Phœbus, Bâle, 1964.

FERNAND MOURLOT : *Picasso lithographe*, Paris & Monaco, Éditions Sauret, 1970.

Gravure

BERNHARD GEISER : *Picasso peintre graveur.*
  I. 1899-1931. À Berne, chez l'auteur, 1935 ;
  II. 1932-1934. Kornfeld et Klipstein, Berne, 1968.

GEORGES BLOCH : *Picasso, catalogue de l'œuvre gravé et lithographié, 1904-1967,* Kornfeld et Klipstein, Berne, 1968.

Livres illustrés

ABRAHAM HORODISCH : *Picasso as a Book Artist,* Faber and Faber, 1962.

Sculpture

D. H. KAHNWEILER : *Les Sculptures de Picasso,* Éditions du Chêne, 1948.

ROLAND PENROSE : *The Sculpture of Picasso,* The Museum of Modern Art, New York, 1967.

GIULIO CARLO ARGAN : *Scultura di Picasso,* Venise, Alfieri, 1935.

ENRICO PRAMPOLINI : *Picasso scultore,* Rome, Libreria Fratelli Boca, 1943.

WERNER SPIES : *Picasso, das plastiche Werk,* Stuttgart, Verlag Gerd Hatje, 1971 (traduction française : *Les sculptures de Picasso,* Lausanne, Clairefontaine, 1971).

Théâtre

Picasso et le Théâtre. Catalogue d'une exposition présentée au Musée des Augustins de Toulouse de juin à septembre 1965. (Préface et notices de Denis Milhaud.)

DOUGLAS COOPER : *Picasso et le Théâtre,* Éditions Cercle d'Art, 1967.

Céramique

GEORGES RAMIÉ : *Céramique de Picasso,* Paris, Cercle d'Art, 1974.

Principales études concernant les diverses périodes de l'œuvre
(les numéros renvoient à ceux des chapitres)

I.

PHOEBE POOL : *Picasso. The Formative Years* (préface d'Anthony Blunt), Studio books, Londres, 1964.

JOSEP PALAU I FABRE : *Picasso en Cataluña,* Ediciones Poligrafa, Barcelone, 1966.

PAUL GUINARD : « Picasso et l'Espagne », in : *Picasso*, Coll. Génies et Réalités, Hachette, 1967.

JOSEP PALAU I FABRE : *Picasso vivant 1881-1907*, Paris, Albin Michel, 1981.

II.

JOHN GOLDING : *Cubism. A History and Analysis 1907-1914*, Faber and Faber, Londres, 1959. Traduction française : *Le Cubisme*, Julliard et Le Livre de Poche (1967). Ouvrage fondamental.

GUILLAUME APOLLINAIRE : *Les Peintres cubistes*. Présentation par L. C. Breunig et J.-C. Chevalier. Coll. Miroirs de l'Art, Hermann, 1965.

EDWARD F. FRY : *Le Cubisme*, La Connaissance, Bruxelles, 1966. Choix de textes critiques dus à des contemporains du cubisme. Ouvrage fort utile.

JEAN LAUDE : *La Peinture française (1905-1914) et l'Art nègre*, Éditions Klincksieck. Excellente analyse de la période nègre et du « primitivisme » de Picasso (pages 243-358).

SAM HUNTER : *Picasso : Cubism to the Present*, New York, Harry N. Abrams, 1957.

WILLIAM RUBIN : *Picasso and Braque : Pioneering Cubism*, New York, The Museum of Modern Art, 1989 (édition française : *Picasso et Braque : l'invention du cubisme*, Paris, Flammarion, 1990).

JOSEP PALAU I FABRE : *Picasso, cubisme 1907-1917*, Paris, Albin Michel, 1990.

III.

ANDRÉ SALMON : *L'Art vivant*, Crès, 1920.

MAURICE RAYNAL : *Anthologie de la peinture en France, de 1906 à nos jours*, Éditions Montaigne, Paris, 1927.

JEAN COCTEAU : *Entre Picasso et Radiguet*. Présentation par André Fermigier. Coll. Miroirs de l'Art, Hermann, 1967. (Ce livre est un recueil des principaux textes de Cocteau consacrés à Picasso.)

DOUGLAS COOPER : *Picasso et le Théâtre* (voir plus haut).

ANTHONY BLUNT : *Picasso's classical period (1917-1925)*, The Burlington Magazine, avril 1968.

IV.

Documents. Numéro spécial consacré à Picasso (textes de G. Bataille, R. Desnos, Carl Einstein, etc.), Paris, 1930.

Cahiers d'art. VII, n°s 3-5, 1932. Numéro spécial consacré à Picasso (textes de Zervos, Salmon, Stravinsky, Cocteau, J. J. Sweeney, Carl Einstein, etc.).

Cahiers d'art. X, n°s 7-10, 1935. Numéro spécial consacré aux œuvres de 1930-1935 (textes de Zervos, Eluard, Breton, Péret, Julio Gonzalez, Miró, etc.).

Fantastic Art, Dada, Surrealism. Catalogue de l'exposition organisée au musée d'Art moderne de New York par Alfred Barr (préface de Georges Hugnet), 1937.

MARCEL JEAN : *Histoire de la peinture surréaliste*, Éditions du Seuil, 1959.

ANDRÉ BRETON : *Le Surréalisme et la Peinture*, Gallimard, 1965.

RENÉ PASSERON : *Histoire de la peinture surréaliste*, Le Livre de Poche, 1968.

V.

Cahiers d'art. XII, n°s 4-5, 1937. Numéro spécial consacré à *Guernica* (textes de Zervos, Duthuit, Cassou, Mabille, Eluard, Michel Leiris et José Bergamin).

RUDOLF ARNHEIM : *Picasso's Guernica. The Genesis of a Painting*, Faber and Faber, 1962.

FRANCISCO CALVO SERRALLER : *Pablo Picasso, el Guernica*, Madrid, Alianza Cero Ocho, 1981.

JEAN-LOUIS FERRIER : *De Picasso à Guernica*, Paris, Denoël, 1985.

VI.

Couleur de Picasso. Antipolis. Texte de Jaime Sabartès. Verve, 1948.

Le Point : Picasso (textes de Georges Besson, D. H. Kahnweiler, etc.), XLII, Souillac, 1952.

Realismo : Numéro spécial consacré à Picasso, mars-avril 1953.

Picasso. La Guerre et la Paix. Texte de Claude Roy. Cercle d'Art, 1954.

Dessins de Picasso. Verve. VIII. n°s 29 et 30, 1954.

JANNET FLANNER : « The Surprise of the Century » in : *Men and Monuments*, Harper and brothers, New York, 1957.

JOHN RICHARDSON : « Picasso's Ateliers and other Recent Works », The Burlington Magazine, juin 1957.

DOR DE LA SOUCHÈRE : *Picasso à Antibes*, Hazan, Paris, 1960.

PABLO PICASSO : *Les Déjeuners.* Texte de Douglas Cooper. Cercle d'Art, 1962.

HÉLÈNE PARMELIN : *Notre-Dame de Vie.* Cercle d'Art, 1966.

Pierre Dufour : *Picasso, 1950-1968*. Skira, 1969.
Roberto Otero : *Forever Picasso : An Intimate Look on His Last Years*, New York, Abrams, 1973.
Klaus Gallwitz : *Picasso 1947-1973*, Paris, Denoël, 1985.
Christa Lichtenstern : *Picasso : Monument à Apollinaire, projet pour une humanisation de l'espace*, Paris, Adam Biro, 1990.

Bibliographie

Juan Antonio Gaya Nuño : *Bibliografía crítica y antológica de Picasso*, San Juan, Ediciones de la Torre, Universidad de Puerto Rico, 1966.

Table des illustrations

Chiffres maigres : numéro de la page où figure la légende de l'illustration.

Chiffres gras : numéro de l'illustration.

Les dimensions sont données en centimètres, sauf mention particulière.

11	**1**	Don José, père de Picasso. *1895. Malaga, musée provincial. Ph. Mas.*
11	**2**	La mère de Picasso. 1923. *Huile. 73 × 60. Héritiers de l'artiste. Ph. Chevojon.*
13	**3**	L'Homme à la casquette. 1895. *Huile. 73 × 50. Paris, Musée Picasso. Ph. Giraudon.*
16	**4**	Autoportrait. 1901. *Dessin au crayon conté. 34 × 15. New York, collection Justin K. Thannhauser. (Z.I.49).*
16	**5**	La Boija (La Folle), original de la reproduction, parue dans Cataluña Artistica. 1900. *Plume, aquarelle et gouache sur papier. 13,5 × 9,5. Paris, collection particulière. Ph. Dubout.*
19	**6**	Menu des « Quatre Gats ». 1898. *Dessin à la plume. 22 × 16. Ph. Mas.*
21	**7**	Le Prisonnier. 1901. *Encre de Chine. 31,5 × 21,7. Paris, Musée Picasso. (Z.I.312).*
21	**8**	Les Fugitifs. 1901. *Gouache sur carton. 56 × 73. Collection particulière, États-Unis (Z.I.53).*
23	**9**	Le Moulin de la Galette. 1900. *Huile. 90,2 × 117. New York, The Solomon R. Guggenheim Museum (fondation Thannhauser). Ph. du musée.*
23	**10**	La Chambre bleue. 1901. *Huile. 51 × 62,5. Washington, The Phillips Collection. Ph. du musée.*
24	**11**	La Fin du numéro. 1901. *Pastel sur carton. 74 × 48. Barcelone, Musée Picasso. Ph. Mas.*
24	**12**	Danseuse naine. 1901. *Huile sur carton. 104,5 × 61. Barcelone, Musée Picasso. Ph. Mas.*
24	**13**	La Buveuse d'absinthe. 1901. *Huile sur carton. 65,5 × 51. New York, collection William B. Jaffe.*
26	**14**	Max Jacob. 1915. *Mine de plomb. (Z.VI.1284).*
28	**15**	Autoportrait. 1901. *Huile 81 × 60. Paris, Musée Picasso. Ph. H. Mardyks.*

28	**16**	L'Arlequin. 1901. *Huile. 81 × 60. New York, The Metropolitan Museum of Art. Ph. André Held.*
31	**17**	L'Enterrement de Casagemas. 1901. *Huile. 150 × 90. Paris, Musée d'Art moderne de la Ville de Paris. Ph. Giraudon.*
35	**18**	La Vie. 1903. *Huile. 197 × 127. The Cleveland Museum of Art. Ph. du musée.*
35	**19**	Étude pour La Vie. 1903. *Dessin à la plume. 15,7 × 11. Paris, Musée Picasso. (Z.VI.534).*
36	**20**	L'Étreinte. 1903. *Pastel. 98 × 57. Paris, musée de l'Orangerie (collection Walter-Guillaume). Ph. Musées nationaux.*
38	**21**	Mère et enfant au fichu. 1903. *Pastel. 47 × 41. Barcelone, Musée Picasso. Ph. Mas.*
40	**22**	Les Misérables au bord de la mer. 1903. *Huile. 59,7 × 49,5. Northampton, Smith College Museum of Art (don Jere Abbott). Ph. du musée.*
40	**23**	Le Marchand de gui. 1902-1903. *Gouache. 55 × 38. Paris, collection particulière. Ph. Musée des Arts Décoratifs, Paris (exposition Picasso, 1955).*
41	**24**	La Famille Soler. 1903. *Huile. 150 × 200. Liège, musée des Beaux-Arts. Ph. A.C.L., Bruxelles.*
45	**25**	Le Fou. 1904. *Aquarelle sur papier. 86 × 36. Barcelone, Musée Picasso. Ph. Mas.*
45	**26**	La Femme à la Corneille. 1904. *Gouache et pastel. 65 × 50. The Toledo Museum of Art. Ph. du musée.*
45	**27**	Le Repas frugal. 1904. *Eau-forte. 46 × 38. Ph. Bibliothèque nationale.*
46	**28**	L'Acteur. 1904-1905. *Huile. 194 × 112. New York, The Metropolitan Museum of Art. Ph. du musée.*
49	**29**	Le Fou. 1905. *Bronze. 40 × 35. Musée d'Art moderne de la Ville de Paris. Ph. Musées nationaux.*
50	**30**	Famille d'acrobates au singe. 1905. *Gouache, aquarelle, pastel et encre de Chine. 104 × 75. Göteborg, Konstmuseum. Ph. du musée.*
50	**31**	La Femme à l'éventail. 1905. *Huile. 99 × 81. New York, collection Averell Harriman. Ph. Geoffrey Clements.*

50	**32**	Les Bateleurs. 1905. *Huile. 212,8 × 229,6. Washington, National Gallery of Art (collection Chester Dale). Ph. du musée.*
52	**33**	Les Deux Adolescents. 1905-1906. *Huile. 151 × 93,7. Washington, National Gallery of Art (collection Chester Dale). Ph. du musée.*
52	**34**	Nu aux mains jointes. 1905-1906. *Gouache sur toile. 95,8 × 75,5. Toronto, collection Ayala et Sam Zacks.*
54	**35**	La Porteuse de pain. 1906. *Huile. 100 × 70. Philadelphie, Philadelphia Museum of Art. Ph. du musée.*
54	**36**	Les Paysans. 1906. *Huile. 218,5 × 129,5. Merion, Fondation Barnes. Ph. du musée.*
56	**37**	Autoportrait à la palette. 1906. *Huile. 92 × 73. Philadelphie, Philadelphia Museum of Art (collection A.E. Gallatin). Ph. du musée.*
58	**38**	Deux Femmes nues. 1906. *Huile. 151,3 × 93. New York, The Museum of Modern Art (don David Thompson). Ph. du musée.*
73	**39**	Hollandaise à la coiffe. 1905. *Huile, gouache et craie sur carton. 78 × 67,3. Brisbane, Queensland Art Gallery. Ph. du musée.*
74	**40**	Nu sur fond rouge. 1906. *Huile. 81 × 54. Paris, musée de l'Orangerie (collection Walter-Guillaume). Ph. Musées nationaux.*
77	**41**	Portrait de Gertrude Stein. 1906. *Huile. 100 × 81. New York, Metropolitan Museum of Art (legs Gertrude Stein). Ph. du musée.*
77	**42**	Détail de 41 (Portrait de Gertrude Stein).
77	**43**	Détail de 44 (Les Demoiselles d'Avignon).
78	**44**	Les Demoiselles d'Avignon. 1907. *Huile. 244 × 233. New York, The Museum of Modern Art. Ph. du musée.*
78	**45**	Nature morte à la tête de mort. 1907. *Huile. 115 × 88. Leningrad, musée de l'Ermitage. Ph. Giraudon.*
80	**46**	Tête (Femme au nez en quart de brie). 1907 (?). *Huile. 46 × 33. Londres, collection particulière. (Z.II*.12).*
83	**47**	Nature morte aux pains. 1908. *Huile. 164 × 132,5. Bâle, Musée des Beaux-Arts. Ph. du musée.*
84	**48**	La Femme à l'éventail. 1908. *Huile. 152 × 101. Leningrad, musée de l'Ermitage. Ph. Giraudon.*

84	**49**	Usine à Horta de Ebro. 1909. *Huile. 53 × 60. Leningrad, musée de l'Ermitage. Ph. Giraudon.*
84	**50**	La Jeune fille à la mandoline. 1910. *Huile. 100 × 73. New York, The Museum of Modern Art (legs Nelson A. Rockefeller). Ph. Raymond Laniepce,*
87	**51**	Portrait d'Ambroise Vollard. 1909-1910. *Huile. 92 × 65. Moscou, musée Pouchkine. Ph. Giraudon.*
89	**52**	Portrait de Wilhelm Uhde. 1910. *Huile. 81 × 60. Collection particulière. Ph. galerie Louise Leiris, Paris.*
91	**53**	Portrait de D. H. Kahnweiler. 1910. *Huile. 100,5 × 73. Chicago, Art Institute. Ph. du musée.*
96	**54**	Nature morte à la chaise cannée. 1912. *Huile et toile cirée collée sur toile. 29 × 37. Paris, Musée Picasso. Ph. Musée des Arts Décoratifs, Paris (exposition Picasso, 1955)*
98	**55**	L'Aficionado. 1912. *Huile. 135 × 82. Bâle, Musée des Beaux-Arts. Ph. du musée.*
101	**56**	Bouteille, verre et violon. 1912-1913. *Papier collé et fusain sur papier. 47 × 62,5. Stockholm, Moderna Museet. Ph. du musée.*
101	**57**	Nature morte avec fruits et violon. 1913. *Papier collé et fusain sur papier. 65 × 50. Philadelphie, Philadelphia Museum of Art (collection A.E. Gallatin). Ph. du musée.*
104	**58**	Violon, verre, pipe et encrier. 1912. *Huile. 81 × 54. Prague, Galerie nationale.*
105	**59**	Le violon et la guitare. 1913. *Tissu collé, huile, crayon et plâtre sur toile. 91,5 × 63,5. Philadelphie, Philadelphia Museum of Art (collection Louise et Walter Arensberg). Ph. du musée.*
109	**60**	L'Étudiant à la pipe. 1913-1914. *Huile, sable et papier sur toile. 73 × 59. New York, The Museum of Modern Art (legs Nelson A. Rockefeller). Ph. Giraudon.*
109	**61**	Femme en chemise dans un fauteuil. 1913. *Huile. 148 × 99. États-Unis, collection Mrs. Victor W. Ganz. Ph. Giraudon.*
109	**62**	Le Verre d'absinthe. 1914. *Bronze peint. H. : 22. Ph. H. Mardyks.*
110	**63**	L'Homme au verre. 1914. *Huile. 236 × 164. Lucerne, galerie Rosengart. Ph. de la galerie.*

112	**64**	Joueur de guitare. 1916. *Huile et sable sur toile. 130 × 97. Stockholm, Moderna Museet. Ph. du musée.*
112	**65**	Les Trois Musiciens. 1921. *Huile. 203 × 188. Philadelphie, Philadelphia Museum of Art (collection A.E. Gallatin). Ph. du musée.*
120	**66**	Portrait d'Erik Satie. 19 mai 1920. *Mine de plomb et fusain. 62 × 48. Paris, Musée Picasso. Ph. H. Mardyks.*
122	**67**	Costume du Chinois pour le ballet « Parade ». 1917. *Aquarelle. 28 × 19. Paris, collection particulière. Ph. Giraudon.*
122	**68**	Costume du Manager américain pour le ballet « Parade ». 1917. *Ph. éditions Cercle d'Art.*
124	**69**	Rideau de « Parade ». 1917. *Détrempe sur toile. 10,60 m × 17,25 m. Paris, Musée national d'Art moderne, Centre Georges Pompidou. Ph. Musées nationaux.*
124	**69 bis**	Jean Cocteau, Picasso dans son atelier, vers 1922. *Musée Pouchkine. Ph. du musée.*
126	**70**	Portrait d'Ambroise Vollard. 1915. *Dessin. 46,5 × 32. New York, The Metropolitan Museum of Art.*
128	**71**	Portrait d'Olga dans un fauteuil. 1917. *Huile. 130 × 89. Paris, Musée Picasso. Ph. H. Mardyks.*
130	**72**	Paul en Arlequin. 1924. *Huile. 130 × 97. Paris, Musée Picasso. Ph. Marc Vaux.*
130	**73**	Le Salon de la rue La Boétie (Olga Picasso entourée de Cocteau, Erik Satie et Clive Bell). 1919. *Mine de plomb. 61 × 49. Paris, Musée Picasso.*
130	**74**	Picasso en torero à une soirée donnée par le comte Étienne de Beaumont. Paris, 1924. *Ph. Man Ray.*
132	**75**	Nature morte à la bouteille et au vase. 1918. *Huile et sable. 45,5 × 45,5. (Z.III.142).*
132	**76**	Guitare. 1918. *Huile et sable. 54 × 65. Collection particulière (ancienne collection Maurice Raynal). Ph. Raymond Laniepce.*
132	**77**	La Table devant la fenêtre. 1919. *Gouache sur papier. 32 × 22. Lucerne, collection S. Rosengart. Ph. Giraudon.*

135	78	Étude pour le rideau du ballet « Le Tricorne ». *Mine de plomb. Paris, Musée Picasso. Ph. éditions Paul Rosenberg, 1920.*
135	79	Costume de l'Alguazil pour le ballet « Le Tricorne ». 1919. *Aquarelle. Paris, Musée Picasso. Ph. éditions Paul Rosenberg, 1920.*
136	80	Maquette du décor pour le ballet « Le Tricorne ». 1919. *Gouache et crayon noir. Paris, Musée Picasso. Ph. éditions Paul Rosenberg, 1920.*
136	81	Décor pour le ballet « Pulcinella ». 1920. *Gouache, encre de Chine et mine de plomb. Paris, Musée Picasso. (Z.IV.28).*
138	82	Igor Strawinsky. 1920. *Mine de plomb. Ph. éditions Cercle d'Art.*
138	83	Napolitaine au poisson. 1918. *Mine de plomb. 31,5 × 21,5. (Z.III.244).*
141	84	Pierrot et Arlequin. 1918. *Crayon. 26 × 19. Chicago, Art Institute (don Gilbert W. Chapman). Ph. du musée.*
141	85	Pierrot et Arlequin. 1920. *Gouache. 27 × 21. (Z.IV.68).*
141	86	Arlequin au miroir. 1923. *Huile. 100 × 81. Ph. Cauvin-galerie Berggruen.*
141	87	Arlequin. 1927. *Huile. 81 × 65. New York. Perls Galleries.*
143	88	Danseuses autour d'Olga Picasso. 1919. *Mine de plomb et traces de fusain. Paris, Musée Picasso. Ph. Rosenberg.*
143	89	Danseur au repos. 1923. *Huile. 130 × 97. Ancienne collection Chester Dale. (Z.V.15).*
143	90	Danseuse. 1919. *Mine de plomb. 31 × 24. (Z.III.345).*
145	91	Les Baigneuses. 1922. *Eau-forte. 11,8 × 8,8. Contenue dans 30 exemplaires de l'ouvrage « Cravates de chanvre » par Reverdy. Ph. archives Georges Bloch.*
145	92	Baigneuses. 1921. *Mine de plomb. 23 × 34. (Z.IV.275).*
147	93	Groupe avec joueur de flûte de Pan. 1923. *Encre de Chine. 24,5 × 32. (Z.V.121).*
147	94	Le Rapt. 1920. *Encre de Chine. 20 × 27. New York, The Museum of Modern Art. Ph. du musée.*
148	95	Deux Femmes nues. 1920. *Huile. 195 × 164. Ancienne collection Walter P. Chrysler Jr. (Z.IV.217).*
148	96	Femme à mi-corps. 1921. *Huile. 132 × 83. (Z.IV.327).*

TABLE DES ILLUSTRATIONS

151	**97**	Femmes à la fontaine. 1921. *Huile. 204 × 174. New York. The Museum of Modern Art (don Mr. et Mrs. Allan D. Emil). Ph. du musée.*
158	**98**	Femme et enfant au bord de la mer. 1921. *Huile. 143 × 162. Chicago, Art Institute. Ph. du musée.*
161	**99**	Tête de femme. 1924. *Encre de Chine. (Z.V.295).*
163	**100**	Le Pérugin. Apollon et Marsyas. *Paris, musée du Louvre. Ph. Musées nationaux.*
163	**101**	Cézanne. Le Baigneur. Vers 1885. *Huile. 127 × 96,84. New York, The Museum of Modern Art. Ph. du musée.*
163	**102**	Les Flûtes de Pan. 1923. *Huile. 204,5 × 174. Paris, Musée Picasso. Ph. H. Mardyks.*
165	**103**	Nature morte à la guitare. 1922. *Huile. 83 × 102,5. Lucerne, collection S. Rosengart.*
165	**104**	Guéridon devant la fenêtre. 1924. *Huile. 130 × 97. New York, Perls Galleries.*
167	**105**	Mandoline et guitare. 1924. *Huile et sable sur toile. 143 × 202. New York, The Solomon R. Guggenheim Museum. Ph. du musée.*
167	**106**	Nature morte au buste. 1924. *Huile. 97 × 130. (Z.V.364).*
167	**107**	L'Atelier. 1925. *Huile. 97 × 130. New York, collection Sean Sweeney. (Z.V.445).*
169	**108**	Deux Femmes courant sur la plage. 1922. *(Utilisée comme maquette pour le rideau du ballet « Le Train bleu ». Détrempe sur bois. 32,5 × 42,5. Paris, Musée Picasso. Ph. H. Mardyks.*
169	**109**	*Costume de bain par Chanel pour une des « Poules » du « Train bleu ».*
173	**110**	« Mercure » : Les Trois Grâces avec Cerbère (construction sur la scène). *Ph. éditions Cercle d'Art.*
173	**111**	Rideau de « Mercure ». 1924. *Détrempe. 4 m × 5,10 m. Paris, Musée national d'Art moderne, Centre Georges Pompidou. Ph. Musées nationaux.*
180	**112**	Groupe de danseurs. 1925. *Encre de Chine. 35 × 25. New York, The Museum of Modern Art. Ph. du musée.*
180	**113**	La Danse. 1925. *Huile. 215 × 142. Londres, Tate Gallery. Ph. Giraudon.*

183	**114**	L'Atelier de la modiste. 1926. *Huile. 172 × 256. Paris, Musée national d'Art moderne, Centre Georges Pompidou (don de l'artiste, 1947). Ph. Musées nationaux.*
184	**115**	Guitare. 1926. *Tissu, papier, ficelles, serpillière, clous et huile sur toile. 130 × 97. Paris, Musée Picasso. Ph. H. Mardyks.*
187	**116**	Figure. 1927-1928. *Huile. 55 × 33. Ancienne collection J.J. Sweeney. Ph. John R. Freeman.*
187	**117**	Femme endormie dans un fauteuil. 1927. *Huile. 92 × 73. Héritière de l'artiste. Ph. D. Daniel.*
188	**118**	Deux Femmes nues sur la plage. 1937. *Encre de Chine et gouache sur bois. 22 × 27. Paris, Musée Picasso. Ph. H. Mardyks.*
190	**119**	Construction au gant. 1930. *Bois, toile et sable sur revers de châssis, avec gant, carton et végétaux collés et cousus. 27 × 35,5 × 8. Paris, Musée Picasso. Ph. H. Mardyks.*
196	**120**	Femme assise. 1932. *Huile sur bois. 74 × 52. New York, collection Lee A. Ault. Ph. Taylor & Dull.*
199	**121**	Personnage. 1927. *Huile sur bois. 130 × 96. Paris, Musée Picasso. (Z.VII.137).*
199	**122**	Acrobate. 1930. *Huile. 162 × 130. Paris, Musée Picasso. Ph. H. Mardyks.*
199	**123**	Femme nue dans un fauteuil. 1929. *Huile. 194 × 129. Paris, Musée Picasso.*
200	**124**	Femme et miroir. 1929. *Huile. 73 × 60. (Z.VII.248).*
203	**125**	Femme assise. 1927. *Huile sur bois. 130 × 97. Ancienne collection J.T. Soby. Ph. The Museum of Modern Art, New York.*
204	**126**	Figure. Cannes, 1927. *Fusain. Héritiers de l'artiste. (Z.VII.98).*
206	**127**	La Cabine de bain. Dinard, 1928. *Huile. (Z.VII.211).*
206	**128**	Baigneuse. 1930. *Huile. 162 × 130. New York. The Museum of Modern Art. Ph. du musée.*
206	**129**	La Baignade. 1937. *Huile, fusain et craie sur toile. Venise, collection Peggy Guggenheim. Ph. Attualita.*
206	**130**	Baigneuse jouant au ballon. 1932. *Huile. 146 × 114,5. New York, The Museum of Modern Art (don partiel de Ronald S. Lauder). Ph. Giraudon.*

208	**131**	Figures (projet de monument). Dinard, 1928. *Encre de Chine. 30 × 22. (Z.VII.203).*
210	**132**	Illustration pour le *Chef-d'œuvre inconnu* de Balzac, éd. Vollard (1931). Peintre et modèle tricotant. 1927. *Eau-forte. 19,4 × 28. Ph. Marc Vaux.*
210	**133**	L'Atelier. 1933. *Mine de plomb. 26 × 34,5. Paris, Musée Picasso.*
213	**134**	Illustration pour *Les Métamorphoses* d'Ovide : Eurydice piquée par un serpent. 1930. *Eau-forte. Ph. Dubout.*
213	**135**	Illustration pour *Lysistrata* d'Aristophane : Cinésias et Myrrhine. 1934. *Eau-forte. Ph. Bibliothèque nationale.*
214	**136**	Jeune fille au miroir. 1932. *Huile. 162 × 130. New York, Museum of Modern Art (don Simon Guggenheim). Ph. du musée.*
214	**137**	Le Rêve. 1932. *Huile. 130 × 97. New York, collection Mrs. Victor W. Ganz. Ph. Giraudon.*
214	**138**	Nu endormi. 1932. *Huile. 162 × 130. Ancienne collection Meric Callery. Ph. galerie Louise Leiris, Paris.*
218	**139**	La Muse. 1934. *Huile. 162 × 130. New York, collection Schoenborn. (Z.VIII.246).*
221	**140**	Construction. 1930. *Tiges de métal. 50 × 41 × 17. Paris, Musée Picasso. Ph. H. Mardyks.*
223	**141**	La Femme au jardin. 1929-1930. *Fer. 210 × 117 × 82. États-Unis, collection particulière. Ph. H. Mardyks.*
223	**142**	Tête. 1931. *Exemplaire bronze. 84 × 40 × 36. Ph. Brassaï.*
223	**143**	Femme. 1931. *Moulage en bronze à partir d'un châssis en bois taillé. Paris, collection particulière. Ph. Adolph Studly.*
224	**144**	L'atelier de Picasso à Boisgeloup en 1933. *Ph. Brassaï.*
226	**145**	Tête de femme. 1931-1932. *Bronze. 50 × 31 × 27. Ph. Brassaï.*
226	**146**	Tête de femme. 1932. *Bronze. 85 × 37 × 45,5. Ph. Brassaï.*
226	**147**	Matisse. Jeannette V (Jeanne Vaderin, 5e état). 1911. *Bronze, Ontario, Art Gallery. Ph. du musée.*
229	**148**	Femme au feuillage. 1934. *Bronze. 38 × 20 × 27. Ph. Brassaï.*

230	**149**	Minotaure. 1933. *Fusain. 34 × 50,5. Paris, Musée Picasso.*
230	**150**	Couverture du n° 1 du Minotaure. 1933. *Collage. 48,5 × 41. New York, The Museum of Modern Art. Ph. Denise Bellon, Images et Textes.*
233	**151**	Faune dévoilant une femme. 1936. *Aquatinte. 31,7 × 41,7. Ph. Bibliothèque nationale.*
233	**152**	Minotaure et femme. 1936. *Encre de Chine et crayons de couleur. 42 × 70. (Z.VIII.296).*
235	**153**	Course de taureaux. 1934. *Huile sur bois. Paris, Musée Picasso.*
235	**154**	Taureau et cheval. 1942. *Dessin à la plume. 30 × 40,5. Ph. galerie Louise Leiris, Paris.*
236	**155**	Taureau ailé contemplé par quatre enfants. 1934. *Eau-forte. 23,8 × 29,8. Ph. Bibliothèque nationale.*
238	**156**	Sculpteur et Modèle admirant une tête sculptée. 1933. *Eau-forte. 26,7 × 19,4. Ph. Bibliothèque nationale.*
238	**157**	Le Repos du sculpteur, III. 1933. *Eau-forte. 19,3 × 26,7. Ph. Bibliothèque nationale.*
241	**158**	Scène bachique au Minotaure. 1933. *Eau-forte. 29,7 × 36,6. Ph. Bibliothèque nationale.*
241	**159**	Le Minotaure vaincu. 1933. *Eau-forte. 19,3 × 26,9. Ph. Bibliothèque nationale.*
241	**160**	Le Minotaure aveugle guidé par une fillette dans la nuit. 1934. *Aquatinte. 24,7 × 34,7. Ph. Bibliothèque nationale.*
243	**161**	La Minotauromachie. 1935. *Eau-forte. 49,8 × 69,3. New York, The Museum of Modern Art. Ph. du musée.*
255	**162**	Songe et Mensonge de Franco. 1937. *Aquatinte. 31 × 42. Ph. Bibliothèque nationale.*
257	**163**	Illustration pour les *Histoires naturelles* de Buffon, 1937-1942. Le chat. *Eau-forte. Ph. Bibliothèque nationale.*
257	**164**	Portrait de Marie-Thérèse. 1937. *Huile. 100 × 81. Paris, Musée Picasso. Ph. Chevojon.*
261	**165**	Guernica. 1937. *Huile. 351 × 782. Madrid, Museo Nacional Centro de Arte Reina Sofia. Ph. The Museum of Modern Art, New York.*
261	**166**	P.P. Prud'hon. La Justice et la Vengeance divine poursuivant le crime. *Paris, musée du Louvre. Ph. Giraudon.*

261	**167**	Détail de 165 (Guernica).
267	**168**	Étude pour Guernica. 1937. *Crayon sur panneau de bois. 53 × 64. (Z.IX.10).*
270	**169**	La Femme en pleurs. 1937. *Huile sur toile. 60 × 49. Londres, Tate Gallery. Ph. R.B. Fleming.*
275	**170**	Portrait de femme. 1936. *Huile. 65 × 54. (Z.VII.303).*
275	**171**	Portrait de femme. 1938. *Huile. 65 × 54. (Z.IX.128).*
275	**172**	Tête de femme au collier. 1939. *Aquatinte en couleurs. 30 × 23,8. Paris, collection Berggruen.*
275	**173**	Femme au chapeau. 1938. *Huile. 54 × 46. (Z.IX.228).*
275	**174**	Trois têtes de femmes. 1939. *Crayon. 29 × 43. (Z.IX.256).*
277	**175**	Femme-oiseau. 1941. *Mine de plomb et encre de Chine. 31 × 24. Ph. galerie Berggruen, Paris.*
277	**176**	Homme au cornet de glace. 1938. *Huile. 61 × 50. (Z.IX.206).*
278	**177**	Chat dévorant un oiseau. 1939. *Huile. 97 × 130. New York, collection Mrs. Victor W. Ganz.*
278	**178**	Coq. 1938. *Fusain. 76 × 55. (Z.IX.114).*
282	**179**	La pêche de nuit à Antibes. 1939. *Huile. 206 × 345. New York, The Museum of Modern Art. Ph. du musée.*
285	**180**	L'Enfant à la langouste. 1941. *Huile. 130 × 97. Paris, Musée Picasso. Ph. Chevojon.*
285	**181**	Femme qui se coiffe. 1940. *Huile. 130 × 97. New York, The Museum of Modern Art (promised gift of Mrs. Bertram Smith). Ph. Chevojon.*
286	**182**	Femme assise. 1941. *Gouache et encre de Chine. 41 × 30. Collection particulière. Ph. galerie Rosengart, Lucerne.*
289	**183**	Vénus et l'amour. 1957. *Encre et gouache. 65,5 × 50,5. Ph. H. Mardyks.*
291	**184**	Café à Royan. 1940. *Huile et ripolin sur toile. 97 × 130. Paris, Musée Picasso. Ph. Chevojon.*
291	**185**	La pluie à Boisgeloup. 1932. *Huile sur tissu. 47 × 82,5 (ovale). Paris, Musée Picasso. Ph. H. Mardyks.*
291	**186**	Le Vert Galant. 1943. *Huile. 65 × 92. Paris, Musée Picasso. Ph. H. Mardyks.*

291	**187**	La Fenêtre (vue de l'intérieur de l'atelier de Picasso rue des Grands-Augustins). 1943. *Huile. 130 × 97. Ph. Marc Vaux.*
293	**188**	Portrait de femme. 1942. *Huile. 92 × 73. Ph. Raymond Laniepce.*
293	**189**	Buste de femme. 1943. *Huile. 100 × 81. Ph. galerie Louise Leiris, Paris.*
293	**190**	Femme au chapeau en forme de poisson. 1942. *Huile. 100 × 81. Amsterdam, Stedelijk Museum. Ph. du musée.*
294	**191**	Femme dans un fauteuil. 1941. *Huile. 139 × 97. Ph. Chevojon.*
294	**192**	Femme dans un fauteuil. 1941-1942. *Huile. 130 × 97. Bâle, musée des Beaux-Arts.*
295	**193**	Femme assise au fauteuil de canne. 1944. *Huile. 100 × 81. (Z.XIII.328).*
295	**194**	Le Rocking-chair. 1943. *Huile. 162 × 130. Paris, Musée national d'Art moderne, Centre Georges Pompidou. Ph. Musées nationaux.*
297	**195**	Le Plant de tomates. 1944. *Huile. 73 × 92. (Z.XIV.27).*
297	**196**	Femme à l'artichaut. 1942. *Huile. 195 × 130. Ph. Chevojon.*
299	**197**	Nature morte au crâne de bœuf. 1942. *Huile. 130 × 97. Dusseldorf, Kunstmuseum. Ph. du musée.*
300	**198**	Étude de mouton. 1942. *Encre de Chine. 33,3 × 21,3. (Z.XII.132).*
300	**199**	L'Homme au mouton. 1944. *Bronze. H. : 206. Ph. Loïc Jahan.*
303	**200**	Femme nue allongée (étude pour «L'Aubade»). 1941. *Encre. 21 × 27. Paris, Musée Picasso.*
303	**201**	Deux femmes dans un intérieur (étude pour «L'Aubade»). 1941. *Mine de plomb. 21 × 27. Paris, Musée Picasso.*
305	**202**	Le Miroir (étude pour «L'Aubade»). 1941. *Encre. 21 × 27. Paris, Musée Picasso.*
305	**203**	L'Aubade. 1942. *Huile. 195 × 265. Paris, Musée national d'Art moderne, Centre Georges Pompidou. Ph. Musées nationaux.*
305	**204**	Homme couché et femme assise. 1943. *Encre de Chine. 50 × 65. Paris, Musée Picasso.*

305	**205**	Deux nus assis. 1943. *Encre de Chine. 50 × 65. Paris, Musée Picasso. Ph. Chevojon.*
307	**206**	Femmes et enfants. 1943. *Mine de plomb. 14 × 22. (Z.XIII.112).*
307	**207**	Femme se lavant les pieds. 1944. *Mine de plomb. 50 × 38. Chicago, Art Institute. Ph. du musée.*
307	**208**	Nu couché et femme se lavant les pieds. 1944. *Huile. 97 × 130. Worcester, Art Museum. Ph. Chevojon.*
308	**209**	La Bacchanale. 1944. *Aquarelle et gouache. 30,5 × 40,5. Héritiers de l'artiste. Ph. Marc Vaux.*
309	**210**	Détail de 209.
317	**211**	La Colombe de la paix. 1949. *Affiche. Ph. Cauvin.*
320	**212**	Le Charnier. 1944-1945. *Huile. 200 × 250. New York, The Museum of Modern Art. Ph. Chevojon.*
320	**213**	La Guerre. 1952. *Huile sur bois. 470 × 1 020. Vallauris, Temple de la Paix. Ph. Chevojon.*
323	**214**	La Femme fleur. 1946. *Huile. 146 × 81. New York, collection particulière. Ph. galerie Louis Carré, Paris.*
323	**215**	Maternité à l'orange. 1951. *Huile sur contre-plaqué. 115 × 88. Héritiers de l'artiste. Ph. Chevojon.*
326	**216**	Femme au fauteuil n° 4. 1948. *Lithographie. 65 × 50. Ph. galerie Louise Leiris, Paris.*
328	**217**	Lucas Cranach. David et Bethsabée. *Musée de Berlin. Ph. Haufstaengl-Giraudon.*
328	**218**	David et Bethsabée. 1947. *Lithographie, 4e état. 64 × 49. Ph. Bibliothèque nationale.*
331	**219**	Le Chevalier et les pages. 1951. *Lavis et gouache. 50,5 × 66. (Z.XV.183).*
331	**220**	Nature morte sous la lampe. 1962. *Gravure sur linoléum. 53 × 64. Ph. galerie Louise Leiris, Paris.*
332	**221**	Picasso dans son atelier de céramiques à Vallauris, 1952. *Ph. Doisneau-Rapho.*
334	**222**	La Guenon et son petit. 1952. *Bronze. H. : 55. Ph. Chevojon.*
337	**223**	Salle d'honneur du Musée Picasso à Antibes. *Ph. Marianne Greenwood, éditions Lund Humphries.*
340	**224**	Triptyque : Satyre, faune et centaure. 1946. *Huile sur fibrociment. 250 × 360. Antibes, Musée Picasso.*

340	**225**	Femme endormie et faune barbu assis. 1946. *Mine de plomb. 50 × 65. (Z.XIV.259).*
342	**226**	Femme et chien jouant. 1953. *Ripolin sur contre-plaqué. 81 × 100. Lucerne, galerie Rosengart.*
344	**227**	Dessinateur et modèle. 1954. *Encre de Chine. 32 × 24. Ph. galerie Louise Leiris, Paris.*
344	**228**	Dans l'atelier. 1954. *Encre de Chine. 24 × 32. Ph. galerie Louise Leiris, Paris.*
345	**229**	Les Masques. 1954. *Lavis. 24 × 32. Ph. galerie Louise Leiris, Paris.*
345	**230**	Le Singe et la pomme. 1954. *Gouache. 24 × 32. Ph. galerie Louise Leiris, Paris.*
346	**231**	Jacqueline dans un fauteuil à bascule. 1954. *Huile. 146 × 114. New York, collection particulière. Ph. H. Mardyks.*
348	**232**	Femme lisant sous la lampe. 1962. *Huile. 116 × 89. Ph. galerie Louise Leiris, Paris.*
348	**233**	Femme assise (en noir et blanc). 1962. *Huile. 146 × 114. Ph. galerie Louise Leiris, Paris.*
350	**234**	Deux femmes nues. 1956. *Huile sur toile. 195 × 130. Paris, Musée Picasso. Ph. H. Mardyks.*
354	**235**	L'Atelier de Cannes. 1956. *Huile sur toile. 114 × 146. Paris, Musée Picasso. Ph. H. Mardyks.*
355	**236**	Les Femmes d'Alger. 1955. *Huile. 114 × 146. New York, collection Mrs. Victor W. Ganz. Ph. Giraudon.*
357	**237**	Illustration pour *La Tauromaquia* de José Delgado : Citando a banderillas. 1957. *Aquatinte. 20 × 30. Ph. Bibliothèque nationale.*
357	**238**	Les Trois Femmes et le torero. 1954. *Lithographie. 50 × 65. Ph. galerie Louise Leiris, Paris.*
358	**239**	Picador et personnages. 1960. *Lavis. 50 × 65. Ph. galerie Louise Leiris, Paris.*
358	**240**	Personnages. 1960. *Lavis. 51,5 × 66. Ph. galerie Louise Leiris, Paris.*
358	**241**	Moine et vieille femme. 1960. *Lavis. 35 × 44. Ph. galerie Louise Leiris, Paris.*
362	**242**	Les Ménines. 1957. *Huile. 194 × 260. Barcelone, Museu Picasso. Ph. Chevojon.*

362	**243**	Les Ménines, détail : L'infante Margarita. 1957. *Huile. 100 × 81. Barcelone, Museu Picasso. Ph. galerie Louise Leiris, Paris.*
367	**244**	Détail de 245.
367	**245**	Le Déjeuner sur l'herbe. 1960. *Huile. 130 × 195. Paris, Musée Picasso. Ph. H. Mardyks.*
369	**246**	Eau-forte, 1968. *61,5 × 50. Ph. galerie Louise Leiris, Paris.*
371	**247**	Eau-forte, 1968. *31,5 × 45. Ph. galerie Louise Leiris, Paris.*
371	**248**	Eau-forte, 1968. *31,5 × 45,5. Ph. galerie Louise Leiris, Paris.*
371	**249**	Eau-forte, 1968. *25 × 32,5. Ph. galerie Louise Leiris, Paris.*
373	**250**	Sculpteur et modèle. 1965. *Aquatinte et burin. 39 × 28. Ph. Bibliothèque nationale.*

Nous remercions les Éditions Cahiers d'Art qui ont bien voulu nous autoriser à reproduire les œuvres figurant sous les numéros :
4 - 7 - 8 - 14 - 19 - 46 - 73 - 75 - 81 - 83 - 85 - 89 - 90 - 92 - 93 - 95 - 96 - 99 - 106 - 107 - 121 - 123 - 124 - 126 - 127 - 131 - 133 - 139 - 149 - 152 - 153 - 168 - 170 - 171 - 173 - 174 - 176 - 178 - 193 - 195 - 198 - 200 - 201 - 202 - 204 - 206 - 219 - 225.

Table analytique des matières

I
Barcelone-Paris

Naissance de Picasso à Malaga en *1881*. Légendes à propos de ses origines. Son père, sa mère, ses débuts dans la vie. Premiers tableaux. En 1891 la famille quitte Malaga pour la Corogne puis en *1895* s'installe à Barcelone où Picasso va faire son éducation artistique. Un voyage à la campagne. Caractère de Picasso. Barcelone en 1900 : Art nouveau et esprit décadent, anarchistes et symbolistes. Les « Quatre Gats ». Picasso et Nonell. En *1900,* Picasso va pour la première fois à Paris. Admiration pour Toulouse-Lautrec, influence de Van Gogh et de Gauguin. *La vie.* La période bleue. Prostituées et alcooliques, mélancolie et sentimentalité. Sympathie pour les pauvres et les déchus.

Avril *1904 :* installation définitive à Paris. Montmartre. Le « Bateau-Lavoir ». Rencontres : Matisse, Gertrude Stein, Apollinaire. Picasso trouve une amie : Fernande Olivier. Portrait de Picasso par Fernande Olivier. Épisode maniériste. *La Femme à la corneille,* le *Repas frugal,* l'*Acteur.* La période rose ou période du cirque. *Les Bateleurs.*

Picasso passe l'été de *1906* à Gosol, petit village d'Andorre. Importance du séjour à Gosol. Souvenirs antiques *(Les Deux Adolescents)* et accents rustiques *(Le Nu aux mains jointes,* les *Paysans).* Une étape décisive. A son retour de Gosol, Picasso achève le *Portrait de Gertrude Stein* et exécute un *Autoportrait* dans un style entièrement nouveau. Apparition des monstres :

Les Deux Femmes nues. Fin de la période espagnole. Picasso et l'Espagne. Picasso est-il un peintre espagnol ? La question est posée et non résolue dans les notes 25 et 26.

II
Une révolution

Le coup d'État de 1907. Importance du cubisme. Picasso rompt avec la tradition et décide de réinventer la peinture. Pourquoi et comment ? La rétrospective Cézanne au Salon d'Automne de 1907. Le cubisme est-il un phénomène espagnol, ou français, ou allemand, ou américain, ou arabe ou juif ? Absurdité de ces diverses revendications. Le cubisme et Paris.

Les premiers pas de la recherche : l'épisode hollandais, l'épisode hellénique. Gosol. Picasso passe l'hiver de 1906-1907 à peindre les *Demoiselles d'Avignon,* tableau qu'il abandonne, inachevé, au printemps de *1907.* Stupéfaction générale, caractère terrifiant des *Demoiselles.* Analyse des *Demoiselles.* Influences de la sculpture ibérique et de l'art africain. Picasso et l'Art nègre. Picasso et le monde primitif. « Art nègre ? connais pas », dira-t-il plus tard, mais les œuvres de l'hiver 1907-1908 *(Le Nu à la draperie)* prouvent le contraire.

Le cubisme et la géométrie : les tableaux *(l'Usine)* peints par Picasso à Horta de Ebro où il passe l'été de *1909.* Caractère de plus en plus mystérieux, presque illisible, des œuvres postérieures. Les trois grands portraits de 1909-1910 : *Ambroise Vollard, Wilhelm Uhde, D.H. Kahnweiler.*

Le cubisme analytique : *1909-1912.* Le problème de la perspective. Les points de vue simultanés. Picasso renonce à exprimer la lumière et, presque, la couleur. Une nouvelle conception de l'espace. L'objet se délite dans l'espace et l'espace devient objet. Le mystère s'épaissit mais on approche de la solution. Étranges innovations : à partir de *1912* les tableaux comportent des lettres peintes en caractère d'imprimerie, puis des éléments en trompe-l'œil *(La Nature morte à la chaise cannée).* Les papiers collés. Le cubisme est-il un réalisme ?

Fin de la période dite « analytique » ou « hermétique » du cubisme. Les tableaux à partir de *1913* s'aèrent, s'organisent en plans plus facilement déchiffrables. Retour à la couleur. Le cubisme et l'humour *(la Femme en chemise)*. Le cubisme et l'amour *(Ma jolie)*. L'iconographie cubiste. Les dernières grandes toiles cubistes : Le *Joueur de guitare* de 1916. Fin de la révolution. Le cubisme après la guerre : *Les Trois Musiciens* de 1921. Un dernier problème que l'auteur laisse au lecteur le soin de résoudre.

III
L'affaire des Grandes Baigneuses

La guerre. Picasso s'ennuie. Picasso rencontre Jean Cocteau. Celui-ci le persuade de collaborer aux ballets de Serge de Diaghilew, et l'emmène à Rome où il exécute les décors de *Parade*. Première représentation de *Parade* à Paris le 18 mai *1917*. Scandale et stupéfaction : le rideau de scène est « réaliste » ! Picasso a « lâché le cubisme » ! Pourquoi Picasso est-il parti? Le portrait d'Ambroise Vollard. Picasso change de quartier et de vie, fréquente le monde du théâtre, voit des gens du monde. *1918 :* Picasso se marie. Picasso s'installe rue La Boétie.

Quelques natures mortes. Évolution du style de Picasso et influence du théâtre sur cette évolution. *Le Tricorne. Pulcinella.* Dessins de danseuses. Les vacances de Picasso. Premier cycle méditerranéen et visions d'idylle. Les grosses dames de 1920 et ce qu'elles doivent à Michel-Ange, Renoir et Ingres. Le retour à Ingres devient un phénomène national, l'obsession de la peinture et de la critique d'après-guerre. Renaissance classique, tradition, construction, clarté, ordre : l'art français se veut de plus en plus français. Les révolutionnaires d'avant 1914 se convertissent. Gloire de Derain.

Le cubisme est interprété comme un phénomène classique. Picasso est enrôlé dans le parti de l'ordre. Le mythe Picasso se constitue. Contribution de Bissière et Wilhelm Uhde à l'élaboration du mythe. Picasso et la France. Picasso n'a jamais paru si français (et parisien) qu'à cette époque. Les limites de sa conversion. Picasso déclare et déclarera toujours qu'il n'a jamais changé de manière. « Je n'évolue pas, je suis. »

Souvenirs cubistes dans les œuvres classiques : la *Mère et l'Enfant* de 1921. Picasso et la tradition ; ce qu'elle signifie pour lui. Picasso et l'antiquité. Un tableau capital : les *Flûtes de Pan, 1923*.

Diversité de la production de Picasso dans les années 1922-1925. Portraits, baigneuses, arlequins, scènes mythologiques. Natures mortes. Les grandes natures mortes de 1923-1925 (la *Table rouge*), chefs-d'œuvre cubistes et classiques. Une œuvre inquiétante : l'*Atelier* de Juan-les-Pins.

Encore des ballets. *Le Train bleu*. Picasso et Diaghilew. Les décors et les costumes de *Mercure*. Une mythologie délirante. Hommage des surréalistes à Picasso.

IV
Le Minotaure

Brusque rupture de style en *1925*. Une toile énigmatique et barbare : la *Danse*. La *Danse* et les *Demoiselles d'Avignon*. Picasso commence à explorer un nouveau monde. Une veillée funèbre : *l'Atelier de la modiste*. Une terrible *Guitare* et ce qu'en écrit Aragon. Les collages et les assemblages de Picasso.

Picasso et le surréalisme. Les œuvres revendiquées par Breton. Ce que Picasso dit de ses rapports avec les surréalistes. Attitude de Breton à l'égard de Picasso. *Le surréalisme et la peinture*. Intérêt de Picasso pour la peinture surréaliste. Picasso et Miró. Le problème des influences et des emprunts dans l'œuvre de Picasso. Ce que Picasso doit (peut-être) au surréalisme. Exploration de l'inconscient, agressivité sexuelle, goût du fantastique, prolifération de monstres. Mais il demeure attaché à la réalité et à la figure humaine. Mécontentement de Breton et divergences profondes.

Picasso après 1925. Ce qu'il fait du visage et du corps féminins. Érotisme cruel et misogynie. Phantasmes et caprices sadiques. *La Femme assise* de *1927*. Une Jocaste négroïde. Un nouveau cycle de baigneuses. Les figures de Cannes et la période de Dinard *(1928)*. Picasso pense à la sculpture. Il illustre le *Chef-d'œuvre inconnu* de Balzac. Apparition du thème du peintre et son modèle.

Accalmie provisoire. *La Jeune Fille au miroir* de *1932*. Picasso a une nouvelle compagne qui lui inspire des tableaux d'un style nouveau : le *Rêve*, le *Miroir*. Exposition chez Georges Petit. Accueil réticent et souvent terrifié de la critique qui ne comprend rien aux œuvres postérieures à 1925. « Picasso dépose son bilan ». Picasso est comparé à Icare, Gongora, Protée. Il devient un symbole diabolique de l'inquiétude moderne.

Picasso peint relativement peu entre *1932* et *1936* (les *Tauromachies* et les *Muses*) et cesse même complètement de peindre au printemps de 1935. Importance de la sculpture et de la gravure dans la production de cette époque. Picasso sculpteur. Il achète un château. Ses rapports avec Julio Gonzalès. Les constructions métalliques, les œuvres de Boisgeloup, les *Têtes* de 1931-1932. Entrée du minotaure. Essai d'interprétation. La mythologie de Picasso. La *suite Vollard*. Les exploits et les malheurs du Minotaure. Le Minotaure aveugle. La *Minotauromachie* de 1935. Un grand symbole moral. Crise de la peinture et crise dans l'œuvre de Picasso, dont la critique signale le caractère négatif et incomplet. Picasso symbole de la destruction d'un monde.

V

Guernica

Opinions politiques de Picasso. Picasso et les intellectuels de gauche. La Guerre d'Espagne. Picasso antifranquiste. « Songe et mensonge de Franco ». Picasso accepte la commande d'une œuvre destinée au pavillon espagnol de l'exposition de *1937*. Il est très lent à se remettre au travail. Le bombardement de Guernica. *Guernica*. Description et analyse de la toile.

Essai d'interprétation : la porteuse de lumière, le guerrier mort, le taureau. Opinions à propos de *Guernica*. L'œuvre qui deviendra la plus fameuse du siècle n'éveille tout d'abord que peu de réactions. La critique parle encore de la solitude de Picasso.

Prolongements de *Guernica* : la *Femme en pleurs*. Dora Maar. Un visage inlassablement scruté et torturé. Passion sadique. Dora Maar et le lévrier afghan de Picasso. Le nez de Kasbek. Portraits. Une œuvre terrible : la *Femme au coq*. Vacances à Antibes avec Sabartès. Picasso peint à la veille de la déclaration de guerre la *Pêche de nuit*.

La guerre. Un hiver à Royan. Picasso s'ennuie, dessine et peint un de ses plus cruels et insolents chefs-d'œuvre : la *Femme qui se coiffe*. Picasso et le nu. Les nus tragiques peints pendant l'occupation. Quelques paysages de Royan et de Paris. Picasso paysagiste. Le paysage n'est pas son fort. C'est l'atelier qui est son domaine : la *Fenêtre* de *1943*.

Picasso reste à Paris pendant les quatre années de l'occupation. Portraits. Terribles effigies de Dora Maar. De ridicules chapeaux. Le motif de la femme au fauteuil. Le massacre du visage féminin devient de plus en plus atroce. Natures mortes évoquant la misère et les deuils de l'époque : le *Crâne de bœuf* de *1942*, le *Plant de tomates* de *1944*. Influence de la guerre sur le style et l'iconographie de Picasso.

Quelques lueurs dans cette période tragique. Des enfants *(Les premiers pas)*. Une colombe promise à un grand avenir. Picasso entreprend l'*Homme au mouton*, chef-d'œuvre historique et symbole intemporel d'angoisse et d'espérance. L'œuvre la plus humaine de Picasso. Longuement travaillé, le motif sera finalement réalisé sous la forme d'une sculpture, en partie parce que Picasso s'est remis depuis *1941* à la sculpture (le *Crâne*) qu'il exécute à partir d'éléments de rebut (la *Femme à la pomme*), le matériel nécessaire au peintre se faisant rare.

Un dernier thème, mystérieux entre tous : le nu allongé et le nu debout, le nu endormi et le nu éveillé. *L'Aubade*. Le thème évolue de façon poétique (Cupidon et Psyché, le peintre et son modèle) ou humoristique : une mère de famille dans un square, un *Nu couché avec femme se lavant les pieds*. Picasso fête la libération de Paris en exécutant une *Bacchanale* d'après Poussin.

VI
La gloire de Picasso

Picasso pendant l'été 1944. Comment il devient l'homme du jour, le symbole de la liberté de l'art et de la liberté tout court. Picasso adhère au parti communiste. Scandale au Salon d'automne. Picasso et la presse de gauche. Picasso n'est plus un homme seul. Le diable devient un intellectuel engagé, humaniste et ami des travailleurs. Exposition à la Maison de la pensée française. Picasso assiste en compagnie d'Eluard au congrès de Wroclaw. La Colombe de la Paix et les commentaires qu'elle provoque. Picasso et le Parti. L'affaire du portrait de Staline. Influence des événements sur l'œuvre de Picasso : le *Charnier*, les *Massacres de Corée (1951)* la *Guerre et la Paix (1952)*. Picasso va-t-il devenir un peintre d'histoire? Picasso et le réalisme socialiste.

Le style de Picasso change, moins en fonction des événements que des épisodes de sa vie personnelle. Fin de la période tragique. Françoise Gilot, la *Femme Fleur (1946)*. Picasso rajeunit et redécouvre la Méditerranée. Picasso père de famille heureux. Picasso s'intéresse de plus en plus à la lithographie : *David et Bethsabée*, le *Chevalier et les pages*. Gravures sur linoléum. Picasso en *1947* devient potier à Vallauris. Immense succès des poteries de Vallauris, que l'auteur cependant refuse de mettre sur le même plan que les admirables sculptures exécutées par Picasso à la même époque : la *Chèvre*, la *Guenon et son petit*. Importance des œuvres de Vallauris dans le renouvellement du mythe Picasso. Picasso est devenu un travailleur manuel, un « bon ouvrier de la terre et du feu ». Le cycle d'Antibes, l'Arcadie de Picasso.

Picasso et Françoise Gilot se séparent en *1953*. Crise. Un ensemble de dessins qui constituent la chronique d'une rupture et une confession très amère sur l'art et l'amour. Picasso rencontre Jacqueline Roque, qui deviendra sa femme en *1958*. Ces péripéties sentimentales font de Picasso la proie de la presse du cœur. Importance des thèmes féminins dans ses dernières œuvres : portraits, nus, souvent d'une agressivité presque sauvage (les *Deux Femmes nues* de 1956), obsession sexuelle et rêveries érotiques. Les gravures de 1968 inspirées par le *Bain turc.*

En 1955, Picasso s'installe à Cannes. De plus en plus solitaire, il s'éloigne d'un monde dont il n'est plus tout à fait contemporain. Immensité de sa gloire et déclin de son influence. Les *Ateliers*. Renouveau de l'inspiration espagnole : le *Romancero du picador*. Les grandes variations culturelles : les *Femmes d'Alger* (1954-1955), les *Ménines* (1957), *Déjeuner sur l'herbe (1960-1961)*. Que signifient ces variations ? Interprétations contradictoires de deux critiques anglais.

L'exposition de 1966 au Grand-Palais. La foule. La presse. Picasso n'est plus le diable. Mais il n'a pas fini de surprendre. L'homme que l'on a accusé de vouloir détruire la peinture apparaît comme le dernier peintre vivant. L'auteur prend congé du lecteur et ne conclut pas.

Composition réalisée par COMPOFAC - PARIS

IMPRIMÉ EN FRANCE PAR BRODARD ET TAUPIN
Usine de La Flèche (Sarthe)
Librairie Générale Française - 43, quai de Grenelle - 75015 Paris.

ISBN : 2-253-90445-7   ⊕ 42/0445/9